谨以此书献给中国海洋大学90周年华诞

中华海洋学人系列丛书
BIOGRAPHY SERIES OF CHINESE MARINE CELEBRITIES

一代宗师 赫崇本

侍茂崇 李明春 吉 国 ◎ 著

中国海洋大学出版社
·青岛·

致 谢

本书出版,首先要感谢姚汝金先生,因为在赫先生去世后,他曾受侍茂崇委托,专门搜集、调访、核实赫崇本先生成长过程、读书简历和相关事件,为《一代宗师——赫崇本》提供了基础素材;要感谢中国海洋大学海洋环境学院党政领导,他们给予了鼓励和出版资金支持;还要衷心感谢中国海洋大学前校长施正铿教授、前科研处处长徐瑜先生,他二位耐心地审阅了本书初稿,并给予很多勘正和内容补充。同时,要感谢中国海洋大学海洋环境学院退休的和在职的老师,他们在得知我们要写《一代宗师——赫崇本》时,那种殷切的期望和诚恳的鼓励一直鞭策着我们;还要感谢赫先生的子女,他们提供了许多的照片、回忆文件和书信,并对本书内容进行了勘正。

图书在版编目(CIP)数据

一代宗师——赫崇本 / 侍茂崇,李明春,吉国著.
—青岛:中国海洋大学出版社,2014.9
ISBN 978-7-5670-0722-2

Ⅰ.①一… Ⅱ.①侍… ②李… ③吉… Ⅲ.①赫崇本(1908~1985)－传记 Ⅳ.①K826.14

中国版本图书馆CIP数据核字(2014)第191896号

一代宗师——赫崇本

出版发行	中国海洋大学出版社			
社　　址	青岛市香港东路23号	邮政编码	266071	
出 版 人	杨立敏			
网　　址	http://www.ouc-press.com			
电子信箱	youyuanchun67@163.com			
订购电话	0532-82032573(传真)			
责任编辑	由元春	电　　话	0532-85902495	
印　　制	青岛双星华信印刷有限公司			
版　　次	2014年6月第1版			
印　　次	2014年6月第1次印刷			
成品尺寸	170 mm×230 mm			
印　　张	17.75			
字　　数	247千			
定　　价	56.00元			

序

哲人说：至远者非在天涯而在人心，至久者非在天地而在真情，至善者非在雄心而在贤达。

赫崇本先生，字培之，中国海洋事业的主要奠基人，1985年永远离开了他一生魂系的海洋科学教育事业，走完了他77年的人生旅程。他人生的77年是短暂的，却又是永恒的。在短短的77年里，赫崇本先生集智慧、真诚于一身，不以个人好恶而臧真否，礼贤下士有萧何之海量，鞠功尽瘁秉承诸葛之遗风，为他的学生们，为中国海洋事业留下了不朽的治学精神和人格风范。他堪称中国知识分子的一代楷模。

纵观赫崇本先生一生，清华校训"自强不息，厚德载物"被他发扬得淋漓尽致：作为共产党人，他始终将党的宗旨铭记于心，用自己的实际行动将党的方针政策似清泉般输入人们的心底；作为教师，他扶掖后学，甘为人梯，以循循善诱的方式启示学生深刻理解自然科学的奥秘及做人的准则；作为炎黄子孙，他拥有一颗对祖国、对人民无比忠诚的赤子之心；作为长者，他真诚坦率，平易近人，以自己正直善良的品格和宽厚仁慈的秉性赢得师生的尊敬；作为父亲，他家教甚严，教育子女清廉高洁，要以真才实学为人民服务，不能像有的富家子弟那样不学无术，坐吃"钱粮"！

实事求是的思维方式，使他始终保持着流畅、敏锐、积极的思想状态。在老师和学子面前，他不预设什么，也不禁止什么，更不妄断什么，只是求真务实。他把理想主义和现实主义融为一体，铸就了独特的人格魅力，感召后人。

他执教半个多世纪，桃李满天下。他无愧于党的重托，无愧于他所热爱的事业。他人生最大的收获就是培养了一代又一代的海洋科学人才。正是这一代又一代人的前赴后继、开拓进取，才使我国的海洋事业日新月异,飞速发展。

今天师生们缅怀他,是对他育人以德、理论与实践紧密结合的教育思想的怀念;是对他视海洋教育事业为生命和那种虔诚的奉献精神的怀念。

今天他的学子著书纪念他,缅怀恩师,除了寄托哀思,更是为了将赫先生的业绩和风范化为巨大的精神财富,使后来者将其传承,发扬光大。《英汉大辞典》主编陆谷孙先生说:"知识分子应当守住底线!"在赫先生看来,这个底线至少是悲悯的情怀、高尚的道德、求真的勇气、是非的界限,以及人格的尊严。

林语堂先生说:"以口为碑,事业才会代代相传;以心为碑,治学精神才更感人至深;以文为碑,功德会寿于金石而不朽!"

在此,借用王正行前辈对王竹溪先生的赞扬,以此表达对赫崇本先生的敬仰之情:

关山苍苍,海水泱泱;

先生之风,山高水长。

吴德星

中国海洋大学校长

2014年2月

前　言

当诸君看到此书时，也许海洋界我们师长的一代中有人会问："你们为什么现在才为赫老立传？"或许我们学生的一代中有人会问："你们现在为什么要为赫老立传？"

这上下两代人的疑问，该是让中国海洋人难以释怀的一种纠结！

有言曰："学科学知力度，学文学知广度，学史学知深度，学哲学知高度。"这或许正是认识世间事物的终极理念。

今天，中国海洋人应该深省：海洋事业发展进程中的文化缺失，无疑在某种意义上禁锢了我们的思维和激情。正是长时期重理轻文的观念和思想，让海洋人长时间远离社会人，海洋事业游离于社会事业，海洋科学边缘于自然科学。

这不难得出结论：症结在于文化的传播不接地气，这是一种文化梗阻，阻碍了向社会的科学普及，阻碍了与社会人的交流，阻碍了社会广泛的认知度。因此，我们不禁要问："有知识要不要有文化？中国海洋事业的伟大复兴要不要海洋文化的复兴？"

知识是什么？知识是作用力与反作用力，是把双刃剑。那么，文化呢？文化是"关乎人文，化之天下"。不是吗？文化最重要的作用就是对生命链条的完整记录，是民族血脉生生不息的延续与传承。文化是一种力量，是一种情怀，是一种影响，是一种温暖！

回眸历史，现代中国海洋事业发轫、发展至今只有100多年。在这100多年的进程中涌现出了许多可歌可泣的智者人杰，这些智者人杰的特殊贡献无疑助推了现代中国海洋事业的前行。对于这些，我们或多或少地都褒扬过。然而，对于一项事业的历史而言，对这些智者人杰的褒扬仅是一个个的碎片；对于现代中国海洋事业这幕大剧来说，这些又仅是一个个场景或镜头。而赫老对于现代中国海洋事业的历史和海洋事业这幕大剧，他不仅是作为一个碎片、一个场景或镜头而存在，而且是以一个海洋教育先驱和奠基者的身份融入了这一历史，融入了这一大剧，串起了那逝去了的历史碎片、场景和镜头，串起了那历史中的许多人和事；又是他的精神和人格魅力直接影响了这许多的人和事，而助演了现代中国海洋事业发展的这幕大剧——这幕活剧。

前面诸君的疑问，是何等的好啊！

今天，中国海洋事业发展了，但还不能说是发达了。面对发展我们要问："海洋事业的文化呢？"

业者之人都是中国海洋事业的主角，一代代海洋人创造和发展了海洋事业。因此，海洋事业需要人文关怀，需要文化自觉，未来更需要先进海洋文化的引领和支撑，这是中国海洋事业长足发展的历史命题！

我们今天之所以写赫老，不仅仅是为了告慰赫老的在天之灵，更在于对几代人为之奋斗的中国海洋事业交上这个命题的一份答卷。为此，我们想说："在尚功名、慕利惠的今天，我们不能忘记现代中国海洋事业的昨天，也不应该忘记赫老那一代人的贡献。是他们铸就了我国海洋事业的脊梁，他们给后人留下的不仅仅是事业发展的根基，还有一笔无比珍贵的精神财富，这笔精神财富必将沉淀为文化而永远传承。"

一代人承载了一代人的使命，一代人的使命创造了一代人的人生，一代人的人生书写了一代人的传奇，一代人的传奇延续着一代人的故事。

圣贤先人，古镜今鉴，断疑启信，开启灵光。

建设海洋强国，告慰先贤，实现中国梦，我等当需更加努力！

作　者
2014年清明节

目 录
Contents

第一章　凤凰山下 1
　一、凤凰山下西堡村　2
　二、童年赫崇本　5

第二章　清华学子 7
　一、北平求学　8
　二、清华学子　10
　三、叶企荪先生高足　13

第三章　上下求索 17
　一、津门授业　18
　二、烟台益文　20
　三、婚恋　21
　四、吴有训先生的关怀　22
　五、流亡西南　24
　六、良师益友——周培源、闻一多　27

第四章　异国求学 31
　一、七名学子　32
　二、人生的抉择　34

第五章　大展宏图 41
　一、毅然回国　42
　二、中国物理海洋学教育拓荒者　45

三、一个好汉三个帮　49
　　四、筹建山东海洋学院　51
　　五、学而不厌，诲人不倦　55

第六章　欲做海洋事，先做海洋人 59
　　一、海上生存为第一要务　60
　　二、船上多面手　63

第七章　赫崇本培养人才"四重奏" 65
　　一、赫崇本教与学的四重奏　66
　　二、百闻不如一见——见习实习　68
　　三、纸上得来终觉浅——教学实习　70
　　四、学以致用——生产实习　73
　　五、综合素质检验和培养——毕业实习　75

第八章　"中和位育"的潜行者 77
　　一、潘光旦先生的"中和位育"　78
　　二、人格教育　79
　　三、优秀教师是"中和位育"的核心　81
　　四、正人先正己　84
　　五、自由的学术争论　85

第九章　"赫家军"是这样炼成的 87
　　一、"千里之行，始于足下"　88
　　二、率先垂范　89
　　三、"战前"预演　91
　　四、做好后勤　94
　　五、功勋卓著　96

第十章　船——撬动海洋科学的支点 99
　　一、自信人生二百年，会当水击三千里　100
　　二、浓墨重彩绘蓝图　103
　　三、"直挂云帆济沧海"　105

第十一章　利器在哪里 109
一、睿智慧敏　110
二、"313"研究组的诞生　111
三、万紫千红才是春　113

第十二章　人格魅力 115
一、讷于言，敏于行　116
二、心智无常，物尽其妙　119
三、"为谋千年福，何辞今日辛"　124
四、谦虚谨慎，不矜不伐　129
五、严于律己，宽以待人　131

第十三章　灵魂的拷问 133
一、风暴　134
二、独行不愧影　137
三、独眠不愧衾　139

第十四章　科学的春天 141
一、铺路的石子　142
二、重返教育部　147
三、科学的阶梯　150
四、"阿婆还是初笄女，头未梳成不许看"　161

第十五章　锥心之痛 165
一、贤内助　166
二、学生好友的慰问　171
三、对逝者的祭奠　175

第十六章　龙归沧海 177
一、真爱　178
二、住院　182
三、白发无情侵老境，青灯有味似儿时　184

四、阖然长逝　186
　　五、无尽哀思　189
　　六、龙归沧海　195

第十七章　一代宗师　百代楷模..................197
　　一、以口为碑，事业才会代代相传　198
　　二、以心为碑，治学精神才更感人至深　199
　　三、以文为碑，功德会寿于金石而不朽　201
　　四、只有心系祖国，才能放眼世界　203
　　五、高山仰止，景行行之，虽不能至，然心向往之　206

第十八章　永远的怀念..................209
　　一、他与大海共存——深切怀念赫崇本教授　210
　　二、新中国海洋事业的开拓者——赫崇本　213
　　三、赫崇本诞辰100周年纪念会部分讲话　218
　　四、可敬的女性、无私的母爱　254

后　　记..................263

附　　录..................266
　　附录1　赫崇本年谱　266
　　附录2　赫崇本主要译著　269

参考文献..................271

第一章

凤凰山下

我们从哪里来,为何而来?
我们到哪里去,因何而去?

一、凤凰山下西堡村

我们从哪里来，为何而来？我们到哪里去，因何而去？中国老庄、孔孟等都给出了不同的要义诠释。基于此，在历史的长河中，在大千世界里，才会有五光十色的人生演绎！

广阔的辽东山区，山还是那片山，河还是那条河，风一天天吹着，依然是清末年间的节奏。凤凰山，这是辽东的第一名山，坐落在辽宁省凤城县境内。凤城的自然概貌是"八山半水一分田，半分道路和庄园"。

在凤凰山脚下的狭地处，有一个山清水秀的村落，这里地处边塞居住着旗人（满族），是一个赫姓的单姓村庄——西堡村。或许是因为凤凰山的缘故，这个小小的村落透着一股塞外的风情。

凤城的历史远久，早在2万年前就有人类生活，出土文物清清楚楚地记录、见证了这些历史。公元前128年（汉武帝元朝元年）汉武帝在此设武次县，隶属辽东郡管辖。公元9年（王莽建国元年）王莽改武次县为桓次县。公元404年（东晋安帝元兴三年）中国东北古代少数民族高句丽割据辽东设乌城（又称居城），乌城建在凤凰山上，又称凤凰山山城。

1644年（清世祖顺治元年），设凤凰城守城官（正三品，军政合一机构），辖地面积2.9万平方千米，人口10万人。1687年（清圣祖康熙二十六年）设凤凰城守尉，辖黄、白、红、蓝8个旗署，隶属奉天将军。1877年（清光绪三年），凤凰城设立分巡奉天东边兵备道（简称东边道），管辖凤凰直隶厅、兴京厅、岫岩州、安东县、宽甸县、通化县、桓仁县2厅1州4县。1914年（民国三年）统一全国县名，因与湖南省凤凰县同名，"中华民国"政府批准改为凤城县。1985年经国务院批准撤销凤城县，设立凤城满族自治县。1994年经国务院批准撤销凤城满族自治县，设立凤城市。

尽管地处边关，但凤城地区儒家教育颇为盛行。早在10世纪辽朝即设私塾馆，金、元、明、清各朝沿袭。1687年清朝拨派关内满洲、蒙古、汉军旗到凤凰城驻

⊙辽东凤凰山（取自"互动百科"—360图片）

防，设私塾馆十几处，教授八旗子弟，因此私塾兴起。1780年凤城人李文德考中举人；1853年，姜佳庆文考中进士，为凤城有记载以来第一位举人和进士。1914年奉天省筹建省立第一师范（五年制本科），原定校址在安东（今丹东），经凤城士绅建议并出址、出资设在凤城，为东北地区首所本科学校。民国之初，凤城办学成绩卓著，获大总统"嘉禾"奖章。凤城一中前身是启凤书院，至今已有133年历史。

凤城附近姓氏有三个分支，分别为"赫、张、康"，三姓同宗，一同出自赫舍里哈喇。祖居地在英额（今位于吉林省龙井县龙门乡，布尔哈通河畔），明朝末年族众投奔努尔哈赤麾下，后被编入正黄旗。赫姓高祖名为"洼尔达"，曾任函都将军，1687年(康熙二十六年)由北京开赴凤凰城驻防，隶属正白旗。《赫舍里氏宗谱》1879年(清光绪五年)立谱，按辈分排字为德承吉林贵崇荣、英明景惠乐辅清、忠良维国安全志、世守忠贞保泰平。

位于山脚下的西堡村，有一大片肥沃的田野，每年初夏金黄色的麦田都会给村民带来丰收的喜悦。在村子南面有一片开阔的山场，场里放养着柞蚕；流淌在村子边上的小河清澈见底，山林为村民提供了取之不尽的柴火，这是一个平静而又富庶的偏远山村。多年来生活在村里的旗人，已经习惯了这里的一切，一代代地延续着。他们按照自己的风俗平静地生活着，村落的长者同样也按照旗人传统的方式掌控着这个偏僻的小山村。

  据说这片土地的主人是赫舍里倭成阿的后代赫昆林；在昆林死后，又将这宗财产留给了他的三个儿子贵绵、贵绶和贵绮。这兄弟三人辛勤耕作，成家，生儿育女，每年都靠着这片土地寻求着平静而幸福的生活。年复一年，皇历上依然写着光绪皇帝在位。三兄弟贵绵一家的田地，有一半出租，其余则与几个长工一起耕作，还与同族在临近的大李堡子村合营了一个小杂货店。贵绵的妻子生有一女三男，1908年（光绪三十四年）9月16日，老二赫崇本来到了人间。他有一个取名赫崇荣的姐姐，还有兄长崇裕、弟弟崇敏。赫崇本在堂兄弟中，排行老六。

二、童年赫崇本

父亲赫贵绵是当地的私塾先生,按照辈分,将二子取名赫崇本,字培之,即固本培养之意。赫崇本在家庭启蒙教育和泥土芳香的熏陶下,从小就质朴、谦逊,富有同情心和正义感。赫贵绵一家日有所享,年有所余,祖祖辈辈地从这片土地上收获着,又奉献给了这片古老的土地。赫崇本与兄弟和姐姐在这片温馨的土地上、在大地的怀抱中度过了他们金色的童年。

在赫崇本刚记事的时候,本家人就曾因为他发生过一场争执。西堡村的旗人久居深山,在外人眼里他们是"野性难改",然而旗人却以豪爽彪悍引以为男人的自豪。崇本自幼体弱,生来一副书生相。有的本家长者提议要他学文,以振先祖,而有的长者则认为崇本年少体弱更该习武强身,以承家传。双方争执不下,最后决定按照旗人的习惯进行裁定,即是男子汉要有飞身跃上奔跑坐骑的本领,一决胜负,结果赫崇本没有跃上奔跑的坐骑。他没有成功,低沉着头,默默无语,没有颜面地走开了。

那是辛亥革命爆发的第二年春天,父亲把五岁多的小崇本送到西堡村小学去读书。崇本是班上最小的学生,可他天资聪颖,记忆力过人,很快就成为班上的"小秀才"。他的启蒙先生告诫他:"学文当效颜夫子(颜渊),习武当像薛仁贵;否则,难图报效国家。"家庭、学校和周围的影响,让少年时期的赫崇本就暗下决心:学文定要求取功名,以图报生养我的旗人乡亲,报效国家。

父亲的家教甚严,经常注意对他礼仪的培养。满族是一个十分注重礼节的民族。满族人见面或拜见客人,有各种礼节,其中有打千礼、抚鬓礼、拉手礼、抱见礼、半蹲礼、磕头礼等。其中,打千礼、抱见礼、磕头

礼主要为男人所用,其他则用于妇女。打千礼用于晚辈对长辈、下属对长官,形式为弹下箭袖、左膝前屈、右腿微弯,左手放在左膝上、右手下垂并问安。抱见礼是平辈之间用,晚辈对长辈也可用,不过晚辈要抱长辈的腰,长辈抚晚辈的背,等等。

满族尊老敬上的传统更为明显。晚辈每日早晚要向父、祖问安,途中遇长辈人要让路,吃饭时长辈先坐先吃。满族重感情讲信义,对宾朋真诚相待,有客人必设宴招待,所允诺之事必全力去做。

1920年,小崇本读完了高小,由于其父对他12岁的年纪就外出读书不放心,便把他留在家里继续温习功课,直到1923年才送他进了凤城县庠庠中学继续读书。在县立中学念书的第二年,他已经是一个16岁的英俊少年了。少年的他性格比较内向,寡言少语却敏锐聪慧,举止言谈之间透着一种与众不同的气质。当家乡的秋天又一次将大地染红的时候,他说服了父亲,随堂兄周化周一起出门远行。

第二章

清华学子

青春不是年华而是心境。青春是生命的深泉在涌流。青春气贯长虹,勇锐盖过怯弱,进取压倒苟安。

——摘自塞缪尔·厄尔曼《青春》

一、北平求学

这是赫崇本第一次远离家乡。临行前几天的晚上，母亲在油灯下为他整理着衣物和路上的干粮，姐姐反复地叮咛他要注意这儿、注意那儿。这天早上，天气晴朗，万里无云，秋高气爽。远远看去满山的庄稼已是一片金黄。就在这样一个金秋的季节，他出门了，走过广漠的荒原，走出了故乡东北，走进了一个更加广阔的空间。几经辗转后，他终于到达目的地，来到了青铜般的历史都城——北平（北京）。

展现在赫崇本眼前的一切，都是那样地耀眼夺目，那样地森严凝重，那样地富丽安详，他恍若走进了一个童话般的世界。在这个童话般的世界里，他开始了在北平私立实习学校——宏达学校的走读生活。与东北老家相比，北平的走读生活让他更加充实，也更加忙碌了。可是就在他读书的第二年，直奉战争爆发，直军退出北平城，冯玉祥将军驱逐了溥仪宣统皇帝，结束了清朝几百年的统治。

似乎是受到了这一次事件的启迪，赫崇本开始冷静地观察和独立地思考。他看到社会在嬗变、时代在交替。他意识到封建帝制的统治将一去不复返，但军阀混战、民不聊生的动乱局势又使他感到忧虑和茫然。

1925年，春暖花开时，他考进了北平师大附中高中一年级文科班。和煦的春风吹绿了大地，多彩的春天反而让他感到了一丝沉闷和窒息，因为革命先行者孙中山先生的病情加重的讯息常见于报端。这年3月12日，国父孙中山逝世的噩耗震惊了京城，震动了多灾多难的中华大地。

赫崇本走出了教室加入到街上悼念的人群中。他收集报纸和传单，贪婪地阅读着……伟大的民主主义革命者孙中山先生的业绩和思想深深地触动了他的心灵。他从传单中开始知道要反对列强的侵略、打倒与帝国主义相勾结的军阀、争取各民族之平等，要承认民族自决权，要做到政府拥有治权、人民则拥有政权，要平均地权、节制资本等；了解了孙中山三民主义的政治主张，联合全世界一切被压迫的民族，联俄联共扶助工农的救国之路；也知道了孙中山在历经11次革命失败之后不弃不舍，武昌起义成功，推翻了清王朝。国父临终时念念不忘的"和平、奋斗、救中国"的遗训使赫崇本清醒地认识到，祖国虽弱，但迟早会强盛起来，因为不屈的中国精神永在！因为这是历史的选择！正是这些进步的革命思想，在他那颗年轻的心中深深地播下了民主、正义和求真的种子，赫崇本下定决心，更加发愤学习，以图将来报效祖国。

在北平师大附中文科班学习了一年以后，他又转入了理科班。赫崇本刻苦勤奋，专心学习，"我要掌握更多的科学知识，将来一定会对国家有用处"，科学救国的思想慢慢地在他心里扎着根。然而，在那动荡的年代世间万物迅速地变化着，迅速地断裂着，又迅速重新组合着。

那个年代，各个利益集团为争夺地盘连年征战不断，广大劳苦大众深受战火之苦，军阀混战使国家经济濒于崩溃，老百姓流离失所、苦不堪言。1926年，国民革命军开始北伐，全国无数爱国志士投入到了这一伟大的革命洪流之中。尽管赫崇本因年龄小而留守在学校里，但他每天都在等待报纸带来北伐胜利的消息。

二、清华学子

1928年暑假，赫崇本与郑一善、殷大均、姚均等同学一起考入了清华大学物理系。是时，他认识了比他晚一级的王竹溪和赵九章。王竹溪比赫先生年小三岁，聪慧好学，著作甚丰，特别是《热力学》一书，享誉中外，再版几十次。在作者侍茂崇上大学时，赫先生指定要他读王竹溪先生的《热力学》。因为赫先生知道，王竹溪先生著书立说非常认真，书内所讲非他再三认可，都不会变成白纸黑字。赵九章比赫先生大一岁，彼此很快成了挚友。1953年赵九章来青岛与海军航保部门联系工作，又与赫崇本多次商讨，最后选定了青岛小麦岛为海洋波浪观测站站址，同年小麦岛海浪观测站正式建成。刚建的海浪观测站比较简单，仅有的仪器观测项目主要有表层海水温度、海发光、波浪、风、云、气温、能见度、海雾等。小麦岛是我国最早进行波浪观测的站点。就是青岛近海的这个站点，为日后黄海近岸海洋工程提供了不可多得的科学依据。

1928年的盛夏，地处边陲的西堡村骤然轰动了，一个旗人家里的娃子，一个小小的乡巴佬，在燕京清华大学金榜题名。在西堡村，在凤城，有谁能获此殊荣！消息传来，本家邻里奔走相告，100多年前出过一名举人，70多年前出过一个进士，现在赫家又金榜题名了！按照旗人的传统赛马庆祝，庆祝山沟里的"土家雀"一下子飞进了燕京城。当赫崇本即将再次远行时，依恋惜别之情涌上心头，他透过被泪水模糊的眼帘，深情地凝望着远处的凤凰山顶和留有太多儿时记忆的西堡村……

20世纪20年代的清华园，对于一个仅靠自己努力考取的山村旗人子弟并不公平，他要靠个人奋斗而得到一席之地也绝非易事。在理学院的教育工

⊙1936年清华大学物理系部分师生在科学馆前合影
照片中自左至右依次为：
5排：秦馨菱　戴振铎　郑曾同　林家翘　王天眷　刘绍唐　何成钧　刘庆龄
4排：方俊奎　池钟瀛　周长宁　钱伟长　熊大缜　张恩虬　李崇淮　沈洪涛
3排：赫崇本　张石城　张景廉　傅承义　彭恒武　陈芳允　夏绳武
2排：周培源　赵忠尧　叶企孙　任之恭　吴有训　何家麟　顾柏岩
1排：陈亚伦　杨镇邦　王大珩　戴中扆　钱三强　杨龙生　张韵芝　孙　湘

作中，比其他院系更强调学生的"天赋"，算学、物理、化学各系都规定大一学生课程成绩在70分或75分以上者方可入系。入系之后，教师对少数天资特厚的学生会给予特别关注，这就是清华理学院造就出许多杰出人才的重要原因之一。但是，基于这个原因，清华理学院当年淘汰率特高，一般在百分之五六十，有时达到百分之七八十，因此理学院毕业生特别少：全院9届毕业生只有305人，物理系毕业生通常每届只有七八人左右。但这也是在当时条件下培养杰出人才的一种手段，所谓"鲍鱼与熊掌不可兼得也"！此外，贫富的差别、人心的角逐、学生之间的竞争，年轻的赫崇本都得一一经受。

　　赫崇本一边勤奋努力学习科学文化知识，一边密切关注着国内形势。

1929年,"九·一八"事变爆发,东北沦陷,赫崇本的家乡被日本侵略者占领了。消息传到了北京清华园,赫崇本和同学们感到极为震惊和悲愤。清华大学学生会准备自发组织愤怒的学生南下,去南京向国民政府示威请愿,恳求国民政府和中国军队打回东北去,赶走日本侵略者,收复失去的家园。赫崇本报名参加了请愿的队伍,种种原因,他们最终未能成行。尽管赫崇本和同学们没有去成南京,可他仍受益匪浅。因为他知道了同学殷大均已经参加了中国共产党的地下组织。在殷大均和其他进步青年的影响下,赫崇本开始接受一些革命的新思想,开始了解共产党的抗日主张,这让他愈加憧憬和向往未来的新生活。

三、叶企荪先生高足

赫崇本就读的物理系系主任是享誉全国的叶企荪教授。叶教授是中国物理学界的泰斗,不仅学问做得好,人品也是高山仰止。这里仅举几例说明。

第一个例子。1935年冬季某一天,清华大学里教授聚集一堂,正热烈讨论着这样一个问题:在清华大学如此著名的学府里,能不能把一个只有初中毕业文凭且腿有残疾的华罗庚提升为助教?主持人恰恰就是理学院院长叶企荪教授。会场辩论异常激烈:一部分人认为这样做有失体统,会严重影响清华大学的声誉;另一部分人则认为华罗庚虽然没有大学文凭,但其成就远远超过大学毕业生,甚至有的大学教授也望尘莫及。两种意见激烈相背,谁也说服不了谁。正在这时,叶企荪站了起来说:"清华出了华罗庚是好事,我们不要被资格所限制!"一锤定音,华罗庚被提升为助教。

第二个例子是慧眼识英雄。叶企荪从美国哈佛大学毕业归国,创建清华物理系和理学院,并长期掌舵。他当年延聘的教师有熊庆来、萨本栋、周培源、赵忠尧、吴有训等,物理系学生有王淦昌、赵九章、钱伟长、钱三强、王大珩、朱光亚、周光召等,理学院其他系学生有陈省身、袁翰青等不下六七十人,后来几乎都成为国内外科技界精英和科学院院士。清华教授曾昭奋称赞叶企荪是个"圣人",曾创造了"神话般成绩"。

第三个例子更鲜为人知。在《地雷战》这部著名影片中,你丝毫看不出当年爱国学生的踪影,种种巧妙的地雷和炸药都是农民兄弟制造的,但事实并不完全如此。抗战初期,叶企荪规劝他最亲密的学生熊大缜投笔从戎,到吕正操将军领导的冀中抗日根据地,为部队制造烈性炸药、地雷、雷管、无线电等军需品。之后,叶企荪又派一批清华师生、职工,穿越日

⊙1935年清华大学物理系部分师生在礼堂前合影
1排：戴中宸　周培源　赵忠尧　叶企孙　萨本栋　任之恭　傅承义　王遵明
2排：杨龙生　彭桓武　钱三强　钱伟长　李鼎初　池钟瀛　秦馨菱　王大珩
3排：于光远　杨镇邦　谢毓章　孙珍宝　刘庆龄
4排：赫崇本　戴振铎

军严密封锁线，进入根据地，以技术支持抗日游击战争。他本人在天津，在日军严密监视的缝隙里，组织爱国师生秘密生产TNT炸药、无线电收发报机等，偷运至冀中根据地，供给抗日部队打日本鬼子。美国外交官考察冀中之后在报纸上撰文盛赞：冀中各种地雷都不逊于美国！但是，年仅26岁的熊大缜却被怀疑为特务，由"锄奸队"秘密处决。临死前，熊大缜说："省下一颗子弹，去打日本，你们用石头将我砸死！"这件事情也波及叶企孙，"文革"中竟被诬为国民党中统在清华的头子，致使他一度精神错乱。

　　写到这里，我们不难从赫崇本身上找到叶企孙先生投射到他灵魂中的影子！

　　转眼间，赫崇本的大学学习生活就要结束。1932年，当时的中国内忧外患，军阀割据，日寇虎视眈眈，民众在战乱中的生活极为困苦，迫使清华园的很多学子也不得不中途辍学。即便这样，清华园依然固执地遵循着严格的毕业淘汰制，与苦难的中国显得是那样格格不入。当赫崇本所在的班级毕业时，只有两名同学获准毕业，一个是郑一善，另一个便是赫崇本。尽管赫崇本以优异的成绩毕业了，可是当他走向社会时，看到的和亲身体验到的却是一个更加现实的中国。

　　叶企荪教授在赫崇本读书期间就已经注意到这个勤于思考、成绩突出的学生，对他爱护备至。在赫崇本毕业时，叶教授把他叫到了自己的办公室，对他说"我早就注意到你了"，并询问他毕业之后有什么打算。"现在还没有着落，我人生地不熟，想毕业后先在北京试着找份工作吧。"赫崇本回答。叶教授看着一脸踌躇的赫崇本，接着说道："那这样吧，我就介绍你到天津河北工学院去任教。"赫崇本感到很突然，他先是愣了一下，很快便激动地回答说："感谢叶教授的举荐，我一定不负老师的厚望，会尽教书育人之责，勤奋地工作！"

第三章

上下求索

长太息以掩涕兮,哀民生之多艰。
路漫漫其修远兮,吾将上下而求索。
——摘自屈原《离骚》

一、津门授业

1932年9月,赫崇本告别了尊敬的师长和校友们,只身匆匆来到天津,开始为生计奔波,开始真正地踏入这个动乱的社会。当老师是他的第一份工作,这份工作带给他的是平静中的震撼。他感受着现实社会的种种不平之事,体验着生活的艰辛,开始感悟着自己的人生。新学期开学的第一天,当他年轻的面孔出现在河北工学院预科班的讲台上时,面对40多名纯洁无瑕渴求知识的青年学生,赫崇本深深地感到压在自己肩上的重任,也感触到沉甸甸的人生。每天,他都是从教室到宿舍,又从宿舍回到教室,认认真真地备课,一丝不苟地讲授物理课程,不厌其烦地为学生认真辅导。他就像在沁透了血与汗的苗圃里辛勤的园丁,期待着开满摇曳多姿的鲜花。

1933年,日本侵略者加紧了对中国的掠夺和占领。同年3月,热河失守;9月,冀东沦陷,华北告急,中国人的生活秩序被打得粉碎。就是在这样的社会环境下,很多爱国志士和热血青年纷纷走上街头,满腔热血地呼吁民众组织起来抗日救国,呼吁罢工、罢市、罢课,希望民众能组织起来,有效地抗击日寇的侵略。

赫崇本与每一位满腔热血的爱国青年一样,也加入到宣传抗日救亡的队伍之中,用行动践行着自己的救国之路。就这样,他开始认识到:青年的唯一出路是投入到抗日救国的洪流中去,赶走日本侵略者,唯有如此,才能建设一个新家园。于是他从天津回到北京,前去拜访了义勇军的代表,并为他们募捐和宣传。

1935年12月9日,北平学生6000多人举行抗日救国示威游行,高呼"停止内战，一致对外"、"打倒日本帝国主义"等口号。激烈的口号声一浪高过一浪。激动的学生们与手持警棍的军警发生了冲突，这一冲突更加激怒了青年学生。冲突随后升级，爆发了更大规模的学生运动——这就是震惊中外的"一二九"学生运动。为了声援北京学生的正义行动，赫崇本匆匆离开北平回到天津。他来到南开大学学生会找到同学郑怀之协商，提出尽快组织同学们行动起来，响应北平的民主爱国运动。此后，他又与进步人士傅永汉、谢秉仁、刘梅卿、宋镇等人在英租界的罗隆基开了一次座谈会，大家一致决定继续组织开展学生运动。正是在这次活动中，他认识了中共地下工作者谢秉仁，并开始与谢秉仁交往联系。

第二天，北平各校学生实行总罢课。消息迅速传到天津及全国各地，杭州、广州、南京、天津、上海、武汉、太原等地的学生相继举行游行示威，声援北平学生。在此之前的11月18日，胡适、蒋梦麟、梅贻琦等平津各大学校长教授联名公开发表宣言："近有人假借民意，策动所谓华北自治运动，实行卖国阴谋。天津、北平国立学校全体教职员二千百余人坚决反对，并深信华北全体民众均一致反对此种运动。'中华民国'为吾祖先数千年来披荆斩棘艰难创造之遗产，中华民族为四万万共同血统、共同历史、共同语言文化之同胞组成，绝对不容分裂。大义所在，责无旁贷。吾人当以全力向政府及地方当局请求立即制止这种运动，以保领土而维主权。并盼全国同胞一致奋起，共救危亡。"

"一二九"学生请愿运动激发了全国民众的抗战情绪，一时间反对华北自治、要求停止内战、一致抗日的呼声响彻大江南北。武汉、太原、上海的民众也纷纷响应。频繁的社会实践活动，让年轻的赫崇本体验到了中华民族顽强抵抗侵略者的不屈精神，同时也让他进一步认识到中华民族落后的一面。在心里他更加痛恨日本侵略者，也更加向往有一个和平、民主的新中国。在阴霾的日子中，他迫切地追赶着太阳；在黑暗的土地上，他坚定地寻觅着真理之光。

二、烟台益文

为了生活也为了有更多的社会实践，1932年秋，赫崇本从天津赶赴山东烟台，在"私立烟台益文商业学校"任教了两年多。烟台益文商校坐落在烟台风景秀丽的毓璜顶东北坡，"益文"二字取自于两个合并的学校，一所为"会文书院"，一所为"实益学馆"，益文即取"实益"的"益"字和"会文"的"文"字。两年后的1935年春天，赫崇本又辗转回到天津。这时，天津城动荡不安，随时面临着事变的可能。

1936年春，接替清华物理系系主任的吴有训召赫崇本回母校。于是，赫崇本又回到北平，在物理系继续教书育人，维系生计。他尽心尽力地为培养过自己的母校工作着，但天不遂人愿，"七七事变"爆发，战争的硝烟弥散开来，侵略者震耳欲聋的炮声打破了清华园的宁静。在艰苦的社会实践中，赫崇本逐渐成熟，他在独自观察、思考和感受着生活给他带来的一切中，渐渐成长为一名进步青年，同时也感到了体内青春的萌动，这一年，他28岁。

三、婚恋

东北的鸭绿江口,有一座美丽的临江、临海、临边的"三临"城市——安东(今丹东)。在安东城里有一姓王的大户人家,家有一小女,取名王荣菊,正在师范学校读书。王荣菊,天生丽质,一头秀发如瀑布垂下,白皙的脸上一双水灵灵的大眼睛。她不仅长得出众,而且聪明伶俐,在学校里各门功课都很优秀,体育、音乐也很见长。

赫崇本的堂妹赫郁楠与王荣菊同班。郁楠性格开朗,为人豪爽,但学习成绩不如王荣菊,有些功课常常跟不太上。王荣菊不但鼓励她,还常在课余时间为她补习功课,于是两人成了一对难分难舍的好友。

⊙赫崇本与初到北京的妻子合影

1936年5月,赫郁楠自作主张给在清华教书的堂兄赫崇本寄去了一封家信,同时寄去了一张王荣菊的近照,并在信中告诉堂兄,她想把王荣菊介绍给他做未婚妻。

赫崇本收到堂妹的信件,看了王荣菊的照片,感到很满意。他想,自己孤身一人漂泊与追求了这么多年,现在是需要有一个生活与事业的伴侣了,于是给堂妹回信表示同意。王荣菊从赫郁楠那里也了解到赫崇本的很多情况,也觉得合适。就这样,在郁楠的撮合下,他们开始了恋爱……一封封鸿雁含着情思、衔着爱慕飞翔在北京与安东之间的上空。赫崇本读着王荣菊一封封文笔流畅的信,内心洋溢着青春的欢乐,充满了无限的创造力。千里的距离被两人的激情缩短了,两颗火热的心渐渐融合在了一起。

四、吴有训先生的关怀

一代人杰吴有训毕生致力于科学教育事业,是我国近代物理学的奠基人之一。1928年叶企荪邀吴有训到麾下任教。为了表示对吴的敬仰,叶企荪把他的工薪定得比自己还高。1934年吴有训受叶企荪主任的礼让,接替清华物理系系主任之职。吴有训先生不但具有精湛的科学头脑,而且对年轻教师关怀备至。一天,他得知赫崇本恋爱了,而且恋人还远在东北,便建议赫崇本将未婚妻接到北平来完婚。这正和赫崇本的心意。他本打算在北京操办自己的终身大事,但岳父却坚持要按照中国传统,让他回东北老家举行婚礼。无奈,赫崇本只好到吴有训先生处,讲出自己的困境。吴先生非常豁达,立即准许赫崇本离京北上。遵守满族礼道的赫崇本,只好向学校借贷,与在北平的婶母一起,冒着弹尘枪烟,通过日军的重重关卡,几经辗转才回到了遭受战火蹂躏的东北老家,回到了辽东山区凤城。一路上他看到被日本侵略者霸占的祖国河山,看到一群群流落异乡饥寒交迫的逃难民众,心中充满悲愤。于是,反对战争,反对日本侵略者,争取抗战早日胜利,便成了赫崇本和全国百姓的共同心声。

按照满族风俗,新娘至新郎家,换车乘轿,花轿落地,新郎要虚射三箭。新娘蒙红盖头下轿,与新郎站在事先摆在院中的天地桌前,向北三叩首,俗称拜北斗。拜完后,新娘进入临时搭的帐篷,谓之坐帐。坐帐后,新娘跨过马鞍进洞房,新郎用秤杆揭去盖头扔到房檐上。一般在结婚三日之后,夫妻同回女方家,拜见娘家人并拜祖宗。婚后一个月,新娘回娘家住一个月,谓之住对月。到了这时,婚娶仪礼乃告结束。可是当时兵荒马乱,狼烟四起,这一切的礼仪也只能虚应光景,草草了之。

婚事办完后不久，赫崇本就告别了新婚的妻子和充满惆怅的老人，匆匆地赶回了北京，又投入到了他紧张的工作中，投入到了抗日救亡的浪潮中。

1936年12月，张学良和杨虎城将军发动了震惊世界的"西安事变"。张学良一夜之间成为焦点。清华教授闻一多曾说："今天，我可要说话了。国家是谁的？是你们自己的吗……你们这是害了中国。"周恩来从中斡旋，国共合作，一致对外，形成了全国民众共同抗日的局面，"西安事变"和平解决。这时，"打回老家去"的呼声响彻中华大地。

安东到北京有1100多千米的距离，当年北平和安东是完全不同的两个天地。就在赫崇本完婚后不久，日本侵略者为了进一步扩大"战果"，加强了对东北地区的统治和战略资源的掠夺，同时也激起了更为强烈的反抗。安东地区的宽北和凤北山区与桓（仁）、本（溪）山脉相连，沟壑相通，同属辽东山区，且重山叠嶂，江河纵横，蕴藏着丰富的煤炭和木材资源，同时也成了开展抗日游击战的天然屏障。东北义勇军的活动沉重地打击了日寇的嚣张气焰，民众纷纷加入。赫崇本回到北平后，妻子王荣菊后随亲戚几经辗转，月余后才来到了京城。这样，新婚不久的赫崇本终于在北京与艰辛赶来的妻子重逢了。吴有训先生虽年长赫崇本11岁，竟以大哥身份帮他安排住地，解决他们初次安家的种种困难。

吴有训先生践行踏实、严谨的治学学风，刻苦钻研的治学态度，本着理论与实验并重的原则努力探索，为国内外科学界所瞩目。他的为人处世对赫崇本有着深刻影响。后来，吴有训先生推荐赫崇本赴美留学。1937年7月，抗日战争爆发，清华南迁，吴有训先生毅然离开刚分娩满月的妻儿随校南下。这时赫崇本的大女儿赫羽也刚刚出生，吴先生却劝赫崇本携带家眷一起搬迁。对吴有训先生的良苦用心，赫崇本始终铭记于心。

五、流亡西南

1931年，"九一八"事变爆发。由于东北军奉行了蒋介石的"不抵抗政策"，侵华日军当晚便攻占奉天（今沈阳）北大营，次日占领了整个奉天城。随后，日军继续向辽宁、吉林和黑龙江的广大地区扩展，在短短的几个月内，100多万平方千米，相当于日本国土3.5倍的东北地区全部沦陷，3000多万父老成了亡国奴。白山黑水、土地肥沃，物产丰富的东北，不仅没有让日寇满足，反而变本加厉，继续干着组建满洲国、分裂中华、奴役中华民族的勾当。时隔五年多之后，1937年7月7日，在距离奉天上千千米远的北平近郊，再次发生了日寇蓄谋已久的"七七事变"，这就是震惊中外的"卢沟桥事变"，日军全面开始了侵华战争。

"七七事变"成为日寇全面侵华战争爆发的导火索。华北告急！平津告急！天津处在危难之中，中华民族处在危急之中，中华民族被迫发出了最后的吼声！

"九一八"事变让赫崇本失去了东北老家，"七七事变"又让他被迫离开了自己热爱的清华校园，走上了前途未卜的流亡之路。卢沟桥的炮声，华北的战火，把中国人民推向了长期同日寇作战的艰难抗日救亡道路。日寇侵华的事实深刻地教育了赫崇本，他开始认识到：中国是一个大国，是一个儒家文化长期占据独尊地位的国家，尊崇的是"和为贵"，从不欺辱别国，而中国落后就要挨打，贫穷就一定会被欺负，中国人只有自强不息，国家才能强盛起来。

这一年的暑假期间，北京大学、清华大学、南开大学三校奉命合组为"国立长沙临时大学"（简称"临时大学"），开始迁往长沙，并计划于11月份在长沙开课。

三校合并后赫崇本随清华大学一同南迁，他与妻子在破旧的闷罐车箱里熬了几天时间。几经辗转后，清华师生和家眷们终于来到湖南长沙。从寒冷的北方来到阴冷潮湿的南方，他们感到很不习惯，更让他们担心的是，刚到长沙不久就听到了空袭警报的声音。日本飞机轰炸了长沙，车站附近落下数枚重磅炸弹，伤及百余人。本为大后方的长沙，现在到处可以闻到战火硝烟的味道，这让"临时大学"的学生和教师们都无法安心上课，他们要随时准备着躲避即将燃烧过来的战火，随时准备再次向西南搬迁。

看到祖国大片土地沦为敌占区；看到国民政府无奈之下在河南境内花园口掘开黄河，靠大片黄泛区来阻挡日军的进攻势头，以及黄泛区广大劳苦大众苦难生活的报道；看到国民政府在正面战场上的节节失利，以及声势浩大却节节败退的长沙保卫战，赫崇本与当时的热血青年一样，开始满怀激情地寻求着新的救国之路。

在中国共产党全民一致抗日主张的影响下，他与在长沙的同学郑怀之、殷汝棠、郭文昭等人开始筹划到陕北去参加毛泽东领导的抗日队伍，为抗击日本侵略者而战斗。临行前，他们商定由郑怀之、殷汝棠带一批人先走，赫崇本、纪绍诚、王文铮带领第二批人出发。

当第一批人走后，战事急速恶化，上海、南京相继陷落，武汉岌岌可危。1938年1月12日，"临时大学"在长沙仅驻扎了一个学期，又决定继续向西南搬迁至云南的昆明，并更名为"国立西南联合大学"（简称"西南联大"）。

"西南联大"，下设文、法、理、工和师范5个学院共26个学系，以及两个专修科和一个先修班，是当时国内规模最大的高等学校，赫崇本任物理系教员。当时理学院院长是吴有训，他很看重赫崇本，希望赫崇本能和他一起前往昆明，赫崇本不愿辜负吴有训先生的希望，只得随行。再一次搬迁打乱了赫崇本他们原来的计划。这一年的二月份，赫崇本与还未来得及出发去陕北的同学们，只好与系主任周培源一起随"临时大学"向西南迁移。

"临时大学"向西南迁移,从长沙到昆明横跨湘、黔、滇三省,跋涉1700多千米,200余名教职员要在多是偏僻的地区艰难前行。"临时大学"迁移用了两个多月的时间,到四月份才陆续来到昆明。沿途,临大搞文史的师生们一边克服行军中诸多困难,一边了解一些少数民族的习俗,搞地质的师生们则利用一切可能的条件从事野外考察。在这期间,他们见到了溪流割切后的地质构造剖面,发现了寒武纪三叶虫化石,以及黔西岩溶地貌,同时也看到了社会落后、愚昧的一面和国家的混乱局面。

迁移途中有一件事最让赫崇本难以忘怀。当"临时大学"路过一县城时,看到了这样一个布告,上面写道:

"查'临时大学'近由长沙迁昆明,各大学生及教师徒步前往,今日可抵本县住宿。本县无宽大旅店,兹指定城内外商民住宅,概为各大学生及教师住宿之所。凡县内商民,际此国难严重,对此振兴民族之领导者——各大学生,务须爱护借重,黄土净路,房屋打扫清洁,腾让欢迎入内暂住……特此布告,仰望商民一体,遵照为要。"

看到布告中将自己称为"振兴民族之领导者",他不由地感到了肩上的责任之重。西南地区的贫困生活、落后经济、愚昧意识,以及对大学生们寄托的厚望,即使心情沉重,也激发他振兴祖国的壮志。

1938年春末,赫崇本全家经过长途跋涉,终于从长沙来到了抗战大后方昆明。在抗战初期的艰难岁月里,云南优越的地理位置,使其成为了我国抗战物资两条重要运输线的终点。

六、良师益友——周培源、闻一多

初到昆明的赫崇本，在一个偶然的机会认识了航校毕业的空军飞行员张哲。张哲也是东北人，他思想激进，赞同中国共产党一致对外抗击日本侵略者、团结全国民众把日本侵略者赶出中国的主张。由于他们是远在异地的东北老乡，所以常有往来。交往中，张哲也从赫崇本那里接触到了不少民主、革命、救国的新思想，这反倒让张哲误认为赫崇本是共产党人。

一天晚上，张哲很认真、恳切地对赫崇本说："赫兄，我想让你介绍我加入共产党。"听了张哲的话后赫崇本面露难色地说："我还不是共产党员呢。"张哲看了看赫崇本，接着又说："赫兄，你还不信任我吗？你太警惕了吧。"赫崇本无奈地摇了摇头，然后对张哲恳切地说："不是我不信任你，我说的都是实话。这样吧，我给你介绍一个人，或许他能帮助你实现你的愿望。"当即，他就写了一封信把张哲介绍给了谢秉仁。不久，张哲在谢秉仁的帮助下加入了中国共产党。随后，张哲和谢秉仁找到赫崇本一同商谈驾机起义飞向陕北的计划，可是就在他们商谈好起义计划后不久，张哲在国民政府空军与日寇的一次"五三"空战中不幸牺牲了。

张哲的牺牲让赫崇本异常痛心，在艰苦抗战的日子里他又失去了一位挚友。此后，赫崇本一边教书育人，一边继续关注着抗战局势的变化。1939年，先期到达延安的郭文昭从陕北革命根据地辗转来到昆明，他向赫崇本提议一起组织一个地下工作者团体——东北同乡救国会，赫崇本欣然地接受了，之后他便积极参与东北同乡救国会的组建工作，经常奔走在东北同乡中宣传共产党的抗日救国主张。

由于缅甸战场的失利，滇缅公路运输被迫中断。在日军严密的封锁下，昆明的物资也开始短缺，老百姓的生活一天天地恶化，昆明物价一日数涨。陈寅恪在形容当时昆明及后方通货膨胀、货币贬值的程度时，曾有两首诗，形象地予以描述："淮南米价惊心问，中统钱钞入手空"；"日食万钱难下箸，月支双俸尚忧贫"。陈寅恪是少数受聘做教授的人，又在中央研究院有兼职，他都尚且如此，那么对于一般的教授、讲师，其生活的困难程度就可想而知了。

生活拮据，物价飞涨，社会动乱，也导致了东北同乡救国会的组织工作进展得十分艰难，加上特务们的监视和干扰，郭文昭与赫崇本失去了联系，组织东北同乡救国会的事也无法继续开展下去。

艰苦的抗战又艰难地翻过了一页。1943年暑假期间，赫崇本从西南联大调到由周培源任所长的清华大学金属研究所工作。在这里赫崇本又遇到了令他终身受教的第三位恩师——比他年长6岁的周培源先生。周培源是中国当代著名物理学家，当时因风流倜傥而与陈岱孙、金岳霖并称为"清华三剑客"。

1932年，年轻的清华大学物理系教授周培源与素有北平女子师范大学"校花"之誉的王蒂澂喜结连理，成为清华园里一对令人羡慕的神仙眷侣。晚年的王蒂澂瘫痪在床，每天早晨周培源都要到老伴床前说："我爱你，60多年我只爱过你一个人！"周先生高尚的情操，已成为清华校园里广为传颂的美谈，也深深根植于赫崇本的内心深处。

周培源从事高等教育工作60多年，培养了几代知名的力学家和物理学家。周培源在教育和科学研究中，一贯重视基础理论，同时关怀和支持新技术的研究，在组织领导我国的学术界活动、推进国内外交流合作方面作出了重要贡献。他在教学过程中积累了丰富的教学和办学经验，形成了自己的教书育人风格和办学思想、办学理念，以他自己的学识、见解和治学、做人之道彰显着人格魅力，被人们称为"桃李满园的一代宗师"。周先生对爱情的坚贞态度，对学术研究百折不挠的决心，热爱祖国、拒绝美国移民局多次挽留的大义凛然的精神，都潜移默化至赫崇本的灵魂之中。在赫崇本出国之时，周培源先生再三谆谆叮嘱他：现在国内既不能制造汽车、飞机，也没有冶金设备、矿山设备和大型发电设备等制造业，到美国学习冶金，然后回国将我国重工业搞上去。

这一时期，赫崇本的大女儿赫羽已经3岁，儿子赫竞也已满一岁，不久，小女儿赫喆也要出世了。全家大小忍饥挨饿，贫困交加，赫崇本受生活的重压心情忧郁，总是闷闷不乐。

民主战士闻一多先生1912年考入清华大学，喜欢读中国古代诗集、诗话、史书、笔记等，1916年开始在《清华周刊》上发表系列读书笔记，1919年"五四运动"时积极参加学生运动，曾代表学校出席全国学联会议。他年长赫崇本9岁，是赫崇本在清华的老学长。当闻一多得知赫崇本也在昆明避难且生活十分艰辛困苦时，就专程拜访了赫崇本。他们相互倾诉着对国民政府黑暗统治的幽愤之情，同时闻一多安慰赫崇本，现在的困难是暂时的，日本不久将要被赶出中国。赫崇本也知道闻一多先生当时的生活不比他好多少，这从闻一多1944年公开挂牌治印后写给朋友的信中可略窥一二："弟之经济状况，更不堪问。两年前，时在断炊之威胁中度日。乃开始在中学兼课，犹复不敷。经友人怂恿，乃挂牌刻图章以资弥补。最近三分之二收入端赖此道。"以闻一多的才艺、名望，加上有梅贻琦、蒋梦麟等十几位著名教授联名推荐，故能以"绝艺"稍解困境，更多的教员只能默默地或到其他高校或中学去兼课，或做家教养家糊口。

1946年7月15日在悼念李公朴先生大会上，闻一多忍受着连日饥饿带来的折磨，发表了著名的《最后一次的演讲》，当天下午即被国民党特务杀害。噩耗传来，震惊全国。校长梅贻琦，亲邀黄子坚（南开大学代表）、雷海宗（中国著名历史学家）、查良钊（联大训导长）、沈履和（清华秘书长）组成"闻一多教授丧葬抚恤委员会"，为闻一多先生举行隆重追悼会。中国尚未中兴，一代人杰就这样倒下了！这也为后来即1984年3月31日，闻一多石雕像在中国海洋大学揭幕埋下了伏笔。正是由于赫崇本对闻一多先生的敬重，38年后他鼎力支持在校园内建闻一多先生雕像，并在和学生的座谈中不止一次讲到要弘扬闻一多先生崇高的爱国主义精神。

由此可以看出，赫崇本后来选择了海洋教育为其终生事业，兢兢业业，无怨无悔，甘为人梯，他像夸父一样追逐着太阳，在太阳中燃烧着自己，这种思想和境界不是凭空产生的，正是叶企孙、吴有训、周培源和闻一多等大师的优秀品质、做人的崇高境界潜移默化地塑造了赫崇本这块"优质材料"。时至今日，每当他的学生想起赫崇本先生的为人，就想起古希腊智者赫拉克里特的话："过去、现在和未来都永远是一团永恒的活火。"赫崇本先生的身世经历，他的精神境界，他的教育思想，他的人格魅力，将永远闪耀着光芒，熠熠生辉！

这是赫崇本先生留给中国海洋教育事业一笔宝贵的精神财富，更是中国海洋事业发展进程中不可或缺的文化脚注！

第四章

异国求学

在那大海上淡蓝色的云雾里,有一只孤帆闪耀着白光!海风呼啸,波涛奔涌,桅杆作响!它寻求着什么,在遥远的异地?它抛下什么,在可爱的故乡?

——摘自莱蒙托夫《帆》

一、七名学子

国家的命运，侵略者的野蛮，人民的痛苦，社会的动荡，曾使年轻的赫崇本陷入深深的苦闷之中……幸运的是，在当时的中国，有像叶企孙、吴有训、周培源先生这样的一批精英学者，他们坚信：我们中华民族历来具有不屈的精神。在他们的积极倡导下，许许多多身处战火中的青年知识分子赴国外学习深造，以求日后能用科学来拯救国家。年轻的赫崇本在吴有训先生与同行们的荐举下，经过几轮考察就要赴美留学了，他期望通过学习国外先进的科学知识实现报效祖国的理想。1943年，国民政府决定利用庚子赔款资助七名助教去美国留学深造，赫崇本顺利通过了考试，成为七名留学学者之一。我国海域辽阔，海岸线漫长，赫崇本的导师吴有训先生建议他留美攻读海洋学，以填补我国海洋科学的空白。

赫崇本全家自来到昆明后，一直在动乱与不安中艰难度日，可生活的艰辛并没有让他忘记自己的理想，他为自己的才智无法报效祖国又未能踏上延安的革命之路而深深懊悔和忧虑。他曾想过出国深造，学习更多的科学知识来报效祖国，现在机遇终于来了，这反而让他犹豫起来。首先，他必须面对一个严峻的现实：妻子没有工作，三个孩子又年幼，他走后家庭生活就没有了来源，妻子和孩子该怎么办？更重要的是祖国正处于火热的抗战之中，此时自己怎能离开病弱的祖国母亲啊？

善解人意的妻子王荣菊看出了丈夫的心思，理解、支持丈夫的她深情地对他说："你放心去吧。有千百万热血抗战男儿，我们的国家一定会有希望，抗战一定会胜利。"她又劝说道："将来国家安定了会急需各方面的人才，你去美国进修就是为你将来的事业打基础。"然后妻子又平静地说:"至于我和孩子,你也不用太担心,你走以后我就带着孩子到贵州桐梓兵工厂投奔我大哥。我有文化,又会刺绣,我大哥会帮我找到工作的。我和孩子们一定能等到你学成归来。"

赫崇本听完妻子的话,心里一下子亮堂起来。这是一个多么识大体而又坚毅果敢的女性!他深情地注视着贤惠善良的妻子,紧紧地把她揽在怀里,感激和钦佩之情油然而生,心中却是又一阵酸楚。

庚子赔款只是资助留学费用的一部分,其余则要依靠自己解决。王菊荣背着丈夫悄悄地把结婚时的金银首饰当掉,并把换来的钱全部交给了丈夫,让他带在身上以备急需。她说:"穷家富路,你出这么远的门,把这些钱都带上。"赫崇本深情地看着理解和支持自己的妻子没有说话,临行前他却将一些钱悄悄地分给了因缺钱正处于极度困境中的另一个进步青年薛庭跃。他带着对祖国、对妻儿的眷恋之情,踏上了远赴他乡的求学征途。赫崇本因病比薛庭跃晚三个月到美国,薛庭跃先行就读斯克里普斯海洋研究所。

1941至1942两年间,是世界法西斯势力最为猖狂的时期,也是中国抗日战争最艰苦、最困难的时期。1941年12月,日本不宣而战,偷袭了美国太平洋海军基地位于夏威夷的珍珠港,太平洋战争爆发。法西斯将战火扩大到了整个世界范围,这也使赫崇本等人前往美国成为困难。

1943年11月底,赫崇本几经周折,离开昆明,途经印度,于次年2月底抵达美国西海岸的洛杉矶。为了等船,在印度他竟待了一个半月之久,在海上渡轮也要躲避日本军舰的袭击。一路同行的有常炯(清华大学)、吴则良(中国科学院上海冶金研究所)和陈同章。在乘船漂洋过海的旅途中,眼望着渐渐远去的祖国,他的心中充满辛酸和悲愤。与此同时,澎湃无际的大海,也激起了他对海洋的兴趣。

二、人生的抉择

　　按计划，赫崇本先去了西部拉霍亚城（la Jolla）斯克里普斯（Scripps）海洋研究所，看望先他三个月来美并在该所就读的薛廷跃。在那里他遇到了曾呈奎先生，从而两人相识并结下后来数十年的深厚友谊。

　　赫崇本到薛廷跃处了解情况不多时日，薛廷跃即决定转学东部。赫崇本与薛廷跃同往东部，遇到好友孙珍宝。经孙珍宝的介绍和建议，赫崇本在匹兹堡卡耐基理工学院冶金专业注了册。但是，赫崇本只有一次选择，他没有忘记老师吴有训先生的教诲。

　　临行前吴有训先生所说的"海洋科学在我们国家几乎是空白"的那番话，时常在赫崇本的耳边响起。海上几个月的航行，更使他深切认识到海洋的博大精深。他开始更多地关注起世界海洋研究的进展和海洋在国家安全中的巨大作用。赫崇本经过认真思考，毅然下定决心：到斯克里普斯海洋研究所去，攻读海洋科学！

　　初到异国他乡的人生抉择，令赫崇本很不平静，光是自己对孙珍宝那儿不辞而别就很自责。当时，他实在不想再添乱了，然而却乱了自己的处世原则。不过，他应该是问心无愧的。在"冶金"与"海洋"的选择上，他没有挑肥拣瘦。也正是他自己当年的这一个抉择，造就了未来中国海洋教育事业的一代宗师，使赫崇本成为了中国海洋教育的先驱者、开拓者，也成就了今天的中国海洋大学！

　　赫崇本选择了海洋，中国海洋也选择了赫崇本，这并非是一个人的选择，而是时代的选择，民族的选择。这应了中国的一句老话：时势造英雄。

　　斯克里普斯海洋研究所所长H·U·斯韦尔德鲁普（H.U.Sverdrop）先

生欣然同意接受这位他认为很有前途的学生。就这样，赫崇本师从当时世界著名海洋学家兼气象学家H·U·斯韦尔德鲁普（他曾被称为当代的郑和、哥伦布），并与W·H·蒙克（后来成为世界著名的海洋学家）一起从事海浪和海洋研究。

当时，H·U·斯韦尔德鲁普先生认为，气象与海洋相通，研究海洋的人都是先具备气象知识（他在海洋气象观测方面取得了极其重要成果，著有《气象学家的海洋学》），然后才转入海洋研究。因此他让赫崇本先去加州理工学院读气象专业，待结业后再回斯克里普斯海洋研究所继续作海洋研究。赫崇本愉快地接受了这个建议。1944年底，他暂时告别斯克里普斯海洋研究所，来到了加州工学院开始攻读气象科学。赫崇本进入美国加州理工学院气象系学习后，又遇到同胞徐纪南、董昱秀、冯元桢，且同住一个公寓，并与冯元桢住同一个房间。

⊙赫崇本挚友冯元桢（右第一人）

面对安定的环境、先进的技术，赫崇本开始思考着未来的发展，越想越深感任重而道远，从而也更加激发了他奋发拼搏、努力学习海洋科学的热情。大家经常看到他行不离书，日夜思索与写作。同时他利用课余时间参加勤工俭学，不仅解决自己一部分读书费用，还能省下一点钱。每当碰到有回国的中国人，他都会拜托他们把积攒起来的钱带给在国内无依无靠、在饥饿中挣扎的妻儿，尽最大努力帮助他们。虽如此，细心的冯元桢还是发现赫崇本的精神状态不太好，有一天做完实验，冯元桢关切地问道："崇本兄，你是不是有什么为难的事？"

赫崇本推心置腹地告诉他：自离开动乱的祖国和妻儿后，一直很思念他们，担心他们的生活，担心他们的安全，担心他们的一切。来到美国的几个月里，这种沉重的精神负担常使他夜不能寐。

听后,冯元桢劝赫崇本:"你这样下去是不行的,不仅会耽误学业,也会搞垮自己的身体。至于你夫人和孩子,你要相信他们。尽管他们的生活会遇到许多困难,但困难总是暂时的,他们总会坚持过去的。"他接着又说道:"你在这里既要学习,又要搞研究,还要节省每一分钱,不是也有很多困难吗?崇本兄啊,你该多往好处想,乐观一些,若把自己的身体搞垮了,那可就糟糕了。"挚友发自肺腑的话语如涓涓细流,在他心底上淙淙流过,顿时他感到轻松了许多、宽慰了很多。1947年,他以"利用统计方法分析北美洲大气形成"的论文获得了加利福尼亚理工学院哲学博士学位。他当时的学术思想很超前,曾指出:"气象研究,应从全球大系统的角度去考虑问题,并应与海洋科学结合起来,才能彻底解决大气的问题。"这一想法也曾得到过我国地球物理学家赵九章的高度评价。

当1947年即将过去,新的一年就要来临之际,他兴冲冲地回到了斯克里普斯海洋研究所。这时国内有不少学者也来到美国求学深造,从事海洋科学研究的有毛汉礼、罗士伟、汤玉玮、余先觉等人。这些国内来的新人使赫崇本的孤独感消去了很多。

斯克里普斯海洋研究所坐落在南加利福尼亚圣迭戈的郊外,虽然已经进入冬季,这里却依然阳光明媚,温暖如春。W·E·里特教授于1902年创建了这座海洋研究所,1912年海洋研究所归属加利福尼亚大学,与马萨诸塞州的伍兹霍尔海洋研究所一样,同属于世界海洋研究方面的圣地"麦加"。

斯克里普斯海洋研究所设有海洋地质、海洋生物和大洋三个研究部,以及海洋物理、能见度和生理三个实验室,还有一个海岸研究中心以及能提供博士学位的研究生院;拥有五艘海洋学调查船,两个做海洋研究用的浮动平台,以及先进的研究手段和设施;出版有《斯克里普斯海洋研究所通报》、《斯克里普斯论文汇编》等读物,曾培养了许多著名海洋学家,在海洋科学研究中处于世界领先地位。

地球表面约七成是海洋,海洋研究是没有国界的。斯克里普斯是当时世界上规模最大的海洋研究所,它又是一个开放式的研究机构,热情地拥抱着一切有志于海洋科学的研究者。赫崇本回到这里后,斯韦尔德鲁普先生十分高兴，安排他与W·H·蒙克博士一起跟随自己研究物理海洋学。自从四年前赫崇本决定攻读海洋学以来，他就利用一切闲暇时间阅读、收集有关海洋学的历史资料和文献，逐渐地，一个广阔的海洋世界慢慢地呈现在他的面前。

地球是太阳系中唯一存在巨大水量的星体。在地球2亿平方英里（1英里＝1.609334千米）的表面，海洋覆盖了约为1.4亿万平方英里的面积，即约占地球表面积的71%。地球的演变、人类的命运都与海洋息息相关，所以

⊙在斯克里普斯海洋研究所的赫崇本

海洋科学成为一个全球性的大课题。但海洋科学问世的确切年代，古人并没有给后人留下系统的记载，甚至连私人日记或航海日志之类的资料也无从找寻。

早在史前时期，波利尼西亚人和印度人曾进行过艰难的海上远航。约在公元前1500年，腓尼基人时常向西航行到直布罗陀海峡，向东航行到波斯湾。到公元前400年，海洋科学技术包括了观测日潮现象。早期，思想家们曾设想地球是一个由海洋环绕的岛屿。公元150年，地球中心说之父克劳迪亚斯·普托利米亚也曾经想象过大西洋与印度洋的范围与大小。此间，中国发明了世界闻名的航海仪器——罗盘和星盘。此后，中国的海上活动一直走在世界前列。到了15世纪初，郑和率领的庞大船队，先后进行了空前的七下西洋大航海活动。

几十年后，克里斯托弗·哥伦布于1842年发现新大陆，开拓了航海的新纪元。威廉·丹皮尔于1770年写出了《论风》一书，详细地叙述了海洋学中的气象学问题。詹姆斯·库克船长在他1768年至1777年太平洋航行期间，连续记录了潮汐和海流，还绘制了海图。1770年，美国的本杰明·富兰克林首次绘制了墨西哥湾流图。至此，物理海洋学和生物海洋学开始取得进展。

　　1830年，年轻的查尔斯·达尔文乘"比格尔"号船进行海洋探险，是海洋学进展的一个里程碑。1885年，美国海军上尉马修·方丹·莫里出版了《海洋自然地理学》，使海洋学领域的研究取得重大进展。莫里还在布鲁塞尔召开的首次会议上，决定了海洋观测和气象观测的标准方法。1872年至1876年，地质学家怀利·汤普森率领"挑战者"号船进行了为期4年的全球航行探险。本次探险中，科学家们搜集了大量有关海洋的资料。经过近20年的整编，出版了一部50卷的浩繁巨著，促进了海洋学的进一步发展。

　　随着赫崇本对海洋更深入的了解，在他的头脑里，一个个古代探险者和海洋科学的开拓者们：郑和、哥伦布、莫里等都成为他崇拜的偶像，现任斯克里普斯海洋研究所所长H·U·斯韦尔德普鲁先生也成为他心中敬仰的英雄。

　　H·U·斯韦尔德普鲁先生被称为现代的郑和与哥伦布的确当之无愧。他既是海洋学家又是气象学家，被誉为现代海洋科学的奠基人。1888年11月他出生在挪威的松达，1914年毕业于奥斯陆大学（当时称克里斯蒂安尼亚大学），1920年任卑尔根地球物理研究所教授，1928年任美国华盛顿卡内基研究所研究人员，1936年任加利福尼亚大学海洋学家系教授和斯克里普斯海洋研究所所长。他还担任过国际物理海洋学协会主席、国际海洋考察理事会主席等职务。

　　斯韦尔德普鲁献身于海洋事业，在1917年至1925年间，两次参加"莫德"号北冰漂流探险调查，出版了由他执笔的五卷探险报告。1942年他出版了《气象学家的海洋学》，并与M·W·约翰森、R·M·弗莱明合著了巨著《海洋》。《海洋》这部巨著在世界海洋发展史上起着划时代的作用。所以能再次回到H·U·斯韦尔德普鲁先生身边工作和从事海洋研究，赫崇本感到异常兴奋，一回到研究所就全身心投入到了海洋学的研究中。

　　斯克里普斯海洋研究所的办公楼是由一座座米黄色的两层楼房组成，一边紧邻大海，一边依偎在绿色山岳的怀抱之中。当色彩瑰丽的科研楼将诱惑的影子抛洒在海水里时，一阵阵波涛呼啸着拥来，又转瞬间退去，而吹不散的影子依然留在那里，给这蓝色的海湾增添了无限的静谧和神秘。

赫崇本常陶醉在这迷人的景色中。更让他感动难忘的是，H·U·斯韦尔德普鲁先生不仅认真做各种实验研究，还经常出海考察，亲自动手制作观测设备。他关于海洋研究是一门实践性很强的学科的教诲，深深地印刻在赫崇本的心中。在H·U·斯韦尔德普鲁先生的指导下，赫崇本专心钻研，敢于实践，锐意探索，不久在研究所学报上发表了 *Statistical Study of Temperature Variation in Chicago*、*Forecasting mean Weekly Temperature by Statistical Synaptic Consideration* 等论文，受到老师的好评。

抗战方告结束，全国人民都希望国内和平，但刚刚从抗日战火中走出来的中国又一次被国民党送入战乱之中。赫崇本虽身在异国，但依然关注着处于战火之中的祖国。1946年初，他参加了赵书文在美国东部学生中发起的反对国民政府进行内战的签名活动。后来赫崇本又结识了一位倾向革命、追求进步的美国教授斯坦梅林先生。斯坦梅林先生关心中国的解放事业，热心中美人民的友谊。

1947年冬天，斯坦梅林先生连续两次邀请美国进步知识分子举行座谈，每次他都邀请赫崇本参加。座谈会上，斯坦梅林先生宣传和赞颂了中国共产党，赫崇本也用流利的英语讲述了自己的亲身感受。说："中国的抗战尽管十分艰难，中国人民为此付出了极大的牺牲，但我们最终赶走了日本侵略者。中华民族是一个热爱和平的民族，每一个中国人在经历了艰苦的抗战后都盼望着过上宁静的生活，盼望着自己的国家早日摆脱战争的阴影强盛起来。战争只会给一个国家带来混乱、动荡和灾难，内战不得人心。"

与赫崇本同在物理海洋实验室进行研究的W·H·蒙克博士比赫崇本小10岁，但两人对海洋研究的共同追求超越了年龄的限制，彼此建立起深厚的友谊。在交往中，蒙克先生既同情中国的现状，也十分同情赫崇本个人的处境。有一天，蒙克一家邀请赫崇本去吃饭，蒙克真诚地告诉赫崇本："我佩服你的聪明才智，愿意帮助你继续留在美国深造，取得海洋学博士学位。"听了这番话赫崇本却面带难色。蒙克不解地问："你有什么难处吗？"赫崇本被这位美国朋友的热情与真挚感动了，他很坦诚地告诉蒙

克:"我很感激你对我的关心和真诚的帮助,可是我想回到我的祖国。现在中国的海洋研究还很落后,在那里更需要搞海洋研究的人,这比我自己获得一个博士学位更为重要。"看着平日并不多言的赫崇本,蒙克感到此时的他是一位既熟悉又陌生的朋友。

谢绝蒙克先生并不是赫崇本的一时冲动。他在研究海洋科学的同时,一直关注着中国局势的变化。他对局势的判断是正确的。没有多久他就得到消息,在解放战争中,中国共产党领导的革命队伍从他的老家东北开始,在辽沈战役中首战告捷。不久又传来新的消息,解放军三战三捷,已开始准备渡过长江,国民政府首府——南京已是兵临城下,国民党也开始向台湾退缩,一个在中国共产党领导下的崭新的中国即将诞生。

就在国内解放战争已接近全面胜利之时,美国也加紧了对留美中国学者归国的控制。在异国他乡的5年时间里,赫崇本先后取得了两个硕士学位和一个博士学位。这5年间,他饱尝了寄人篱下的艰难与苦涩,体会到了外国友人的真诚,目睹了资本主义社会的奢侈与虚伪的"民主",体验了激烈的竞争与残酷的社会现实。

他与每一位爱国学子一样,深知当下的美国政府对新中国的敌视态度,它们不会马上承认新中国。赫崇本唯恐美国政府采取敌视新中国的政策阻挠他回国效力。在权衡利弊后,当机立断,放弃了再取得一个博士学位的机会和美国优越的研究条件,决心要为自己的祖国效劳,便立即启程回国。在他看来,论文已经完成,是否获得博士学位这并不重要,知识已经学到了手,眼下的这个博士学位无法与报效祖国相比。

第五章

大展宏图

  对一个民族来说,每一寸土地都是神圣的。每一处沙滩,每一只嗡嗡鸣叫的昆虫,甚至丛林中的薄雾,就连树木流淌出的树汁,也满载着我们的记忆!

一、毅然回国

1948年，国内解放战争已接近全面胜利，美国加紧对留美中国学者归国的控制。赫崇本怀着不安的心情注视着这一切，与其他中国学生探讨可能出现的局面，从思想上和行动上时刻作好回国准备。

1949年6月2日，中国人民解放军解放青岛。当天，青岛市军管会正式挂牌成立，向明任军管会主任委员。青岛市人民政府也于当日成立，马保三就任新青岛第一任市长，薛尚实任市委书记。军事管制委员会在接收山东大学的过程中，决定把已有一定研究基础的海洋研究一并保留下来。

复旦大学、厦门大学和山东大学是我国历史上开展海洋教育较早的大学。山东大学的历史源脉有两个。一个是1924年成立的"私立青岛大学"，一个是"山东大学堂"。1926年"山东大学堂"停办，由6个高等专科合并成省立山东大学。所以，山东大学的老校应当也是两个，一个在青岛鱼山路，一个在济南洪家楼。但是，在济南"山大老校"作为一种长期延续下来的称谓，却是特指坐落在洪家楼的那座老校园。

回国时机成熟了，赫崇本毅然放弃在美国优越的研究条件，1949年春天启程回国，随身只有倾囊购置的图书和为山东大学代购的价值不菲的海洋和气象仪器。由于当时囊中羞涩，他还向朋友借了一部分美金用于购置海洋方面的参考书。他下定决心，要把全部身心投入到新中国的海洋事业之中。

1949年，青岛的春天来得特别早，在樱花盛开的季节赫崇本来到了青岛。此时，展现在他眼中的尽管仍是一片片废墟、满目疮痍，但他已经从潮湿和带有海腥味的空气里，从尽情绽放的鲜花中感受到了解放的气息，这是一片已经获得了新生的土地。

不久,他与亲人重逢了。当赫崇本看到面容憔悴的妻子,看到已经长大了的孩子们,内心一阵酸痛。久别相逢的夫妇俩久久地相望着,强忍着泪水,而孩子们则怯生生地叫着"爸爸、爸爸"向他跑过来。大女儿赫羽在回忆父亲时曾这样讲道:"对我来说,那时的父亲几乎是很陌生的。父亲没有多余的行李,他带回来的只是一颗赤诚的心、满腔的热血和整箱的书籍。"

来迎接他的还有曾呈奎教授。两位久别重逢的老友——我国未来海洋科学开拓者的手紧紧地握在了一起。他们相视无语,但从他们对视的眼神里人们可以看到两人流露出对中国海洋科学研究的期盼,那是事业开拓者坚毅的目光。

1946年底曾呈奎回国后,任国立山东大学植物系主任、教授,兼海洋研究所副所长。他认真教学,积极为国家培养海洋科技人才,但由于无经

⊙赫崇本全家照(1963年8月)

费、缺人员，让他无法开展科研工作。1947年，国立山东大学理学院规划设置海洋学系，附设海洋研究所，著名生物学家童第周被聘为国立山东大学海洋研究所所长，曾呈奎为副所长。但是，他们二人都是学生物的，当时国内尚无一人研究海洋动力学，赫崇本的回国，正好填补了这一空缺。

赫崇本兴奋地回到住处，稍做安顿后，便迫不及待地去找曾呈奎谈他对海洋研究的想法，他要把在回国路上想到的事情一一地讲给曾呈奎听。早在得知赫崇本要回国的消息后，曾呈奎就已事先为他联系好了工作。曾呈奎告诉他："学校（国立山东大学）在青岛有一个海洋研究所，以后就由你来负责吧。"赫崇本欣然接受了这一提议，他简单地处理了一下家务后便立即投入到了教学和研究工作中。赫崇本回国后不久就被应聘为国立山东大学教授，可当时搞海洋的人极度缺乏，物理海洋研究所连挂名的成员在内只有5人。可就是这5个人的星星之火，点燃了中国"物理海洋"研究和教学的燎原之势。

二、中国物理海洋学教育拓荒者

青岛的解放和保留海洋研究所建制让赫崇本欢欣鼓舞，他带领景振华、马连恒等以极大的热情投身到海洋研究所的建设与发展中。他与景振华几次来到北京法文书店，购置了一大批"挑战者"号的海洋调查报告和英国皇家学会大百科全书，美国的《深海研究》、《海洋研究》，伍次霍尔和斯克里普斯海洋研究所的论文集，以及德国的《国际海洋水文杂志》等书籍，又添置了部分实验设备和药品，以及少量航海仪器设备。回到青岛后，他们与辛学毅一起很快建起海洋化学分析实验室，为海洋研究所的构建奠定了初步基础。

1952年全国高等院校进行大调整，上海水产学院、河北水产专科学校、华东水利学院等一批培养海洋科学研究人才的高等院校和专业相继建立，此后，大连海运学院成立。在赫崇本等人的积极努力下，1952年9月20日华东高校的院系调整委员会批准山东大学海洋研究所与厦门大学海洋系合并，以开展海洋调查和物理海洋专业研究为目标，在海洋研究所基础上成立山东大学海洋系。

海洋系成立后，赫崇本受聘为第一任系主任。这是一个白手起家、百废待兴的年代。当时的教师除赫崇本外，仅有王彬华、孙月浦、牛振义、唐世凤、景振华、陈宗镛、江克平、辛学毅8个人。刚刚成立的海洋系缺少系统的教学计划，没有教学场地，师资力量严重不足，教材准备不完善，缺乏海洋仪器，图书资料也很少，所有这些困难都压在了赫崇本等人的肩上。

当时中国尚没有海洋学方面的教材，赫崇本决定自己动手编制教科书。经过日夜奋战，埋头疾书，在景振华的协助下，赫崇本不久就编出了

《海洋学通论》的讲义,这本《海洋学通论》也成为我国海洋学者自己编撰的第一本海洋学教材。以后又增加了"波浪学"、"潮汐学"、"动力气象学"三门课程,与"海洋学通论"一起成为中国有史以来第一次系统讲述海洋的课程。

增加这三门课程,既是赫崇本对世界海洋研究成果的总结,也是他对我国海洋研究成果的拓展。他认为:"我们的教材既不能误导学生,也不能贻笑世界。"时至今天,他设立的课程仍然是后继者的写作范本,依然是中国物理海洋教学的基础。

开课的第一天,赫崇本照例早早来到了学校,他又认真地看了一遍那十分熟悉的讲义,然后精神抖擞、神情凝重地走上了讲台。教室里鸦雀无声。他环顾了一下教室,开始用他低沉而洪亮的声音讲道:"同学们,海洋是巨大的,海洋占据了地球约71%的表面积,海洋是万物的摇篮,与人类的生存息息相关……人类在很早就开始了对海洋的探索……财富来自于海上,危险亦来自于海上,国家的富强与安危需要我们掌握海洋科学……与其他学科相比,即便是与海洋学的近亲——气象学相比,海洋学科也是一门年轻的科学。正因为年轻,海洋才有着广阔的天地等待我们去探索……当你们走近这门科学时,改变我国海洋研究落后局面的重任就已经落在了你们的肩上。这是祖国、民族和历史赋予你们的责任,也是赋予我们的责任……。"来听"海洋学通论"课程的还有水产系、物理系的学生。因为这是一门全新的课程,所以一些在校任教老师也来听课,后来成为著名教授的郑伯林、王小庆和景振华就是他们中的一员。

赫崇本,正在用他辛勤的劳动翻开了中国海洋学基础教育崭新的一页。随后,他又开始动手筹建海洋化学分析实验室,开拓新的海洋课程。

⊙赫崇本任系主任时的照片

赫崇本选择了青岛，或许有某种"巧合"，或许与曾呈奎等当时也在这个城市有一定关系，但这仅仅是巧合吗？

这并不是巧合，从北平到昆明的迁徙与历练，让他亲历了大半个中国落后的教育状况。在斯克里普斯海洋研究所的深造和研究，让他在认识海洋王国的同时，也开阔了自己的眼界和胸怀。他看到了中国海洋教育和海洋意识落后的现实，更想到了海洋发展和未来的作用，在他的心底里萌发出一种强烈的使命感和责任感。这就是"一定要从根子上解决中国海洋的问题"。而青岛，恰恰具有得天独厚的优势。这一切的形成凝结了多少有识之士的智慧，其中有一份自然是属于赫崇本的。这一问题似乎也可以回答后人曾提出的一个问题：我国海洋教育事业为何会发源于青岛？北有大连、天津，南有厦门、广州，为什么这些城市却没有这一机缘？显而易见，因为青岛有赫崇本等我国海洋科学教育事业的拓荒者。

此后赫先生还为学生开设"动力气象"、"海浪"等课程。当时他集行政、教学于一身，极度繁忙。他原想将"动力气象"转给其他老师讲授，但是学生不同意，赫先生坚持将该课讲完。他对这些并没有满足。当他看到水产系学生数学基础差对学习动力海洋学与气象学有困难时，又抽出时间去为他们补习高等数学。在他的努力下，不断增加的新课程以及他富有魅力的讲授吸引了更多听课的学生。

在这些学生中有从上海复旦大学生物系海洋组来山大借读的管秉贤、任允武、柴向浩等人，以及山东大学物理系的王景玉、于宝琛、王景明等。之后，他们都成为了我国海洋学专业的第一批学生，并很快成为了我国海洋科学教育的中坚力量。

教学伊始，大家对办学的方针和任务并不甚明确，有的人主张以理论研究为主，有的则认为应当以应用为主。为此，赫崇本日思夜想、寝食难安。为了统一思想认识，他发动大家广泛讨论，让大家充分发表意见。他还找来一份前苏联彼得格勒水文气象学院的教学大纲作参考，让大家反复讨论，集思广益。参照前苏联的教学大纲和大家的意见，赫崇本与景振华一起草拟出一份符合我国国情的海洋教学大纲。该大纲根据当时的实际情况，对所设课程、学时、实习等都作了较详细的设计。

按照这个教学大纲,仅有的几个人做了教学分工:赫崇本继续讲授"波浪学",景振华讲"海流学",王彬华讲"海洋气象",唐世凤讲"潮汐推算",辛学毅讲"海水化学分析","海洋通论"则由曾呈奎、张玺、赫崇本和景振华共同讲授。现在看来,这些课程似乎没有什么特别的,已经延续了几十年,也很少有人追问其源头。然而,在当年这些专业课程都是首次在我国海洋教学中开始讲授,每一门课程都渗透了他们这一代人的艰辛劳动,也展现了他们的知识和才华。为丰富教学内容,赫崇本又发动大家牺牲大量的休息时间,终于在1953年暑假结束前,编写出了内容丰富的"海洋学"、"海洋化学"、"潮汐学"、"动力海洋学"和"波浪学"等主要课程的教材,解决了缺少教材的燃眉之急。

为解决教学场地问题,赫崇本四处奔波,积极协商有关方面,最终将海洋系暂时安置在"速成中学"(今中国海洋大学鱼山路校区)内,并逐一解决了图书室、仪器室和国内仅有的海水化学实验室的安置问题。当基础条件基本具备后,他便开始四处网罗人才。

三、一个好汉三个帮

汉高祖刘邦，如果没有萧何、张良和韩信，他就得不到天下；刘备没有诸葛亮、张飞和关羽，他也别想得到半壁江山。一个人来到世上，纵然雄心万丈，笃信"天生我才必有用"，也绝非一杆枪可以扫平天下。

新中国物理海洋学人才有序培养固然可喜可贺，但是，开创一个学科、一个专业，仅凭一个人是不行的。赫崇本心里十分清楚求得理想师资的重要性，因此在繁重的教学之余，他多方奔走，四处打听，乐此不疲地寻找着可以驰骋海洋科学的"千里马"。他深知："要培养出一流的学生，首先要造就出一流的教师队伍，要有一流的研究学者。"

当他得知哈尔滨军事工程学院的文圣常教授热心于海洋动力实验时，他便让景振华与哈尔滨军事工程学院取得联系。在赫崇本的不断努力及高教部的支持下，1955年文圣常终于调来青岛。文圣常学的是航空机械制造，院系调整时他来到哈尔滨军事工程学院（现哈尔滨工程大学）任教，当年他就对波浪很感兴趣，后来他成为中国科学院院士，是我国海浪研究的泰斗，也是我国海洋界的一代宗师。

当赫崇本获知清华大学和北京大学有一批新秀时就立即北上选才。之后，他又得知陕西工业大学有一位搞水利工程的行家，于是费尽周折，又将其请到刚刚成立不久的海洋学院从事海洋工程研究。这位行家就是"敢吼天下第一声"，为开发黄河口码头、建设石臼深水港等项工程作出重要贡献的侯国本教授。

侯国本搞的是水利工程，自1964年起赫崇本先生派人三下西安将他请来，不久我校的海洋工程出现了繁星璀璨的局面，石臼所大港和黄河海港

都是在侯国本提议、论争和不懈的努力下建成的。毫不夸张地说，没有侯国本，就没有今天的山东南北两个大港，就很难出现山东海洋产业的产值全国名列前茅的辉煌局面。

许志中、沈积均二人是莫斯科大学的高才生，毕业后回国效力。那时"海归派"尚属凤毛麟角，与海洋专业有关的大学都希望将他们作为人才引入。而在这时他们恰巧听到赫崇本先生礼贤下士、求才若渴的消息，于是拒绝了其他院校的邀请，来到山东海洋学院报到，成为学院的骨干教师。

后来，赫先生又将苏联海洋学家列昂诺夫临时聘请到海洋系，讲授"区域海洋学"近一年。为了培养我们自己的专家，赫先生又让施正铿、俞光耀等年轻老师"靠上去"，除去负责安排教学、翻译、随堂听课之外，还整理俄文讲稿。虽然列昂诺夫对中国四个海域不甚了解，但对中国海周边区域的水文气象条件却能如数家珍，使当时老师们对我国周边海域的水文气象几近无知的情况下茅塞顿开，懂得了如何调查、描述、发现既定海域的水体运动规律。此后近10年内，海洋系才有了以施正铿、俞光跃主讲的"区域海洋学"这门课程。

这些都成为了新中国海洋科学研究的顶尖人才，而每一块"金子"的挖掘者都是赫崇本先生。

四、筹建山东海洋学院

山东大学搬迁后不久，在青岛成立了由成仿吾、高云昌、赫崇本、薛廷跃等人组成的山东大学（青岛）校务委员会。1958年底，赫崇本教授去北京参加国家科委海洋组会议，会议休息时间，他向海洋组的组长海军副司令员罗舜初和国家科委副主任武衡汇报了自己的想法。他打算在山东大学青岛分部的基础上，创建一所海洋学院。他说："中国有数千千米漫长的海岸线，有丰富的海洋资源，可是我国现在是有海无疆，海防支撑力量严重不足，无法满足未来海上战场建设的需要。究其原因，海洋科学和海洋教育落后是一个重要因素。"他的阐述简明扼要，言简意赅，特别提出了海洋科学研究和海洋教育在国家建设和国防建设中的重要性。赫崇本恳请他们向党中央反映他的建议。

赫崇本的中肯陈述，与他构建一所亚洲第一、专门从事海洋教育和科研大学的深思熟虑，引起了罗舜初和武衡的共鸣，同时也让他们深切地感到了我国海洋科学远远落后于世界的现实情况，确实应当不失时机地组建一所专门培养海洋科技人才的教育基地。他们欣然同意并联名上书中央，力主创建我国的海洋学院。中央书记处对此极为重视，原则同意筹建山东海洋学院，并指示山东省委尽快提出详细报告，上报中央及有关部门。很快，山东省委给中央送交了请示报告。报告中这样讲道：为了开发祖国海洋资源，发展科学事业，适应国防需要，拟将我省青岛原"山东大学海洋系"及有关专业，合并改造为"山东海洋学院"。学院由五大学科作为支柱，它们是海洋水文气象（物理海洋）、海洋物理、海洋生物、海洋地质和海洋化学，并把山东海洋学院定为国家重点大学，以此保障国家投资和师资力量。

1959年3月30日，中央正式批复了山东省委的请示报告。赫崇本先生得到这一消息时激动得热泪盈眶，他没有想到自己的一个建议这么快就被批复了下来。就这样，在他的不懈努力下，新中国第一所、亚洲唯一的一所专门培养高级海洋人才的高等学府——山东海洋学院在青岛正式挂牌，并以崭新的姿态展现在人们面前。消息传到校园，数百名师生欢欣鼓舞，原来寂静的校园一下子又沸腾了起来。

山东海洋学院的诞生揭开了我国海洋科学教育发展史上新的一页，从此中国有了培养海洋专门人才的舞台。赫崇本先生受命于危难之际，责无旁贷地挑起了山东海洋学院第一任教务长的重担。

1958年11月，来青岛访问讲学的苏联专家列昂诺夫曾对赫崇本教授这样说过："你们不失时机地创建了一所中国的海洋大学，这是功在千秋的大事，要是在苏联我们会为此立一尊雕像。"赫崇本只是淡淡地一笑，未做回答，因为他从不想为自己做些什么，此时他想的仍是学校师资力量的不足。他微笑着对列昂诺夫说："现在我们国家还处在困难时期，面对困境我们只能慢慢地发展，苏联是我们的老大哥，以后还需要你们的帮助。"

要在仅有三个系的基础之上建立一所亚洲一流的海洋学院，谈何容易！需要设立专业、组建新的院系、制定学院的发展规划，更需要培养师资队伍，还需要安排教学场地、筹措教材和实验仪器……总之，百废待举，困难重重，举步维艰。这可不是几个人就能支撑的了的局面。高教部对"山东海洋学院"的筹建和未来的发展给予了极大的关注和支持，在较短的时间内批准了"山东海洋学院"筹建动力模拟实验室的请示。为增强海洋学院的师资力量，不惜将考取了其他院校的学生直接分配给海洋学院。对此，赫崇本先生开始构思"山东海洋学院"未来发展的宏伟蓝图。

海洋科学需要人才，而海洋教育尤为需要人才。赫崇本教授除了充分发挥现有教职工队伍的作用外，建议校党委把积极引进优秀人才作为当务之急。学院积极的人才政策与赫崇本教授的人格魅力，很快就大见成效，不久就吸引了不少有识之士。与海洋相关学科的知名教授、学者先后来到青岛，他们在"山东海洋学院"的教学与科研工作中发挥了重要的作用。侯国本教授生前对此一直记忆犹新，十分感激赫先生的知遇之恩。在他的回忆录中这样写道：

1950年我在山东大学认识了赫先生，以师长待之，因为他的学识德行，我衷心地敬爱他。1952年我离开山大去西安交大任教，直到1962年参加《中国科学十二年规划》时，我才又见到了赫先生。当时他恳切地邀请我参加海洋动力实验室的筹建工作，我立即答应了，因为我能在赫老师的身边工作，感到终生为荣。

即便是我在工作不顺利的情况下，也都是自觉地克制，千万不要给赫先生造成负担。在我的工作中，每当我想起赫老师，总是感到他给了我工作的力量。赫先生是"山东海洋学院"的象征，是中国海洋教育界师长的象征。

在校党委指导下赫崇本先生将山东大学留下来的3个系（海洋、水产、地质）逐步扩大为5个系（海洋系、地质系、化学系、物理系和生物系），专业学科由过去的5个，扩充为10余个。此外，还设立了两个研究所即海洋研究所与河口海岸带研究所，三个研究室即生物遗传研究室、海藻培养研究室和海洋环境研究室。在此基础上还增加了一批供教师科研和学生实习的设施，如"东方红"号海洋调查船、海洋动力实验室、八关山气象台、水产养殖场、海洋仪器修造厂和生物标本站等。年轻的"山东海洋学院"初步形成了面向海洋的综合性教育体系。

赫崇本先生辛勤耕耘在这片海洋科学教育的天地里，一心皈依，忠贞不渝，锲而不舍。在这里，他用自己的行动证明了，在世界海洋科学领域，中国人大有可为！正是这个信念，让赫崇本先生始终不渝地拼搏着、工作着。

他不仅热爱祖国海洋科研事业，而且更加眷恋海洋教育事业。未来世界科技的大发展必将呼唤更多的海洋科技人才，这样的"海洋大学"是值得我们期待的。

五、学而不厌，诲人不倦

按照孔子因材施教的原则，对于不同的对象，考虑其不同的素质、优缺点、进德修业的具体情况给予不同的教诲，赫崇本先生对此表现出了一种诲人不倦的可贵精神。

赫先生毕生为学科建设与人才培养而奋斗。刚组建初期的海洋系是山东大学众多院系中最小的一个。由于种种原因，当时的海洋系还不能公开招生，学海洋的学生都是从其他学科转来的。在公开招生后，又因为毕业生分配的单位大都是与国防密切相关的部门，因此对学生的政治思想素质要求极为严格。加上当时有很多学生对海洋专业不甚了解，学生的思想情绪不稳定，学习也不安心。

赫先生了解到这一情况后十分重视，他利用开会、集体学习、实习和劳动锻炼的机会，一次又一次地向学生宣讲海洋科学调查与海洋研究对我国国民经济和国防建设的重要意义，并劝解学生正确处理个人利益与国家利益的关系。他经常这样对学生说："我们要时刻听从祖国和党的召唤，哪里最需要，我们就到哪里去。"他对教师们也提出了要求，明确指出：老师不仅要教书，更要育人，对学生的思想工作要实行全面负责。

赫先生不仅对别人提出严格的要求，他自己也以身作则带头关心学生的学习和生活。学生的宿舍没落实，他一次次地去找校领导研究解决方法。在学校一时难以解决时，他又四处奔走，请求海军给予帮助，解决学生的实际困难。

白天他忙于教学事务，晚上经常到学生宿舍去与学生一起谈学习、谈理想、拉家常，倾听学生的意见和建议，了解他们的思想动向，有时谈到学生就寝时才回家。每逢重要节假日,他总是把一部分生活困难学生请到自己家里,为他们改善一下生活。师母王荣菊对学生也像对待自己的儿女一样,让学生感到像回到了自己家里一样。

  有一年的春节前夕,有些学生因为家远,也由于当时交通不便只好留在学校过年。青岛的冬天寒风刺骨,当时的学生宿舍并没有取暖设施,对于那些来自南方的学生,在宿舍里盖着两床厚厚的棉被仍然感到寒气逼人,对他们来说这真是一个难熬的寒假。假期里,赫崇本把时间和精力更多地转向了科研,没有了教室熙熙攘攘的声音,他更多的时间是在办公室或实验室里度过。有一天,他在去校园的路上遇到了他熟悉的学生,此时已临近春节,周遭的鞭炮声敦促着人们抓紧时间置办年货。当他知道还有几个学生要在青岛过春节时,便热情地邀请他们到自己家里一起过节。当他的学生在暖和的"家里"吃着热腾腾的饺子时,感动得热泪盈眶。

  在那一段日子里,曾有过这样的两件事。从香港来的一名叫史良才的学生,他因违反校规被学校除了名,为此他对学校和一些老师极为不满,可当他见到赫先生时却羞愧地低下了头。在离开学校前,他还特意去向赫先生告别,并十分内疚地说:"赫老师,我对不起您对我的教诲。"

  另一名学生叫袁政仁,他因为数理基础差,有些功课总是跟不大上;又因家庭困难,后来退学回到了江西老家。赫先生知道了这件事后,总是放心不下。他对自己的学生甘子均说:"我要资助他继续读书。"听老师这样说,甘子均立刻回答道:"不,赫老师,我马上就要工作了,我们是同学,应该由我来帮助他。您为我们班级、为了我们的学习操尽了心,要是老师不让我出这点力,让我

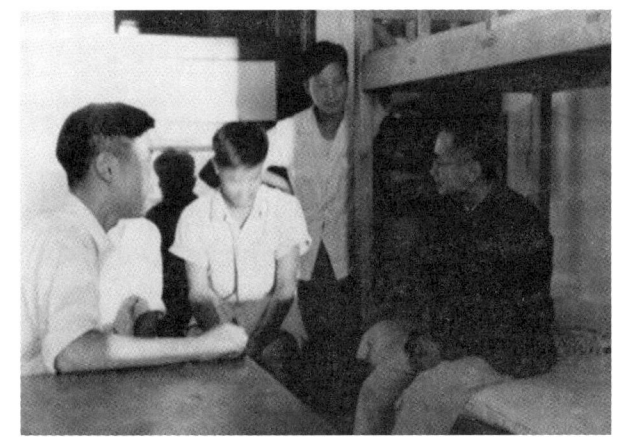
⊙赫崇本教务长在学生宿舍

为您分一点忧,我心里不安啊。"赫先生却诙谐地笑着说:"我的头上有多少根白发,我就有多少学生。有你这样能为老师分忧的学生,让我感到高兴和欣慰。"接着他又耐心而不容争辩地说道:"可是,你不久要成家,还要生儿育女,孝敬父母,你的负担比我重,还是让我来做这些事情吧。你只要能把自己学到的知识用在国家建设上,能够发挥出你的能力,为国家海洋事业多做一些事情,就是对老师最大的支持。"

20世纪50年代,国内各行各业都在向苏联"老大哥"学习,赫先生始终坚持结合我国国情确定办学方针的思想,反对生搬硬套国外的一套。他经常教导学生:"不要迷信国外,但也不要一概地拒绝、排斥别人的好东西,要像毛主席说过的'洋为中用'。无论是国外的什么好东西,只有符合中国的实际情况才能有所发展,才能成为真正对我们有用的东西。"对于刚刚成立不久的海洋系来说,如何设置学科是一件开天辟地的大事,可是设置哪些学科、如何进行专业课程设置,这不仅直接关系到一个新生学科的发展,也关系到海洋系未来的走向。曾有一位前苏联专家指出:"应该把学科划分细致一些。"这位前苏联专家描述的细分的学科有些像前苏联教科书。

面对前苏联"老大哥"的提议,赫先生并没有盲从。他认真研究了前苏联彼得格勒水文气象学院专业的教学计划以及美国伍次霍尔和斯克里普斯海洋研究所的教学设置,比较了它们之间的优劣。他坚持认为:大学的学习就是给学生们打基础,尤其是面对我国海洋人才严重匮乏的局面,不宜把学生的专业面设得过窄;设得过窄,从课程设置看似乎是很合理,但并不符合我国的实际情况。我们应该通过大学的教育,更深层地挖掘学生自身的潜力,提高他们的创造能力,使他们既要有较为深厚的数理知识,又要有较为充实的专业知识,更要有能在海上进行独立观测的能力;否则,学生毕业后很难适应我国海洋科研的实际情况,也不能满足我国的实际需要。大学的目的,正所谓"师傅领进门,修行在个人"。日后的实践证明,赫先生科学严谨、实事求是的治学作风,不仅为我国海洋学的发展指明了方向,也培养出了一大批能够适合我国国情的海洋研究和海洋

工作人才。

  1956年毕业的江公美、汪兆椿等一批毕业生，开始时被分配到中央气象局下属的一个研究所里工作。后来由于种种原因，这个研究所被撤销，他的那些学生也就不能继续从事本专业的工作了。赫先生得知这一情况后，他当作自己的事情毫不犹豫地揽了过来。为安排好这些已经毕业了的学生，让他们所学专业不至于荒废，他四处奔走，甚至找到了海军的有关部门。他一个人一个人地逐一落实，最终使他们在新的岗位上发挥出了自己的专业才干。赫先生常说："国家培养一个海洋方面的大学生是一件十分不容易的事，如果因为一点小问题就荒废了他们的学业，浪费了这些人才，不仅对我国海洋事业不利，也对不起国家的投入。这些都是工人和农民用劳动的汗水供养的大学生，不能有丝毫的浪费。"

  就这样，赫崇本先生，犹如一艘引航之舟，经过大风巨浪的洗礼之后，毅然决然地踏上了海洋科学教育领域，坚定地把生命之锚抛在了美丽的滨海之城——青岛。

  此时，不由不让人想起蒲松龄的励志对联：

  有志者，事竟成，破釜沉舟，百二秦关终属楚；苦心人，天不负，卧薪尝胆，三千越甲可吞吴。

  这同样是对赫崇本先生百折不挠精神的写照。

第六章

欲做海洋事,先做海洋人

赫崇本先生的教学理念之一:水是多态的,灵、动、柔、变,深不可测。潮涌流起,波诡云谲,难以追随。它可以为善,也可以为恶。它充满各种风险,只有心存警惕,方可决胜千里。

一、海上生存为第一要务

赫崇本先生哲学思想深邃，在他那个年代可以说是超一流的。他认为，水是多态的，灵、动、柔、变，可以为善也可以为恶，难以追随，深不可测，充满各种风险，什么情况都可能发生。学校是制造人才的"工厂"，它的加工对象是"活"的人，即有思想、有个性的青年学生。一辈子要与充满风险的海洋打交道，因此每个学生都必须学会自救。多一种本领，就会多一条生路。"无论遇到何种不测，你们都要活着回来！"这是赫先生每次出海前对学生要做的耳提面命的一件事情。他的三个"安全"教育——人身安全、仪器安全、资料安全，已经溶入那一代人的血液中、灵魂里。如果人都不在，其他都是空的！欲做海洋事，先做海洋人。皮之不存，毛将焉附？

从侍茂崇的回忆录中可以看出赫先生是如何安排的人身安全教育的——

1956年暑假来到，按照海洋系教育计划规定，我们不能回家看望父母，暑假是我们这个年级"海洋求生基本技能训练"时间，要在这短短40天时间内，每个人必须学会摇橹、使帆、荡桨和游泳。也就是说，海洋系的学生必须要掌握当时所有最基本的海洋交通工具和求生本领。

赫崇本先生常说："海洋系不是陆地系，是两栖系！"他还举例说："18世纪著名航海家库克，就是因为不会游泳，面对10码外接他的小艇，就是游不过去，最终被从后面追来的夏威夷的土著人用短剑刺死。在18世纪，很多水手都不会游泳。有些人是因为迷信而惧怕大海，另外一些人的顶头上司也不鼓励他们学习游泳，防止他们在水里开小差。当然，对你们来说，这些障碍都不存在。"

橹是中国人发明的一种极其高效的小船推进工具，通常用于船尾。橹的上端是圆木，可以用手握住，且有铁环系于橹绳上；橹的下端呈薄薄的桨叶状，但比桨长且大；中间有一凹洞，反扣在船尾一个高约10厘米、直径1.5厘米的圆头铁钉上，用它支撑，可以将橹左右摆动，推动船只向前行进。教我们的是几位渔民，有5条舢板供我们练习。开始我们也觉得摇橹是简单活，可是一上手，橹就从铁钉上滑脱，若不是有橹绳拖住，橹早已随水而去。后来通过不断实践，我总结出一套经验：前腿弓，后腿绷，左手摇，右手送，桨叶入水60度。一天下来，左手磨起了泡，腰也酸，腿也痛，但是最终掌握了这门技术。荡桨和使帆教练，则是由海军战士承担。每天上午8时，我们列队到二中（现在的青岛市育才中学）旁边的小码头，由一位来自第一海水浴场的刘姓中年人，用一条舢板摇着橹将我们送上停在外面的三条较大的荡桨舢板，每条舢板左右两边人数相等，分别坐在与船体走向相垂直的横板上。战士向我们讲解荡桨要领，一声令下，左右桨叶齐动，然后开始练习。

使帆的船要更大一些，主帆在中间，船头还有一个小帆，可以用来调整船向。船使八面风，根据不同风向，使用帆索调整主帆。和其他训练项目相比，使帆是最轻松的一件了，有风代劳，船只轻轻划过海面。看海天一色，舟行云飞，心旷神怡。

一天，正在练习，天边飘来大片乌云，乌云下边则是白练一样的水汽，显然一场暴风雨要不期而至。战士指挥我们尽快回港，由刘姓工人再用舢板送到岸上。我们刚一上岸，狂风大作，倾盆大雨自天而降，天空不时划过一道犹如火蛇般的闪电，天地瞬间混沌一片。我们二十几个人全变成了落汤鸡！可当我们穿过二校门，到达八关山宿舍时，风渐渐停息了，天上大片大片被暴风雨洗褪了色的灰云向西方席卷而去，蔚蓝色的苍穹重新显现。

第二天，当我们再出现在小码头旁边时，姓刘的工人已经不见了。后来才知道，他送我们上岸之后，就将舢板摇回第一海水浴场，不幸大风将

船掀翻，即使会水的他，也没有幸免于难，据说后来连尸首都没有找到。他是我们海洋事业人生起步中的最初殉难者，我至今仍清晰记得他那紫铜色面孔！

教练教我们第一个训练项目是"蛙泳"。开始，两臂保持一定的水平自然向前伸直，与水面平行，身体成一直线；其次，手臂先前伸，肩关节略内旋，两手分开向斜下方压水；然后是收手、伸臂，腿向后蹬，像青蛙那样一气呵成。说来简单，教练姿势也正确无误，看起了优美至极。但是，要把我"狗爬式"变成"蛙式"，简直是一场脱骨换胎的运动。看到我的动作之后，教练总觉得我是"异端"，既不摇头，也不点头。还有个同学，再怎么练，也是一块金属，见水就沉下去，只好派两个人去守着，"马前张保，马后王横"，怕他出事。

好在我有自知之明，姿势不对，我就天天去练，最后修成正果。一俯一仰，不觉游到防鲨网边，坐在网绳上极目四望：天蓝蓝，水蓝蓝，微风徐徐，水波淡然。

后来教练又教了我们"蝶泳"，我觉得有一技之长足矣，我要的是求生本领，而不是各种游泳技术，因此学起来懒洋洋，毫无生气。教练也觉得这帮人"朽木不可雕"，只好一笑置之。

说起来还真要感谢赫先生，30年后，我在进行黄河口调查时，这个技能竟救了我一条命：夜间不慎落水，在湍急的水流携带下，我只能随波逐流，后来飘到一个锚泊的舢板前，才用它摇回到我们的船上。

二、船上多面手

在一望无际的茫茫远海中,如何知道自己船的方位?那时没有"GPS"定位,因为这是30多年以后才有的事情!当两条陌生的船彼此相向通过,如果你要向对方询问事情或向对方寻求某种帮助(如索取淡水)时,怎么办?用嘴喊话,两船相距即使50米,在风的呼啸、浪的拍击、轮机的轰鸣中,依然什么也听不清。再靠前,又担心两船相撞,最不好的甚至对方会怀疑你心怀叵测,根本不让你靠近,远远地扬长而去。这时彼此有关怎样"讲话"与沟通便成了一个大问题。最无法预测的事情如果发生了:你的船漏水、轮机停摆甚至船只触礁,生命处于最危险时刻怎么办?坐以待毙,还是积极求助?这一切都在赫崇本先生预料之中。他请来水产系何光先生讲授"航海学",对上述诸问题都作了详细解答。

那时远离海岸唯一的方法是天文定位,即根据太阳、月亮和天上星星来判断位置;使用的工具有计时计、六分仪、天文历、天文计算表等,通过六分仪测量太阳、月球、恒星等天体的高度角求出船位的经纬度。

相近两船最方便沟通就是"旗语"。使用旗语时左右手各拿一面近似正方形小旗,其中一个直角三角形为红色,另一个为白色,远远看去甚是鲜明耀眼。打旗语的人用各种不同"旗姿"代表字母(如一旗指天、一旗指地代表字母"D"),以许多动作组合成语言,把话传达给对方,进行通信联络。在一千米范围内,晴朗天气条件下彼此可以明白要讲的话语。

遇到海难,那就要靠全世界通用求救信号——莫尔斯电码"SOS"了。莫尔斯电报是如何传递信息的呢?大家知道,在拍发电报时,电键将电路接通或断开,信息是以"点"和"划"的电码形式来传递的。发一个

"点"需要0.1秒，发一"划"需要0.3秒。在这种情况下，电信号的状态只有两种：按键时有电流，不按键时无电流。有电流时称为传号，用数字"1"表示；无电流时叫空号，用数字"0"表示。一个"点"就用"1、0"来表示，一个"划"就用"1、1"来表示。莫尔斯电报将要传送的字母或数字用不同排列顺序的"点和划"来表示，这就是莫尔斯电码，也是电信史上最早的编码。一点为一个基本信号单位（简称"嘀"），一划的长度应等于三点的长度（简称"嗒"），相当于三个基本信号单位。例如，"SOS"为求救信号，它是由"三点、三划、三点"，即"嘀嘀嘀——嗒嗒嗒——嘀嘀嘀"组成。

那时学生课程已经非常紧张，但是，赫先生要求学生必须认真对待这门"副课"。在何光先生上课的当天下午，学生要齐集海洋系门前，练习旗语、发报和天文定位技术，有的学生站到两个山头上用旗语讲话。赫先生看到学生全部就位后才放心离开。

按照赫先生的思路，在这之前，我们已经学会了海上自救技术，现在又会使用六分仪进行天文定位，记住"莫尔斯"电码，特别是"SOS"求救信号，只要轻轻敲动电键，第一组信息就是它；对两船交谈的"旗语"我们也略知一二，只可惜后来不用，已经忘得一干二净。套用现在语言，我们是海洋系的"海军陆战队"，只是没有十八般武器的训练罢了。

在赫崇本先生的观念中，只有少数人毕业后会依赖上课时的笔记谋生。大部分人谋生的本领必须要到现场现学现卖。大学提供的是机会，各种课程只是磨炼学习能力和社交能力。任何人的成功都得从磨炼中得来，挫折和失败并不是人生的意外，而是一个人成长道路上的必然，是人生中重要的馈赠。适应海洋条件，学会自救本领，在恶劣条件下能保住"不坏金身"，这应该是海洋系学生要掌握的最基本技能！

第七章

赫崇本培养人才"四重奏"

口能言之,身能行之,国宝也;口不能言,身能行之,国器也……治国者敬其宝,爱其器。

——摘自《荀子·大略》

一、赫崇本教与学的四重奏

大学并不是诗人或不朽作家的摇篮,也不能仅盼望又一个亚里士多德或牛顿的出现。大学教育是通过伟大而平凡的手段去实现伟大而平凡的目的。它旨在提高社会的益智水平,传授知识服务于大众,净化人们的情操,培养民族独立精神,从而使学生对人类充满庄严的使命感。培养"能言之,身能行之"的人才,是赫崇本最高的教学境界。

物理海洋学是地学的一部分,既需要很深的数理知识,又具有很强的实践性。学习时,要不断理论联系实际,加深对理论的理解,又懂得在实际中应用。赫崇本先生特别注意基础课的教学,数学用数学系教材,教课由数学系老师承担;物理用物理系课本,教课由物理系名师讲解;专业课则由景振华、文圣常、唐世凤、王景明等教授担当,让这些知识渊博、学贯中西、令人仰止的大师在海洋教育初期享誉讲坛。而赫先生的行政工作越来越多,已经到殚精竭虑、宵衣旰食的地步!即使如此,他仍然抽空和学生们见面,有时带着一脸歉疚对学生说:"我又好长时间未和大家见面了,教师不能和学生在课堂上相见,就不是合格的教师!"

重视教学质量的提高,是系主任必备的一种意识。为此,他要求教师在教学中一定要体现方法的直观性、系统性、连贯性和可接受性;他高度重视团队的教学,提倡教研室集体备课,经常举行各种不同的经验交流会,或采取试讲课、公开课、教师互相听课等方式发挥教学团队的优势。

在世界海洋研究圣地——斯克里普斯研究所学习、工作的经历和著名导师的熏陶,让赫先生深深了解了海洋科研与海洋教育所具有的突出特点。他强调教学必须理论联系实际,积极培育学生独立思考和工作的能力。他始终坚持实践是第一性的基本教学原则，总是教导学生、告诫老师们："学海洋的人，就是要经常到海上去看和干，理论与实践如同人的左右手，既相互配合，协调一致，又相互促进，缺一不可。"他一贯主张以实践推进教学，让学生所学知其所用，这样掌握基础知识才能牢固。

基于以上认知，根据中国海洋教育的实际，赫先生逐渐摸索出一套行之有效的理论联系实际的教学规律：在紧张的教学之外，每一年度都有一次海洋实习：第一年为见习实习，第二年为教学实习，第三年为生产实习，第四年为毕业实习，从而使海洋调查实践贯穿于海洋系教学的始终，这就是"赫崇本教与学的四重奏"。

二、百闻不如一见——见习实习

海洋学院大多数学子都来自内陆。他们第一次见到海洋，看海浪冲岸、潮起潮落，虽然好奇，但是看海和出海毕竟是两种感觉。赫崇本先生，要让学生和海洋"零距离接触"，亲身感受海洋的博大、深邃，感受船在摇、天在晃的"动感"世界。因此，新生入学后，赫先生第一堂课就是在海上上的，他名之为"见习实习"。这看起来有点像今天的"海上观光"，赫崇本先生充当"导游"的角色，但是他讲解的内容和现在的"导游"介绍却有天壤之别。

请看下面根据作者侍茂崇参加"见习实习"之后的回忆——

入学以后的10月3日，系主任赫崇本告知我们，今天下午，我们班级全体学生将乘坐中国科学院海洋研究所的小船"海鸥"号在胶州湾进行"见习实习"，就是到海上去看一看真实的海洋。下午2时，我们准时到达莱阳路5号旁边的小码头，登上"海鸥"号。这是一艘20吨左右的小艇，前有驾驶室，后有甲板，周边有围栏，防止乘员在船只摇晃时滑落水中，唯独没有可以坐下休息的船舱。赫先生和另外两位年轻老师加上23位"见习"学生，齐集在后甲板和船舷两边。

"海鸥"号开始迎风"展翅"在水面上滑行，在船尾留下一道道粼光闪闪的水波。秋天的阳光如同一朵朵火焰，跳动在涌起的浪尖上。我们迎着扑面而来的海风，吸着略带咸味的水雾空气，看着远去的岸影，心潮澎湃，有人还轻轻哼起了歌声。在这蓝色的世界里，我们似乎找到了那令人陶醉的愉悦。

且慢！当"海鸥""飞"到胶州湾口时，那里浪高流急，船体急剧摇晃，海水不时从船舷两边涌上甲板，浪花打湿了我们的衣衫。此时，所有谈笑歌声都戛然而止，代之而来的是惊愕和惊叫，继之是恶心和呕吐。我的胃中那些"杂碎"，也开始翻江倒海，一股股酸水涌上喉头，又被我生生压了回去。我紧紧抓住栏杆，迎着逐渐增强的海风，心中不断告诫自己：不要呕吐，不要第一次出海就被海浪打倒！这时唯一的声音来自赫崇本先生。他一面要我们注意安全，一面指点陆地目标：这是团岛，那是薛家岛，远处波光迷蒙处是大公岛……他的声音从浪花中飘来，恍恍惚惚，成了天籁之声。赫先生一看学生纷纷趴下了，告知船长，船不再向东行驶，原定目标大公岛，看来是去不成了，还是折回湾内为好。只见"海鸥"号划了一个优美的弧线，转了180度折回胶州湾内，我们这批"旱鸭子"就像听到"大赦令"一般，脸上绽放出笑容。船在胶州湾内不断兜圈子，赫先生拿出海图，详细介绍胶州湾面积、水深和潮汐特征，介绍1898年以后德国人占领胶州湾的历史……风不断把他花白的头发向上卷扬，飞起的浪花在他眉毛上结成细细水珠……

回到学校，大多数同学心情归于平静，但是少数同学内心涌起更大波涛：海洋怎么这么可怕！一位学弟躺在床上不起，终日以泪洗面，声称："自己是家中独子，要让父母知道海洋这样凶险，爸妈就吓死了。我决不再念海洋这个'劳什子'，回家！回家！"赫崇本先生亲自坐在他的床头边劝慰，告诉他晕船是可以战胜的，并以他到美国留学为例，在太平洋上近一个月的航行，开始浪大时好几天都不能进食，后来就挺过来了。磨破嘴皮，这个学生就是不听；系辅导员周桐、校青年科科长尹小川也来做思想工作，他干脆以被子蒙头不予理睬，最后只好让他卷了铺盖！另外一位学兄，则声称自己志愿从来就没有报"海洋"，自己热爱的是绘画，现在投错"胎"，选错"行"，一定要退学回家，第二年再考。在他软磨硬泡下，最终也如愿以偿。

当然，见习实习并不是现在的"海上观光旅游"，浅尝辄止。经过这一次"晕船"实践，赫崇本先生也总结出不少"教训"，后来还有几次出海，他都安排先在湾内适应一段时间再到外海，这样一来晕船的人数就大大减少，学生对海洋的恐惧感也会逐渐降低。

赫崇本先生原以为大海能使人变得简单。谁知，大海却让人产生惊悸，发生恐惧，使灵魂陷入万劫不复的深渊，这是他始料不及的！

三、纸上得来终觉浅——教学实习

何为"教学实习"？在第二学年结束，赫崇本先生要求学生进行"教学实习"。实习的目的是巩固刚学的"海洋学"、"海洋调查方法"两门课的主要内容。按照赫先生要求：在学生出海实习之前，一定先要在校内进行两天的海上观测模拟训练，训练结果要达到"实战"要求。陆游的实践诗"纸上得来终觉浅，绝知此事要躬行"的内涵，赫先生是洞悉其真谛的。

1961年5月29日，我们系师生96人，要乘坐海军703登陆艇进行"教学实习"。这是一个可以装几十辆坦克的庞然大物，肚子里可以睡200多人。赫先生亲自带队，"后勤部长"就委托本作者之一侍茂崇担任。

那时正是三年自然灾害的第一年，什么都是按票证供应。尽管实习只有4天，也要把师生的粮票、油票、肉票等从食堂管理处领出来交到船上，然后再到市里商业局申请出海补助。所谓补助，就是每人每天贴补二两粮食，一个月每人增加一斤鸡蛋和猪肉（平均每人每天不到半两）。

办师生油粮关系，看起来简单，做起来非常复杂。学生转油粮关系比较简单，学生食堂管理处按人头和天数折合成一定数目粮票、油票、肉票交给我就行了。但是，教师就不好办了，有的教师是单身，油粮关系在学生食堂；有的人虽在我系工作，但是发粮票却是属于另外一个系管；还有的教师成家立业，粮票好办，但是四天油票（约1.3两）、肉票（约30克）怎么交？即使粮票、油票收齐，可是食堂的粮票是山东省的，船上要的是全国的，全国粮票是带油的，因此还要再去转换一次，找领导特批，只有将山东省粮票加上按比例的油票兑换成全国粮票，船上才能接受。找领导也很不容易，即使找到主管本人，一时又拿不出粮票、油票，只好走人。

到市里申请补助，也让人头大了一圈。我骑着赫先生为我借来的自行车到市商业局二局办理手续，一位负责的管姓同志，只用眼角扫一下我的证明就说："你们再填一个表，经市委批准，我们可以照顾点白糖。"我再三向她解释，学生到海军船上实习，属于重体力劳动，按照规定要增加粮食、猪肉和鸡蛋供应，你们只要给指标，我们就能到指定地点购买，这么点小事，还要经市长、市委书记批准，那领导不就忙疯了。好说歹说，才拿到批复证明。这时已经接近中午，腹内空空，身上直冒虚汗。我回到食堂，四两馒头是填不饱肚皮，只好吃青菜充饥；由于青菜没有油水，晚上肚子直拉稀。

蔬菜供应，原来争取在船上每天按3斤供应，后来只能2斤。原定要拉上船1000多斤蔬菜，最终只有400多斤。副食品办了一天，最后还是没有一点增加，既无猪肉，油也少得可怜。至于水果——治疗晕船的"良药"，我想搭配一些，更是属于不切实际的奢望。当时，在一般人家不逢节日，没有特殊情况，都是很难见到水果的。

登陆舰锚定在大公岛东面，赫先生和学生都睡在大舱内。由于舱的下面是钢板，是专门装坦克用的，所以钢板上还有凸纹，防止坦克滑动，人睡在上面"硌"得腰疼。我从学校体育室借来几十个做体操的棉垫铺在下面，盖的是我们自带的被褥。赫先生有失眠的毛病，我将他安排在最里面，并且告诉学生晚上值班、换班都要轻手轻脚。

拉来的绞车安装在头顶的甲板上，学生用绞车将采水器和海流计轮流放下，观测海流和温度；还有一部分学生观测气象，每班六小时，一天要换个遍。当时，我还向赫先生建议，粮食不够吃，是不是不要安排夜班？赫先生想了片刻说："教育计划定的，就不要随便改动。"我不安排赫先生值班，可是夜间12点之后，他总出现在甲板上，他担心的是夜间学生的安全。四天下来，赫先生眼睛黑了一圈，我知道，他是夜夜失眠的！

最后一天,按照供应我们只能吃几两蔬菜,几块咸鱼。但是,端到桌上的竟是猪肉炒青菜,还有一盘葱炒鸡蛋、一盆羊肉汤。对于当时海洋学院师生的艰苦生活,海军官兵实在看不下去了,他们把自己供应的东西拿出来给我们吃。军人的深情厚谊,感动得我这个"后勤部长"直想落泪。下船时,赫先生也不住地向舰长和政委道谢。

四、学以致用——生产实习

何为"生产实习"？就是在第三学年结束时，学生要参加具体任务调查设计，即与生产单位或研究单位首席科学家一起，选定调查海区，决定出海日期，设计调查方案，制订调查路线，安排观测内容，准备使用仪器，安排值班顺序等。然后随船出海，既是观测员，又是质保员，还是半个指挥员。调查结束后要将原始资料整理并抄成报表，原始资料归档，报表则供研究者使用。经过这次实习，学生基本掌握了既定任务的调查全过程，为将来工作提供一个预演的范本。赫崇本先生精通古书典籍，对荀子的"知而不行，虽敦必困"烂熟于胸。即"知"是为了"用"，知而不用，等于无用。强调知行统一，学以致用，符合马克思主义的认识论。由此可见赫崇本先生的良苦用心！

1955年，正在第三学年学习的甘子均、陈时俊等人的班级面临生产实习。开始委托唐世凤先生负责，因为当时唐先生给这个班级讲"海洋通论"。但是，由于唐先生年届高龄且患有高血压，因此，赫先生又专门委托刚毕业不久的施正铿协助唐先生完成这一工作。施正铿不负赫先生的委托，经过一番长途奔波和艰苦努力，最后由海军两条小船、一个快艇在威海下海，赫先生和施正铿亲自带队顺利完成本次实习。在今天学者看来，出一次海就那么困难？不经过那个时期的人终难理解我们讲这些事情的良苦用心。当时的情况是：一是，无钱去租船，借船是唯一途径，可以想见谁会无缘无故借给我们船，而且不是几个小时的短促时间；二是，海域管理非常严格，不经过政审，不能出海，即使你乘坐的是一艘渔船；三是，就算借到船，还有大部队的交通、吃饭、住宿等若干实际问题。虽说困难

程度不能用"实习难,难于上青天"来比喻,但是,每次实习都会让赫先生的白头发又增加几许!只有对教学极为认真的赫先生才会如此执着。难怪实习结束之后,党支部还专门开会总结,对赫先生这样海归的知识分子无限钦佩,同时也传达赫先生对施正铿的努力由衷赞扬。难怪后来赫崇本先生建议学校将施正铿提为副系主任,协助他工作。是金子总是要发光的,施正铿后来出任海洋大学校长。

我们很多学生都理解赫先生的苦衷,这里要特别提一提青岛黄海水产研究所李雪渡先生。他是赫先生的学生,他能理解赫先生的困难,因此在赫先生向他提出为我们三年级学生提供教学实习的基地时,他毫不犹豫点头答应。他申请的"莱州湾渔场水文动力学研究"课题,先后为我们承担了四次三年级"生产实习"和四年级"毕业实习",我们成了他们的"黄海一号"600吨渔业资源调查船上的常客,船长王承墨也成了学生的密友。当学生晕船吃不下地瓜干时,他就把自己的馒头让给学生吃。

出海之前,赫先生照例要召集学生开会,会上他再三强调"三个安全",同时介绍莱州湾渔场调查研究的重要意义。他说:"莱州湾是小黄鱼、带鱼、对虾、海蜇、毛虾、棱子蟹、鲅鱼等最重要的鱼类产卵场,你们的任务就是要了解莱州湾水文特征,明白这些鱼类为什么不选别的海区,单选这里作为产卵场。"

出海之时,学生携带被褥乘坐卡车前往码头,赫先生同车前往,直到学生安然上船,他才殷殷挥手告别。

每次实习,在海上要工作20多天,除去大风入港避风之外,其余时间都在海上24小时值班。那时通讯条件不畅,20多天里,和家里完全断绝联系。只能待调查结束,船上无线电通讯告知青岛黄海水产研究所所长并转告海洋学院办公室,办公室再通知系里。这时赫崇本先生才能得知学生返校,于是向学校要卡车,他则亲自乘车到码头接学生。

五、综合素质检验和培养——毕业实习

何为毕业实习？四年级下学期，即毕业前夕，还要进行一次实习。这次实习是在生产实习基础上，对观测资料进行深入分析，结合历史资料写出毕业论文。看起来写的是论文，实际是学生综合素质的检验和升华。学生依据科学发展和社会的实际需要，以某一命题为纲，对该命题的过去进行综述，对现在发展进行评价，对新发现进行评估，对未来进行预测。与此同时，还要检验学生是否有良好的团队合作精神（这一点对学海洋的尤为重要，说明了海洋文化的一个突出特征就是团队精神），是否有对科学知识坚忍不拔的追求精神。整个过程是以全面提高学生的基本素质为根本目的，尊重学生的主体性和主动精神，注重开发人的智慧潜能，注重形成人的健全个性为根本特征的教育。

1963年5月11日，侍茂崇带应届毕业生海上实习。乘坐的是"黄海一号"，地点是渤海莱州湾，海上观测至少要20天。学生要用观测的海水温度、盐度和海流资料进行分析计算，写出毕业论文方能毕业。赫崇本先生是系主任，要求学生极为严格。每个学生写论文，洋洋洒洒都在五万字以上，只能讨论，不能抄袭。当时学生脑子也"傻"，不懂得"抄袭"是一条"捷径"，以雷同为耻，以标新立异为荣。当时正是三年自然灾害最困难的时期，肉蛋限制自不必说，就是粮食也是55%面粉，40%的地瓜干，其余为米。这还是对出海特殊照顾才有的。听到这种优惠，开始学生窃窃自喜，以为可以敞开肚皮吃饱饭了。哪知大风一来，翻江倒海。学生晕船，不用说甜甜地瓜干是晕船大忌，就是白面馒头也难以下咽。那时天气也和学生作对，三日一小风，五日一大风，天摇水转，苦不堪言。出海之前，总支书记动员，赫崇本先生再三叮嘱，要"一不怕苦，二不怕死"。出海之后，30多名学生十分听话，工作非常认真。为了使学生毕业论文内容更加丰富，我又加测气温、湿度和风速梯度。从高出水面12米桅杆顶部开始，向下每隔2米放置一组观测仪器（阿斯曼湿度温度计、风速风向计），直到海面为止。当时船长是王承墨同志，对我们工作特别支持，不辞辛苦吊一只救生船在海面，作为海面观测立足之地。指导教师只有我一个，学生对我安排的实习内容也乐此不疲，海面救生艇昼夜观测和上甲板爬桅杆的任务基本由学生来完成。

最困难的是爬桅杆，从上甲板开始，桅杆高6米，每隔30厘米有一个铁制脚蹬，可供攀登之用。在船不摇晃时，学生缘杆而上，尚无困难，只要没有恐高症，几次锻炼，就能像猿猴一样轻盈。但是大风大浪时，攀登就有些危险。一次，一位女同学登到顶上，船只摆角超过45度，人不敢下来，最后船员上去，用绳子才把她吊下来。从此，我决定，学生不准上桅杆，桅杆上观测变成我自己的"专利"。

20多天结束，学生回到学校，赫崇本先生又亲自动员，毕业之前一个月要交出令人满意的毕业论文，他将亲自批阅，并给出毕业论文成绩。鉴于时间紧迫，我要求学生白天就在该所上班，连吃饭也在那里……

赫先生认为，理工科学生不比文科，可以突发奇想、一夜挥就一篇理论迥异而且深受导师欣赏的论文，因为理科论文需要扎实的理论，毫不含糊的实验数据。论文后面还要有长长的参考文献清单，并且这些清单还得查有实据的，"科学是来不得半点马虎的"！

赫先生这种独到的教学方法培养出来的学生，既具有扎实的基础理论知识，又具有"一不怕苦，二不怕死"的战斗精神，更具有海上独立的工作能力、组织能力和应变能力。这种办法被大家亲切地称之为"赫崇本教学四重奏"。他严谨治学的精神，逐渐地渗透到每位教师员工和学生们的心里。赫先生的"教学四重奏"为我国培养出了一大批海洋工作的实干家、理论家和海洋管理者。

著名物理学家赵九章和海军航保部副部长巍律等人来校检查参观后，赵九章兴奋地握着赫先生的手，用激动地口吻说："你们的工作具有开拓性的意义。历史会记住你们的！"

第八章

"中和位育"的潜行者

喜怒哀乐之未发,谓之中;发而皆中节,谓之和;中也者,天下之大本也;和也者,天下之达道也。致中和,天地位焉,万物育焉。

——摘自《中庸》

一、潘光旦先生的"中和位育"

潘光旦先生于1913年入清华学习,毕业后1923年赴美留学,1934年应母校梅贻琦校长之邀回校任教,不久即被聘为教务长。由于他只有一足行走,故徐志摩称他为"潘仙",戏指他与铁拐李为同道中人。作为一位杰出的教育家,潘光旦拥有一套完整的教育学说和思想体系。就其源流来说,潘光旦的教育思想和当时蔡元培、梅贻琦等先驱者"通才教育"(或称"自由教育")的思想是一致的,但是仍有自己的特点,用他自己的表述,称为"中和位育"。"位"者安其所,"育"者遂其生,"安所遂生"即为位育。用现在话说,"位"就是秩序,就是社会成员需要共同遵守的东西;"育"就是进步,就是社会成员之间的差异。1941年潘光旦与梅贻琦在合著的《大学一解》中进一步阐述了"中和位育"思想:

> 文明人类之生活概要,不外乎两大方面:曰己,曰群;或曰个人,曰社会,而教育最大之目的,不外使群众中己,与众己中群,各得其安所遂生之道……则此地无中外,事无古今,无往而不可通者也。

1928年赫崇本先生当时虽在清华,但只是一介学子,根本不可能接触到潘光旦、梅贻琦这些教育界大师,但是,大师的精神已经潜移默化成清华人的灵魂。夸张点说,这些教育理念,已经变成无数的香风分子,清华的建筑、树木、花草和水体中无所不在,只要你闻到那里的空气,它就会钻到你的肺腑中、你的脑海里!

二、人格教育

"中和位育"的核心就是人格教育。作为系主任,赫先生首先从人格教育抓起。所谓"人格"教育,即"心理学中的志、情、意和从道德层面说的智、仁、勇"等方面,而非通常所说"高尚不高尚"或"模范不模范"。

这里所说的"志",就是要培养学生坚持不懈、不达目的誓不罢休的毅力,树立"志于学"、"志于道"、"志于人"的宏大目标;所谓"意",即有见贤思齐的欲望,发挥主观能动性,克服各种困难。道德层面的智、仁、勇,是儒家提倡的三种德行。《论语·子罕》中曰:"知者不惑,仁者不忧,勇者不惧。""知",同"智"。《史记·平津侯主父列传》曰:"智、仁、勇,此三者天下之通德也。"

尽管当时负责思想工作的是党总支委员会,似乎系主任只管教学工作,实则不然。每次新生入学,赫先生都要亲自向学生进行"专业教育"。据作者回忆:

1955年9月1日开学之时,学生先到海洋馆(当时海洋系办公之地)参观,一楼走廊两边悬挂燕肃、王充等人的画像。赫先生指着那个浓眉大眼颌下有三绺胡须的干巴老头对我们说,这个王充可不简单!他是东汉时"海洋界"名人,祖籍河北大名,因世代从军有功,骁勇善战,后被封到会稽阳亭(现江浙一带),由燕赵之地迁居秀水江南,他也得以接触海洋。会稽郡征聘他为功曹(官职名),因为多次和上级争论,他愤而辞职,于是谢绝一切庆贺、吊丧等礼节,窗户、墙壁都放着刀和笔;写作了《论衡》85篇,20多万字,解释万物的异同,消除了当时人们的疑惑地方。在《论衡·书虚篇》中明确指出潮汐运动对月球的依赖关系:"涛之起也,随月盛衰。"这比外国人对潮汐的认识早了几百年,至今我辈仍以此为无上骄傲,我希望你们要比他做得更好。

参观到楼顶,看了那个像小飞机一样不断旋转桨叶的风速计之后回到二楼教室,赫先生便开始进行专业教育报告:

1872年至1876年,英国"挑战者"号科学考察船完成首次环球海洋考察,使海洋科学逐渐形成为一门独立的学科。但此时的中国历经清王朝晚期、中华民国临时政府、北洋军阀和国民政府时期,经历了半殖民地半封建社会从逐渐形成到瓦解的一段历史。外有列强欺凌,内有政府腐败,军阀混战、抗日战争、解放战争连绵不断,国家积贫积弱,民不聊生。所以,中国海洋科学的发展十分迟缓。直到现在,中国的海洋调查只开展了一些以海洋生物学为主的调查和海岛测量。要赶上世界先进水平,就得靠你们和后来者不断努力,改变这种落后状况。同时,海洋又是严酷的,你们要做好吃苦准备。

为了说明如何吃苦,他又向我们介绍了英国皇家海军军官詹姆斯·库克(Captain James Cook)的事迹:

他曾经三度奉命出海前往太平洋,带领船员成为首批登陆澳洲东岸和夏威夷群岛的欧洲人,也创下首次有欧洲船只环绕新西兰航行的纪录。库克到达了当时有史以来人类到过的地球最南端,因为浓雾才和相距只有几十千米的南极大陆失之交臂。他乘坐的船只只有386吨,由陈旧的运煤船改装而成。他和风暴、寒冷、败血病、死亡为伍,先后11年,完成了世界航海不朽的业绩。

接着他话锋一转:"资本主义社会的一个军官可以做到的,我们社会主义国家新型大学生应该能比他做出更大成绩!"他的报告使我们热血沸腾,颇有一番"天降大任于是人也"、"舍我其谁"的豪情!赫先生发明的"见习实习"名为"见习",实则也是对学生意志的考验,仅作者那一班的24名学生,第一次见习,就吓坏了两名学生,最终以退学告终。

三、优秀教师是"中和位育"的核心

"中和位育"是由人来完成的,教师的"德、智"水平直接关乎"中和位育能否成功"。儒家教育的思想为"大学之道在明德,在亲民,在止于至善",也就是说,做大学问的方法在于提倡和发扬好的德行和德政,体察民情,顺乎民意,直至达到至善至美的目标。教育不是训练,不是一味传授现成的东西;教育不是宣传,不能宣讲那些未经事实与经验证明为真的知识。许多学生认为教师之好坏,不系于口齿的伶俐、教材的多寡,而在于对学生情智激发的能力。因此,引进德才兼备的教师就成为赫先生殚精竭虑的大问题。他深知要培养一流的学生,就要有一流的教师。原海洋系很多精英都是由他发现、罗致和精心培养的。

景振华先生1944年毕业于中央国立大学(现南京大学),获双学士学位。新中国成立前曾任教于中央"国立"大学、台湾大学。1949年,他受童第周、曾呈奎邀请来国立山东大学海洋研究所工作。1952年,赫先生把他调到身边,协助他创建我国第一个物理海洋学系及物理海洋学专业。在那白手起家、百废待兴的年代,景振华与赫崇本、曾呈奎教授编写出第一本《海洋学通论》,首创了我国的海洋学实验,并首次编写、亲自讲授本科生的"海流学"、"海洋环流",研究生的"海流动力理论"、"海洋湍流理论"等课程。1966年由科学出版社出版的长达百万字的《海流原理》,是我国也是世界上最早的一本海流学专著,景振华先生是我国当之无愧的海流学科的创始人。他讲课辨证到位、语言流利、神采飞扬、一泻千里,当时几乎无人能及。"文革"结束之后,许多中学请他做"科技兴国"的报告,当时年逾70的景振华先生,依然思维敏捷,娓娓道来脱稿

讲了3个小时，会场不时掌声雷动，教师也听得如痴如醉。很多学生回家告诉父母的第一句话是"今天请来一位最棒的教授，做了一个最棒的报告"！

王景明先生学物理出身，赫先生请他来讲流体力学，他不用讲稿，却能字字珠玑；板书写得如刻蜡版一般，酷似柳公权字体；吐字平缓，抑扬有致，逻辑严密，前后呼应，几无半句废话，50分钟一到，恰是他要讲的最后一句。听他讲课，与其说是"受教"，不如说是"享受"，大有余音绕梁3日不绝于耳的意境。

这里要特别介绍一下唐世凤先生。唐先生1903年8月11日出生于江西省，其家为赤贫农，弟妹五个，四个死于贫困。由于家境困难，19岁那年他才读小学一年级；24岁，因参加农民协会工作，被国民党"清党委员会"列入缉拿的"黑名单"。为此，他只好只身来到南京，考取中央大学（今南京大学）师范学院。毕业后多亏伍献文慧眼识英才，将他调至自然历史博物馆工作。1934年1月，伍献文让唐世凤代表中央研究院参加南海生物调查团，历时10个月，鏖战南国，开了中国海洋生物研究之先河；1935年，转战渤海，又启华夏海洋综合调查之开端；后来受伍献文先生推荐，1937年进入英国利物浦大学。1939年，他获得利物浦大学哲学博士学位，随即毅然回国。

在回国之前，政府对按期回国者发给每人80英镑的路费，唐世凤夫妇收到160英镑，按当时市价计算折合3200块大洋！虽然唐世凤囊中羞涩，但是他认为中国正处于抗日战争最艰苦时期，能为政府节约一部分开支是学子们义不容辞的责任。于是，他毅然将款退回，改乘免费的"蓝浦丹拿"号客货混装船！

为避免不测，他和家人在一条船上，把携带的书籍、行李等放在同行的另一条船上，认为两条船当中只要有一条能安全抵达中国，对中国未来海洋学发展都是大有裨益的。在旅途中几经德国船只拦截、炮火袭击，直到1941年2月方抵达上海。在同行八条船中，最后也只剩下他和家人乘坐的这艘邮轮得以生还。回到祖国，他立即投身于中国海洋调查与研究工作中，后来成为新中国成立前厦门大学海洋系主任和海洋研究所所长。1953年院系调整，唐世凤先生来到青岛。

此外，还有前文讲到的文圣常先生、侯国本先生都是赫崇本先生罗致而来，成为公认的海浪和海洋工程的权威，此处不再赘述。

即使和赫先生同龄一起执教的老先生，如王彬华、辛学毅、江克平等，他都能视为挚友，以诚相见；对比他年轻的教师更是慈爱有加，关怀备至。可以这样评价，在赫先生担任海洋系系主任的10年间，海洋系大师如云，其教学质量堪称当时山东大学之最，这绝非言过其实。对外系任课教师，学生一有微词，赫先生则亲临课堂听讲，推心置腹与授课教师研究改进措施，直至双方满意为止。当时教师间流传着这样一句话："给海洋系学生讲课难哪！"

四、正人先正己

这里我们引用费孝通先生在为《中和位育》一书作序时说的如下一段话：

我同潘先生的差距很清楚，我同下一代人的差距也很清楚。差距在哪儿呢？我想说关键差距在怎么做人。……潘先生这一代人不为名，不为利，觉得一心为社会做事情才对得起自己……他的人格不是一般的高，我们很难学到。造成他的人格和境界的根本，我认为就是儒家思想。儒家思想的核心就是"推己及人"。

费孝通何许人也，他是我国著名的社会学家、人类学家、民族学家、社会活动家，中国社会学和人类学的奠基人之一，第七、八届全国人民代表大会常务委员会副委员长，中国人民政治协商会议第六届全国委员会副主席。被称为当代大儒的费孝通先生都说潘先生的"人格不是一般的高，我们很难学到"，由此可见《中和位育》的最高境界，则在于《中和位育》的倡导者其"正人先正己"、身教胜于言教的自律精神。费孝通先生对潘光旦的评价，无疑也是适合赫崇本的，简直可以说是量体裁衣。赫先生在讲课、在与学生的密切接触中，总是按照党的教育方针，讲立志，讲宏毅，以任重道远相勖勉，以富贵不淫、贫贱不移、威武不屈相期许。险阻愈多，操守愈笃，这才造就了一代海洋教育的大师！

五、自由的学术争论

赫崇本先生对待学生学习，从来不用"填鸭"式，而是用启发和自由争论式。对待青年教师更是如此，倾听他们的不同意见，最后再谈自己的看法。作者侍茂崇的一段回忆可以作为见证：

1984年，我与刘安国先生被《中国大百科全书》聘为特邀编辑，赫崇本先生是《中国大百科全书·物理海洋卷》主编，因此我们之间联系自然就多了起来。一次讨论"物理海洋学"词条，自然应该由赫先生执笔。但是，赫先生提出，"物理海洋学"词条与"海洋物理学"过去都是分开写，实际国外大百科都是合二为一。这次国家要做自己的一套权威的大百科全书，是否应该与国际接轨两者合并？我们也拿不定主意，请赫先生决定。赫先生先请教毛汉礼先生，毛先生也没有给予肯定答复。于是赫先生又写信到美国，请教与他一同受教于斯维尔德鲁普的同学蒙克先生。蒙克回信大致是：我认为两者应该统一。物理海洋，是使用物理的规律去研究海洋。若再增加一条"海洋物理"，似乎还有"陆地物理"之说……赫先生准备最后决定采用蒙克的意见时，我提醒他：海洋学院"物理海洋"与"海洋物理"分开已久，内容也各有表述。如果现在骤然合并，如何面对那方面群体？况且"海洋物理"也不是完全没有道理，它讲的是海洋中物理现象——声、光、电，而物理海洋则是讲海洋中动力与热力现象。两者分开定义，将从中国始！赫先生被我一番话弄得半晌不言语。直到半年后所有词条都编写完毕，静等赫先生落笔，赫先生才将两个分写词条上交。

前面说过，潘光旦的教育思想和当时蔡元培、梅贻琦等先驱者"通才

教育"（或者称"自由教育"）思想是一致的，赫崇本先生能自觉地接受它，则来自于在"西南联大"当助教时的耳濡目染。这里有南京大学教授赵瑞蕻的一篇回忆。他当时是西南联大外文系学生，文采极佳。他在《离乱弦歌忆旧游》一文中是这样写的：

我清楚记得，1939年秋，有一天上午，我在联大租借的农校二楼一间教室里静静看书，忽然有七八个人推门进来，我一看是算学系教授华罗庚和几位年轻助教和学生（我认得是徐贤修和钟开莱）。他们在黑板前几把椅子上坐下来，一个人拿起粉笔在黑板上演算起来……他边写边喊："你们看是不是这样……"我看见徐贤修站起来大叫"你错了，听我的……"，他就上去边讲边在黑板上飞快地写算式。接着华先生拄着拐杖一瘸一瘸地走过去说："诸位，这不行，不是这样的！"后来他们越吵越有劲……大约过了半个多钟头，我听见华先生说："快12点了，走，饿了，先去吃点东西吧，一块儿，我请客……"

由此可见，当时"在西南联大"，生活和居住条件虽然艰苦，但是学风却是非常自由的。学生在中学是"受教"，在大学就是"求学"了，是从吸取知识、训练技能到创造知识、获得经验的过渡，是民主与科学学风的传承。

发扬民主与科学学风，就是利用思维百花齐放来展现集体的智慧。换言之，人们想得越不同，集体智慧就可能越多。

第九章

"赫家军"是这样炼成的

靠着自强不息的进取精神和坚忍不拔的顽强意志，依靠团队力量和每个人对声誉的珍惜，海洋系121位年轻学生成为1958~1959年全国海洋调查的主力军。战风斗浪，盱食宵衣，他们中没有一个人临阵脱逃，成为享誉全国的一支调查铁军——"赫家军"。

一、"千里之行，始于足下"

1964年风行全国的《郭兴福教学法》是我军传统练兵方法的继承和发扬，他把练技术、练战术、练思想、练作风紧密结合在一起，把兵练得思想红、作风硬、技术精。实际上早在1957年，赫崇本先生就是这样要求学生的。他认为，学生成才，就是要处处作风过硬。"千里之行，始于足下"，路是一步步走出来的，只说不做是假把式，只做不说是傻把式，又说又做才是真把式。

据作者之一侍茂崇的回忆：

1957年，5月25日上午8时，我们做出海之前的技术训练。按照赫先生要求，技术训练要和实战一样，不得偷懒、不得装模作样。我们将五台绞车抬出海洋馆，放在"一多楼"前的高台上，然后用铁丝将绞车固定住。每个组发给两个记录夹，分别夹着"海流观测记录表"和"温度观测记录表"，以及削好的"HB"铅笔和用线系好的小刀，唯独没有我们喜欢用的橡皮！我们向指导教师江克平先生提出要配备这个东西，江先生那不苟言笑的脸上一下子拉长了："系内规定学生实习禁用橡皮，写错了只能用铅笔拦腰画一细杠，然后在旁边写上正确数字！"刚开始先练习写字，要求每个记录都要用"仿宋体"，直到江先生逐个检查满意为止；然后就是操作训练，熟悉要使用的仪器性能，练习仪器设备的收放，对摇绞车、放仪器、管记录的三个人位置作出明确规定，甚至是读取温度表的姿势也有严格的要求，即眼睛平视、暂闭呼吸！当时的一个小插曲我还记忆犹新：五月的太阳火辣辣地已经把我们照得头脑昏昏，一个小师妹要求配上一顶草帽，立即遭到严词拒绝，被斥为"小姐脾气"！

二、率先垂范

1956年10月，在周恩来总理亲自主持下，国务院科学规划委员会制定了《1956年至1967年国家重点科学技术任务规划及基础科学规划》，将"中国海洋的综合调查及其开发方案"列入第七项。这是中国首次将海洋科学研究列入国家科学技术发展规划，是中国5000年来海洋史中最伟大的创举。这一海洋调查开始于1958年，称之为海洋大普查。这次全国海洋大普查投入船只之多、参加人数之广、项目之繁，都是史无前例的。但是，调查的目的是要以可靠的资料去填补我国海洋研究中的空白，不是造势，不是摆花架子，因此取得资料的质量保证是首位的。赫崇本先生性格中最突出的特点就是"认真"。作为这一历史事件的组织者之一，他清醒地认识到在历史性的"大战"之前，不能盲目乐观，也不能因工作繁忙而忽视细节，更不能随波逐流，推诿责任。他按照在国外学习中的体验，结合中国浅海海洋水文要素的多变、迅变的特点，提出要进行多船同步观测，取得资料的观测时间虽不能完全相同也要尽可能相近，增加资料之间的可比性。为了说服大家，他做了一个有趣的实验，即后来常说的"赫崇本实验"。

1957年春季，赫崇本先生用两条渔船对威海外面鲐鱼场的温度与盐度进行调查，了解鲐鱼的集群规律。两条船在同一海区、大致同一时间、但是不同作业顺序：一艘船自渔场东边向西航行，另一艘渔船自渔场西边向东前进，调查结果却得出不同结论。自东向西的调查船得到结论是：鲐鱼场中心是低温区，鲐鱼集群受低温区制约；而自西向东调查船调查结果则认为：鲐鱼集群中心是高温区，是高温吸引鱼群聚在一起的。

为什么会造成这种截然不同的结论？究其原因是太阳辐射能的影响：自西向东渔船经过鲐鱼集群中心是在中午，艳阳高照，表层水温提高好几度；而自东向西的渔船，恰在午夜经过那里，夜间海面热量损失较大，特别春季更是如此，所以海面温度比周围低，与自西向东的结果相比，竟低3℃以上。当赫先生将这个结果在黑板上画出时，令在场的师生无不瞠目结舌，恍然大悟。

他最后总结道："海洋上进行观测，就像是中医在给病人号脉，不同的手法、诊断时间都会直接影响着对诊断结果的判断。海洋同步观测的调查组织方法，以及在整个运作的过程中，目前还存在着很多问题，我们需要更加仔细研究，更为充分地试验以后才能进行推广。"

三、"战前"预演

1957年初夏，全国海洋普查的头一年，为了取得经验，赫崇本先生派遣当时山东海洋学院海洋系的学生承担调查的实验先遣军，为未来全国海洋大普查进行预演，以便取得经验，为正式调查做准备。

陆地训练完毕，作者之一侍茂崇所在班级20多名学生分散在4条渔船上，在渤海海峡附近海域进行同步调查，这也是他们第一次出海调查，在船上要观测海流、温度和气象等。下面是作者的一段回忆。

我被分配在第一小组，担任组长，同船的指导老师为伍伯瑜先生，除去3个男同学还有小师妹沈文娟。我们的调查站位靠近旅顺口，浪大流急，水深50多米。我们乘坐的是"旅大301"渔船，吨位40吨左右，4位男士住甲板第一鱼舱，约4平方米；一位女士住第二鱼舱（只有第一鱼舱的1/2）。船底成弧状，和我们的脊梁曲线比较一致，头脚各在舷的一侧，两厘米厚木板外面就是海水，只要躺下就能听到潮水流过船边"哗，哗"的声音和浪敲打船帮的"哐，哐"的声响。特别是大风天气，人就像躺在摇篮里，一会头翘起，一会脚翘起，浪击船帮的巨响，扰得你心烦意乱。5名渔民则住在驾驶室和机舱内，10个人一起将共度难忘的7个日日夜夜。

第一次在海上停留这样长时间，既兴奋又害怕。出海之前系主任赫崇本先生谆谆教导，要做到三个安全：人身安全、仪器安全、资料安全。有人开玩笑说："晕船时最好的朋友，就是木桶。在避风地方，傍桶而坐，要吐，就把头伸进桶里。"

在小船上工作最怕夜晚。白天，阳光把一切照得明亮，让我们感到

安全和生命的存在,即使一个浪花,也感到是在对我们微笑。待到夕阳西下,海面的舟楫船只如蚕如蚓,渐渐看不清了,周围一切都投入到了黑暗凄凉的怀抱,大海的深邃莫测、冷静沉默使你心情倍感压抑,总觉得在黑暗中潜伏着某种危机,好像随时有一种不知名的野兽会从海水中蹿上来把你从甲板上拖到海里。

观测海流用的是埃克曼海流计,是靠数小球来计算流速的。每观测一个水层的海流,必须拿上来数一数、看一看。手摇绞车的钢丝绳是提上提下的主要载体,为了抵抗巨大流速引起的钢丝绳倾斜,绳端还要系一个15千克重的大铅鱼。每小时至少要收放400米,一天下来要10000米,这一切都是以消耗我们肌体能量为代价的。

船上有两个晕船"大户",一个是我的同学许文铸,另一个就是我的老师伍先生。只要一踏上甲板,闻到海水的咸味就呕吐不止。水不思,饭不想,只能终日蜷缩在船舱一隅。摇绞车的体力活自然由剩下3人承担。出身农民家庭的沈文娟,个子不到1.6米,又是个女孩,但是不晕船,劲儿有的是,24小时值班,只要依着船舷勾个头打个盹,力量就能从空气中回到体内。

开始两天,倒也风平浪静,阳光在海面上闪烁着粼粼光斑,在蓝色背景上织出由光点构成的网,不时有海鸟从头上飞过,甚至落到我们船上歇歇脚。可是第三天,风暴来临,船只急剧摇晃,我们躺在船舱里,摇来滚去。被浪打坏的定置网具,像一片云帆从舷边飘过。白天可以及时提起仪器,可是晚上海面漆黑什么也看不见,所能看清的只是幽黑的海面上泛起一层由海浪冲击产生的白沫。说时迟那时快,一片巨大渔网将我们海流计裹挟而去。虽然我们死死地拉着绞车,最后连绞车也挣断固定在甲板上百般缠绕的铅丝,越过船舷,追随海流计而去。这是一个巨大事故,我的心顿时被挥之不去的阴云笼罩着,连忙用船上的无线电告知指挥部。赫崇本先生得知此事,也是倒吸一口凉气,于是百般安慰我们,告诉我这是无法避免的损失,大家不要太多自责,情绪不稳更容易出事,并且派船送来备用仪器。

惊魂未定，船长又告诉我们船上水不多了，今后洗脸刷牙要免去。蔬菜也告罄，每天只能吃船上晒的干鱼佐饭。对于我们3个刚从农村出来的孩子倒也无所谓，而对于两个晕船者却是不小的灾难。本来晕船就很难受，有点蔬菜，尚可吃一点饭。而船上的咸鱼恰恰是缓解晕船的对头，吃饭的克星——那不咸不淡的干鱼，经船员一煮无滋无味姑且不说，单就其强度来说，即使最好的牙齿也难以撕碎，我们只好望而却步，望鱼兴叹。

7天，终于过去了，当我们到达威海海军招待所，所有疲劳一齐袭来。待到同学将我摇醒，一觉竟睡了8个小时。醒来后，对着走廊里的大镜子一照，脸被太阳晒得黢黑，一副"暗无天日"的样子。

四、做好后勤

1958年9月15日，黄海、渤海调查队和东海调查队的船只分别从青岛和上海出发，揭开了全国海洋普查的序幕。

全国海洋普查的范围包括我国大部分近海区域。在渤海、黄海、东海海区，布设了47条调查断面、333个大面积巡航调查观测站和270个连续观测站；在南海海区，布设了36条调查断面、237个大面观测站和57个连续观测站；另外，在浙江、福建沿海的两个海区内布设了8条调查断面和54个大面观测站，共进行了8个月的探索性大面调查。

赫崇本先生在对首批98名师生出海前夕总动员时再次告诫大家："国家花这样多的人力、物力和财力进行中国历史上空前的海洋大普查，调查质量好坏是第一要务。我们必须要按照国际标准，确保调查资料的准确度。我们要以对子孙后代负责的态度去完成各项观测任务。"他接着又变换口气说："你们在前线苦战，我们在后方要做好后勤保证。"这里所说的"后勤保证"不是指吃饭睡觉（海军已妥善解决），而是最为繁重的仪器保证。首先，就是颠倒温度表的供应。那时国内所有颠倒温度表都是从丹麦的哥本哈根购买的，每只100美金。这个价格听起来已是天文数字，整个调查需要500只，可想费用之大。那是非常精细的玻璃制品，稍有不慎就会粉身碎骨。每次出海不敢将它们放在车厢底板上，而是抱在怀内，唯恐被汽车颠坏。不仅如此，使用一段时间后，它们还是会频频出现麻烦：不是水银不从那里断开，就是水银断得太少或太多，这都会导致温度观测不准确，淘汰率很高。怎么办？赫先生认为靠进口不是办法，中国人应该自己制造。说干就干，最后选定由上海科化工厂生产。1959年赫先生带领作者等人前去参观时，那个在小弄堂内名不见经传的科化工厂已经开始如火如荼地仿制颠倒温度表了。起初，淘汰率很高，做100只，只有一只勉强合格，后来提高到50%，几经改进，其测量精度达到±0.02℃，很好地满足了大规模调查的需要。然后在赫先生的推动和精心组织下，学校建立相关的实验室，研制了颠倒温度表检定的全套装置，并着手编写了检定操作规范，对颠倒温度表开展定期检定，保障了观测计量器具的统一。此外，他又建议学校工厂试制颠倒采水器，促使化学系建起标准海水制造厂。在科研人员和工人的不懈努力下，放射出紫铜光彩的颠倒采水器源源而出；按照国际标准生产出我国自己的"标准海水"，摆满了货架，供全国调查船使用。该"标准海水"不仅统一了我国海洋调查盐度测定设备的标准，也是我国建立的第一个海洋调查标准物质。直到20世纪80年代，由于国际标准海水改制，山东海洋学院的"标准海水"才"寿终正寝"。不久，水色计也停止国外进口，由当时化学系老师指导，海洋系学生亲自制造。赫先生励精图治，在不到一年时间内完成了他亲口许诺的后勤保证。当然，他也有一块心病，就是海流计还要靠进口。于是1960年之后，赫先生在海洋系设立海洋仪器研究室，将侍茂崇从济南调回任组长，经过与天津海洋气象仪器厂合作，首先仿制苏联印刷海流计成功，然后HIJ1直读海流计也相继问世。

五、功勋卓著

1958年5月，国家科委海洋组出面，成立了由海军、中国科学院、水产部、交通部、中央气象局、山东大学等部门8名人员组成的全国海洋普查领导小组，组长由海军航保部副部长律巍，副组长由赫崇本、曾呈奎、王云祥担任。领导小组下设海洋普查办公室和三个海区(黄海、渤海区，东海区，南海区)调查领导小组。参加全国海洋普查的人员先后有600多人，他们来自海军、中央气象局、中国科学院、山东大学、厦门大学、华东师范大学等系统和单位，并且选调了一大批即将毕业的大学、高中学生参加海洋调查。

1958年9月15日，黄海、渤海调查队和东海调查队的船只分别从青岛和上海出发，开展全面的海洋调查，1960底圆满落下帷幕。

正如赫崇本先生所愿，这次全国海洋普查获得了大量系统而又准确的资料，也是我国海洋科学史上获得的第一批中国近海海洋环境要素资料。根据这些资料，我国海洋科学家对中国近海的海流、水团、波浪、潮汐、海水化学性质、海底沉积和地貌以及浮游生物、底栖生物等的变化规律进行了比较全面、系统的分析和研究，出版了我国第一套全面、系统的海洋调查报告文集。

同时，海洋大普查也培养和锻炼了一大批海洋工作者，建立了一支具有实践经验和较高调查作业水准的海洋队伍，为我国进一步开展近岸浅海和深海远洋的调查研究创造了条件，积累了经验。这支队伍后来成为我国长期海洋断面调查正规军的骨干力量。此外，海洋大普查还带动和促进了我国海洋教育、海洋科学研究、海洋调查船和海洋调查仪器设备制造业的发展，在中国海洋的历史上树起了一座光辉的里程碑。

在1958年举世闻名的中国海洋大普查中，海洋系由98名学生和年轻教师组成的"赫家军"参加了现场调查和后勤辅助工作，很快这些学生就成了这支调查队伍的主力军。经赫先生培训出来的学生，个个都是海上调查作业的能手，极少出现损坏和丢失仪器的情况。通常一个航次下来，就连反复使用数次、直径只有1.5毫米的小铜球，回航检查时丢失的数量也不会超过五个，否则就不能评优。

"赫家军"在长达两年的海上连续调查作业中，没有一人因苦怕累、因为晕船而做了逃兵。特别是在化学实验室内坚持氯度滴定的女生们，即使晕船呕吐甚至胃空吐血，也坚持在天摇海转的实验室内将实验做完。用她们的话说："大风浪袭来，船摇接近45度，在临时做成的实验室内，站都站不住，旁边要一个人扶着，才能将滴定管上那细小刻度读出，直到三次读数相同才能罢休。晕得昏天昏地，真想跳到海里算了！"她们当然没有跳海，而是用惊人的毅力坚持到最后。他们中有1/3的学生取得了优秀调查队员的称号，2/3的学生受到口头奖励，没有一个学生受到不同程度的批评。因此，这支学生大军被广泛称颂为"赫家军"。由此可见，不是只有明星或政坛人物才可引领潮流或掌控局面，普通的大学生也能发挥自身的影响力，发出耀眼的光彩，关键是谁来做这支学生军的统帅。

1872～1876年，英国"挑战者"号科学考察船完成首次环球海洋考察，使海洋科学逐渐形成为一门独立的学科。而此期间，中国历经清王朝晚期、中华民国临时政府时期、北洋军阀时期和国民政府时期，经历了半殖民地半封建社会逐渐形成到瓦解的一段历史；外有列强欺凌，内有政府腐败，军阀混战、抗日战争、解放战争连绵不断，国家积贫积弱、民不聊生，所以中国海洋科学的发展十分迟缓。20世纪50年代以前，中国的海洋调查只开展了一些以海洋生物学为主的调查和海岛测量。1956年10月，在周恩来总理亲自主持下，国务院科学规划委员会制定了《1956～1967年国家重点科学技术任务规划及基础科学规划》，将"中国海洋的综合调查及其开发方案"列入第7项。这是中国首次将海洋科学研究列入国家科学技术发展规划，为中国海洋科学的发展勾画出一幅宏伟的蓝图，指明了前进方向，表明了党和国家对海洋科学的重视和支持。

1958年9月15日开始的全国海洋综合调查，是划时代的全国海洋普查，影响至深至远，意义至重至大，值得永久纪念。

正如赵九章先生所言，几年中海洋系与中科院海洋所、海军等单位合作的数次海上调查活动，成为我国海洋调查和海洋调查技术发展的先声，也为即将开展的全国海洋大普查奠定了坚实的人才基础，同时也催生了我国第一部《海洋调查暂行规范》的诞生。

第十章

船——撬动海洋科学的支点

给我一个立足点和一根足够长的杠杆,我就可以撬动地球!——阿基米德

1872年英国"挑战者"号历时三年半,对太平洋、大西洋和南极冰障附近海域进行科学调查,成了世界海洋科学的创世纪;1952年德国"流星"号海洋调查船问世,世界从以生物调查为主的时代进入了以海水理化性质和地质地貌调查为主的时代。在中国,山东海洋学院有了自己的调查船,也培养出了追赶世界水平的海洋学家。

一、自信人生二百年，会当水击三千里

赫崇本先生教学中最头痛的事，就是"船"，他的"四重奏"中缺少船就不能演奏。船之于赫先生，就像红楼梦中贾宝玉的那块通灵宝玉，离开它就玩不转。多年以来，他到处求助都是为了船。那时系内没有经费可以租船，因此只好到处借船。好在海军理解赫先生的苦衷，毕业的学生同情赫先生的无奈，在力所能及的范围内，帮助他度过一次次难关，才使他宏伟的计划如期实现，而不至于画饼充饥。不单教学需要调查船，调查船也是海洋研究的必备工具。"工欲善其事，必先利其器"。海洋是一门实践性很强的科学，没有海洋调查船，就没有了获取数据的基础，也就没有了海洋研究的"根"，纸上谈兵是培养不出真正的海洋人才的，这就像打仗没有了枪，做饭没有了锅一样。

"海洋学院一定要建造自己的海洋调查船！"这句话时常在赫先生耳边鸣响，使他食不甘味，夜不成寐。世界海洋调查船的发展已有近百年的历史，英国"挑战者"号是世界上第一艘海洋调查船。1872～1876年英国海洋调查船"挑战者"号进行的首次全球大洋调查，将人类研究海洋的进程推进到一个新的时代。此后，其他一些海洋发达国家也相继改装了一些海洋调查船。限于当时技术条件和海洋研究的状况，开始阶段各国的海洋调查船都是以生物调查为主的海洋调查船，直到1952年德国"流星"号海洋调查船问世之后，综合性海洋调查船才由以生物调查为主的时代进入到了以海水理化性质和地质地貌调查为主的时代。之后，随着海洋科学的发展，陆续出现了各种海洋专业调查船和特种海洋调查船，世界海洋调查船也进入了一个大发展时期。可是由于我国海洋研究相对落后，直到20世纪50年代末，我国还没有一艘真正为海洋调查而专门设计和建造的船舶。

1957年2月，中国科学院海洋生物研究室委托上海中华造船厂将原"生产"3号海轮改装成海洋调查船，并取名"金星"轮。同年5月船舶改装完毕，6月进行了海上调查试验。这是中国第一条改装的小型海洋调查船，赫先生参加首航实验。"金星"号让赫先生既高兴心又不甘，因为这艘船很难专一用于海洋教学，而他的"四重奏"总是处于不确定状态。上课和实习的时间安排总是取决于何时有船，每个学期都处于惴惴不安的状态。赫先生做事追求完美，任何缺陷都会令他无法安睡，这也是他长期失眠的原因之一。

其实，早在1953年，赫先生与他的助手景振华、马连衡等人就深入探讨过海洋调查船的问题。当时抗美援朝刚刚结束，国家经济需要恢复一段时间，尽管还无法开始启动海洋调查船的建造工作，可是他们坚信不久我国一定会建造自己的海洋调查船。他们打算先仔细琢磨一下中国未来自己建造的海洋调查船到底应该是一个什么样子。他们计划先制作一艘海洋调查船的模型，后来经多次讨论和修改，由马连衡负责联系有经验的模型制作师傅，精心制作了一条海洋调查船的模型。他们边讨论，边制作，边修改，直到1954年10月我国第一艘海洋调查船的模型终于完成了制作，后来一直放在海洋馆进门的大厅内。

尽管这仅是一个海洋调查船的模型，与海洋调查船还有很大的区别，但这个模型却承载了我国海洋调查开拓者们的夙愿，中国的海洋调查就是从这个小小的模型开始，扬帆起航，走上了快速发展的道路。

1959年夏天，全国海洋工作会议在广州召开。赫崇本先生利用出席会议的机会，向前来参加会议的国家科委副主任武衡汇报了建造海洋调查船的想法。他详细讲述了海洋调查船对海洋教育和海洋研究的重要性，建造海洋调查船的必要性与紧迫性，以及我们国家在这个方面的落后局面。武衡副主任十分理解赫先生和他建造海洋调查船的迫切心情，当即表示回京后向有关方面反映，落实海洋调查船的建造。同年9月的一天，赫先生办公桌上的电话响了起来,他习惯性地拿起电话,听着听着他便喜上眉梢。山东海洋学院接到了国家科委的长途电话,国家计委原则上同意建造海洋调查船!学校党委当即派赫先生带领助教王化桐上北京、下上海,抓紧办理备案手续,并与上海船舶设计研究所协商制订海洋调查船的总体设计方案。

二、浓墨重彩绘蓝图

由于当时国内并没有设计和建造海洋调查船的案例,又缺少国外的相关资料,怎样设计海洋调查船成了一大难题。

新中国成立之初,我国在造船方面还很落后,不要说是为海洋调查专门设计的船舶,就是较大一些的运输船在设计建造方面也很落后。在那个年代的人应该记得"跃进"号货轮,这是中华人民共和国建造的第一艘国产万吨远洋货轮,它的载重量为1.5万多吨,现在看来也许算不了什么,可是当年中国终于有了自己的万吨轮,曾经大大地激励和鼓舞了新中国的远洋事业。但是,我国第一艘自己建造的万吨级货轮,在处女航中就遭遇了"泰坦尼克"号式的悲剧,也让我们在兴奋中承受了巨大的打击。当时误以为受到了国外潜艇的鱼雷攻击,后来才得知沉没的主要原因是缺少必要的海图,也因为我们缺少对那个海域的海洋调查和航道测量。

面对海洋调查船种种设计上的困难,赫崇本先生和山东海洋学院的师生没有退缩,决定另辟蹊径,走一条中国式的道路。他们与船舶设计单位经过反复协商,采取学校与船舶设计单位密切合作的方案,先由学校提出海洋调查船的设计要求和基本构想,再由设计单位以这个构想为基础进行设计;通过双方反复细致的沟通、讨论,在先让设计单位和设计人员吃透海洋调查船特点和特定要求后,再进行船舶结构等方面的详细设计。这是那个年代进行攻关的基本做法,也是一个时代的明显特征。

为了做好我国首条海洋调查船的设计和建造工作,赫崇本先生与副院长侯连三、助教王化桐等人反复研究,仔细推敲,绞尽脑汁,很快提出了海洋调查船的详细设计要求。为了尽快完善设计,他们有时为一个设计上的问题、一个布局甚至是一个舱室的安排，都彻夜不眠地进行讨论，有时甚至是争论、辩论。赫先生做事极为仔细，大到船的动力、推进和整体布局，小到师生们的住舱床位、实验台的布置、调查设备配置和安装，无论是大的还是小的问题，他都集思广益，充分听取各方面的意见和建议，直到每个技术细节都做到满意为止。

一次，为了主机和副机的一些问题，大家反复地讨论了好多次，但还是有些地方确定不下来，这把赫先生急得团团转。一天夜里，与他住邻居的侯连三副院长一觉醒来，借着灯光看见赫先生独自在院子里吸着烟，并不停地来回踱步。赫先生为了不影响其他人，经常会一个人在房子外面吸烟。侯连三穿衣也来到院子里，关切地对他说："老赫啊，不要太性急了，不然会累坏了身体。今天解决不了，我们明天再来嘛！"在学校师生和船舶设计人员的共同努力下，到了这一年的年底，一艘2300多吨的海洋调查船总体设计方案终于完成了，山东海洋学院为这条海洋调查船取名为"东方红"号。

"东方红"号海洋调查船的初步设计方案拿出来了，可当赫先生带着"方案"向教育部长蒋南翔汇报建造"东方红"号需要800多万元经费时，蒋南翔部长犹豫了。那个年代，国家刚刚经历了三年自然灾害，正是国家极度困难的时期，800多万元在当时实在是一个不小的数目，相当于当时全国高教系统一年的经费数额。蒋部长没有作声，沉思了片刻，然后斩钉截铁地说道："8百万，就8百万！我们不就这么一个海洋学院吗？为了发展我国海洋事业，海洋调查船是非造不可。有了这颗种子，它会带来震撼性的回报，其他困难再想办法克服……"听完蒋部长的话，赫先生的眼泪已经涌出了眼眶，他从心底里感到了国家对海洋的关心、重视和支持。当时的领导者就是这样有气势，敢于担当，不放空炮，说干就干，干就干出实效来。

当时国家正处于经济最困难时期，800万硬是被蒋南翔部长挤了出来，这是何等不容易的事啊。这件事给了赫先生刻骨铭心的记忆。他不止一次地提到此事，每逢谈到此，眼泪总伴着他坚毅的目光在滚动。他是一位吃水不忘打井人的人。

三、"直挂云帆济沧海"

不久上海沪东造船厂就接受了造船任务,眼看着船的事情已经落实,赫崇本先生感到这块"心病"就要去掉了。可是情况突变,上级部门突然来了一个电话,通知说因国家经济困难,海洋调查船的建造计划暂时推迟。赫先生听到这个消息,如晴天霹雳,立刻坐不住了。他马上赶赴北京,向蒋南翔部长力陈建造调查船的迫切性。然后找到海军罗舜初副司令员,请他把情况汇报给肖劲光司令员。

时隔不久,恰逢中央政治局扩大会议在北戴河召开,肖劲光在会上提出:"山东海洋学院拟建造的海洋调查船是海军国防建设的需要,希望不要下马。"肖劲光司令员的建议,得到了国家领导人和有关部门的重视,使处于流产边缘的"东方红"号海洋调查船又恢复了建造。赫先生听到这个消息后喜形于色,他怀着喜悦的心情再次来到上海沪东造船厂,学校党委指派副院长侯连三亲自指挥建造工作,并由助教王化桐、张春桥等人组成工作组进驻造船厂现场监造,与船厂的工人师傅们共同解决建造中的各种问题。

"东方红"号是我国第一艘自己设计、自行建造的海洋调查船,所以船上安装的很多调查设备和配件都要由工厂先进行试制。这是一项全新的工作,也是一项艰巨的任务,由谁来承担呢?造船总指挥侯连三有些犯难了。经过反复掂量后,他还是咬牙选定了赫先生。尽管他知道赫先生的教学担子很重,可是为了建造好我国第一艘海洋调查船,不得不让赫先生暂时放弃一点教学,更多地关照调查船的建造工作。

王化桐、张春桥等人在赫先生的带领下,每天工作在造船第一线,不

知疲倦地奔忙在造船厂内外，有时要在外几个月的时间。其他人可以一心搞调查船的建造，可赫先生还要牵肠挂肚着学校里教学的事情。他就是这样一个人，既已决定要干的事，可以豁出性命去干，还总嫌干得不够。他曾风趣地说："我能有孙悟空的本事就好了，毫毛一拔，仙气一吹，变出若干。如能那样，我也就不至于如此难了。"

这一年的冬天，他正在船厂忙着造船的事，忽然接到了家里的一封电报，他展开一看只有短短的几个字："过年，回家。"他看了一下台历，感到时间过得太快了，怎么一转眼的工夫就到了要过年的时候了？当他乘火车匆匆地赶回青岛跨进家门时，已是旧历腊月二十三，小年热腾腾的饺子已经摆在桌子上了。过年，回家过年，常人是不会忘记的，而他却给忘了。当带着一身寒气的他与妻子相视了片刻后，妻子先笑了。她接过他的文件包，略带责备的口吻说道："是我说你吗？有谁像你？一年到头东奔西跑、南征北战。家不要了不要紧，别人都在忙着做实验、搞研究、写论文、著书立说，可你呢？每天都像个"消防队员"到处去"救火"，可对自己的事……看看你自己吧，连过大年的事也要别人来提醒你？"赫先生拉着妻子的手微笑着说："我是教务长，我应该为师生们创造好条件，你还不懂这些吗？现在造船的事紧啊。"他微笑着向妻子许诺着："等这条船造好了，我一定加倍地弥补你，拿出时间多陪陪你。"

不知不觉五个春秋过去了，1964年底我国自己设计、自行建造的第一艘海洋实习调查船"东方红"号下水了，但是还要经受海上实际风浪的考验。1965年11月27日，"东方红"号船后舻飘扬着五星红旗，从前桅、中桅到后桅都挂满了彩旗。汽笛长鸣，迎着岸上的欢迎人群，在锣鼓喧嚣声中，缓缓地驶入青岛大港码头！

"东方红"号船的建成不仅标志着我国造船技术的新发展，也彻底去掉了压在赫先生心头多年的"心病"。这六年间，赫先生不知在青岛和上海之间奔波了多少个来回，他的身体又消瘦了许多。当有人称赞他凭一己之力为"山东海洋学院"争取来一条海洋调查船时，他严肃地说："不能这样认为，我个人的力量微不足道。就说调查船吧，在国家困难时期，要不是党和政府远见卓识、果断决策，这条船是不可能建造起来的。就我们学校来说，历届领导特别是侯连三副院长的努力更是功不可没，这是海大人共同努力的结果。"

当白色船体的"东方红"号海洋科学考察船一路劈波斩浪向青岛缓缓驶来，广大师生欢欣鼓舞、热烈迎接"东方红"号时，在兴奋的人群里人们并没有见到赫先生。他又在为另外一件大事忙碌着，他又将敏锐的目光转向另一片未开垦的广阔疆域。

"东方红"号船在30年的历史航程中（1996年1月31日退役），除不辱使命地完成了学校教学和科研任务之外，还先后承担来自国防科工委、国家科委、国家海洋局和地方有关部门下达的几十项重大海洋研究课题，以及兄弟院校海上教学实习任务，参与了多次重大国际海洋合作考察，对我国海洋科教事业做出了卓越贡献。更有幸的是，20世纪60年代末和70年代初越南中央主席胡志明和柬埔寨国王西哈努克亲王曾分别登船游览了青岛前海。退一步说，调查船在海上与风浪搏斗，本身就是人才培养的摇篮。海洋学院的王滋然、徐家振、郭田霖、刘龙太等教师都任过船上实验室的领导，是船上的技术负责人，经过大浪里的摸爬滚打，都成为海洋科学忠诚的实践者，后来分别成为校级和处级管理者。

人的路在陆地，鸟的路在天空，船的路在海上！

——"东方红"船礼赞

生活在大山里的人，往往会被高山挡住了视线，认为山的那边还是山。有一天走出了高山，才知道山那边是平原，平原边上是蔚蓝、是令人朝思暮想的海洋。海水轻轻地拍打礁石，发出"哗，哗"的低唱，这是发自海洋深处的絮语，这是出自肺腑的深沉的欢迎：欢迎"东方红"号的来临！

天蓝蓝，海蓝蓝，远方的船儿映波澜，尾部激起浪花一片。为着心中的眷恋，为着不悔的信念，我们扬起科学的风帆，驰向海洋的远点。一条曲折之路，一条平凡之路，一条爱之路在我们面前无限延展……

我们驾起航船在水面上行走，虽离彼岸尚远，但我们充满希望，信心满满，因为有无数有趣且有益的事情正等着我们去做。正所谓：读万卷书，行万里路。

第十一章

利器在哪里

工欲善其事,必先利其器。

——《论语·魏灵公》

一、睿智慧敏

　　地质、地理、地球化学、海洋学等都属于地学学科，它是以研究地球（包括海水）为对象的。研究海水的海洋学要比其他地学学科更具特色：海水是流动的，不单要研究它在一个点的垂直分布特征（最深到10000多米），还要研究它的流动特征；不仅要研究它温柔时的状态，还要研究它暴怒时的表现。这就需要形形色色的工具。这些工具（即仪器），既要耐压，又要拒腐；既要迅速，又要精细。没有仪器，只能在海里洗个澡，其他什么也办不到——这是赫崇本先生对海洋科学确定的第一个认识。

　　实践是开启真理的钥匙，也是检验客观的唯一标准：大洋底地磁和热流的测量导致板块构造理论问世；微体古生物的测量，导致地球古气候重建；大洋钻探结果，导致海洋灾变论产生；卫星在天空翱翔，导致中尺度涡的问世；声学浮标测流入海，导致赤道潜流的发现；CTD快速观测，发现了温、盐的阶梯状结构，双扩散理论应运而生。每一种先进海洋仪器问世，都带来深刻的物理海洋学理论的革命——这是赫先生的第二个认识。

　　工欲善其事，必先利其器。研发海洋仪器，改进观测方法，是研究海洋的先导，是振兴中国海洋科学必走之路——这是赫先生的第三个认识。

　　正是基于以上认识，赫先生才会在1958年海洋普查开始之时，积极建议、倡导中国自己生产颠倒温度表；率先在海洋学院建立标准海水厂，生产出中国第一瓶"标准海水"；海洋学院率先自己生产颠倒采水器，那散发着紫铜光彩的圆筒，填补了我国这个器件的空白。但是那时百废待兴，赫先生能够做到的，基本都做到了"完美"。更多的仪器，特别是更复杂的海流计、潮位计、波浪仪、盐度分析仪，仍然要靠国家从国外购买，既要花费国家大量外汇，又不能普及，严重阻碍着我国海洋事业的发展。对此，赫先生看在眼里，急在心里。

二、"313"研究组的诞生

1960年3月13日,海洋系成立"海洋仪器研究组",命名为"313研究室"。这是在全国海洋普查结束之后,赫崇本先生第一个大动作:要在山东海洋学院研制海洋仪器!这个仪器组的组长,由侍茂崇担任。

侍茂崇当时还在济南洪家楼物理系进修。海洋系令其停止"声学"课程,立即返校,并且改行去研制海洋仪器。

这个仪器研究组组员有宋文洋、高慎月、王凤聪、刘安国、李华太等人,年龄都在20多岁,有热情,有干劲,但是他们都是仪器领域清一色的"门外汉"。赫先生也知道这只是"搭台子",台子搭起来,再慢慢培养主角。于是1962年又从南京工学院要来吴宝仁、黄南发两位毕业生。再后来又从天津海洋气象仪器厂临时抽来两位有经验的做钟表的师傅。这样,这个草班台子总算搭起来了。后来又将宋文洋、王凤聪、

⊙1980年中美长江口联合调查

刘安国等人送去天津大学精密仪器系进修,培养自己的专家内行。果然,这些人不负众望,他们试制出的直读海流计在海洋界使用了20多年,直到现在还未"出局",此是后话。

这个组做的第一件事,就是仿制苏联"阿列克赛印刷海流计"。经过两年的坎坷又惊心动魄的岁月,我国第一台半自动海流计——印刷海流计终于在天津海洋气象仪器厂试制成功。赫先生兴奋异常,专程到天津参观那刚刚出厂的银白色海流计,对厂长、工人表示由衷感谢!后来该

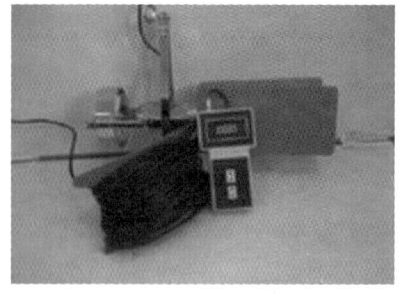
⊙海洋学院生产的直读海流计

仪器参与了中美长江口联合调查。在美国《海洋学家》号调查船上,我们在锚系潜标上悬挂了5台印刷海流计,美国则在同层悬挂安德拉海流计进行比测。后来虽被上海渔民脱网拖回,但是从"半拉子"资料可以看出,记录都是正常的。

在三年自然灾害最困难时期,学校要收缩编制,将侍茂崇调回海洋学教研室教课,其他人则归并到学校工厂继续试制海洋仪器。宋文洋、吴宝仁等就是在那困难的条件下,硬是使直读海流计横空出世,成为学生实习必备的武器。

三、万紫千红才是春

与此同时，在赫崇本先生的鼓励下，化学系陈国华也试制成功了自动盐度计。在中美长江口联合调查之前，美方要求对使用仪器进行比测，海洋学院的自动盐度计测量结果和美国MARK Ⅲ型CTD及实验室滴定方法测验结果一致，从而成为中方被承认的唯一仪器。

在赫先生的指导下，刘安国、宋文洋等人开始研究水下拖曳体。经过他们不懈的努力，在国内技术条件相对落后的情况下，水下拖曳体的研究工作取得了很大的进展。赫崇本先生鼓励他们继续努力，并告诫他们："我们应该重视海洋观测技术，因为每一种新的海洋观测技术和海洋观测设备的发展都会给海洋研究带来新的革命。早期颠倒温度计的发明，让我们能够观测深层海水的温度，正是这种技术推进了我们对海洋基本结构的认识。现在是一个技术大发展的时期，电子技术和声学技术的快速发展，必将为海洋观测技术带来新的突破，我们应该抓住这个机遇。"1982年，赫先生与宋文洋等人撰写了《水下拖曳体有关问题的初步探讨》和《海洋测温系统动态特性的探讨》两篇论文，并先后在《海洋与湖沼》和《中国仪器表学会第二届学术年会论文集》上发表。20世纪60年代以来，为获得准实时、长距离上层海洋剖面观测数据，采用走航自记设备是一个重要的发展方向。

但是，一枝独秀不是春，百花齐放春满园。在国家制定"十二年海洋科学远景规划"和"海洋科学长期规划"时，赫先生就强烈呼吁，把开发海洋仪器设备纳入国家研究和生产计划。在他的积极推动下，青岛建立了海洋设备专业生产厂——青岛海洋仪器厂；动员全国海洋界力量，成立全国仪器学会，集全国之力搞好海洋仪器的制造。

⊙海洋仪器术语标准审定会

中国海洋气象、水文、海洋仪器学会成立之后，于1981年10月在天津召开了第一次学术讨论会，会议认为鉴于我国海洋仪器研制、生产缺乏统筹规划和统一管理，决定成立海洋仪器和调查装置常用名词术语编审委员会。

这时的赫先生已是73岁高龄，身体已被病痛所缠绕，体弱多病仍然坚持在科学研究的前沿。赫先生越来越体会到时间的紧迫，他在心里默默地自勉："老冉冉其将至兮，但有进兮不有止。"

第十二章

人格魅力

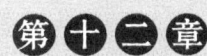

第一流人物对于时代和历史进程的意义,在其道德品质方面,也许比单纯的才智成就方面还要大。即使是后者,它们取决于品格的程度,也远远超过通常所认为的那样。

——爱因斯坦

一、讷于言，敏于行

赫崇本先生深受儒家文化"修身、齐家、治国、平天下"的影响，待人宽，严于己，慎于言，谨于事；素面朝天，门风清肃。

赫先生的很多学生听过他的讲课或者有关业务性报告后，这样评价他：他思维敏捷，逻辑性很强。似乎不是"讷于言"而是"敏于言"了。其实不然，赫先生在与学生谈话、在与教师讨论问题时，总是言简意赅，几句就结束话题。特别是遇到政治性东西，他就有些穷于应付了，甚至言不及义。例如，1957年"反右"期间，一个学生因受到批判，一时想不开，就在第一海水浴场租了一条舢板，划到防鲨网外跳海自杀了。这件事情立即引起轩然大波。学校定的调子是"反革命畏罪自杀"，自然要召开全系师生大会，进行事后"声讨"。最后要赫先生表态，他嗫嚅半天道："这个事情令人痛心，大家要相信群众相信党，事情总会搞清楚……"难怪事后总支书记安排赫先生的学生侍茂崇道："遇到这类事情，要先给赫先生写个发言稿。"这大概是1958年学校要侍茂崇提前毕业，给赫先生当个"小跑腿"的原因之一吧！

"反右"之后，侍茂崇曾有这样一段回忆：

"反右"之后，我仔细查过我精心保存的山东大学《右派言论集》（上下两册），即校方认为有损党的威信和形象的话语，有此言论的并非都是"右派"。例如，当时我写过一张大字报（也是唯一的一张），内容是："过去出门看黄历，现在举动看政治——欢迎海参崴大学生一定要党团员去。"就收录到那里。这是团外学生要求我代为反映的。实际上我也是"既得利益"者，因为我是党员，欢迎人群中也有我一个。但是，我反复寻找，没有赫先生一句有关的话语。后来曾和赫先生有一次闲聊，我问："赫老师，'反右'运动中，海洋系学生和教师中右派最多，'极右'也名列前茅，你为什么能逃过一劫？"赫先生说："当时我也参加座谈会，别人侃侃而谈，我就是插不上嘴。"他略一思考接着说："就是叫我发言，我也没有什么可说，谁没有缺点呢？"

在我们写这本《一代宗师——赫崇本》时，对赫先生又做了深层次分析：赫先生在做人上，是不慕高位、不求闻达，政治上不愿抛头露面，只是勤勤恳恳，潜心教学和科研。他几乎没有时间和精力，更没有兴趣去顾及他认为不相干的事情。其次，他出身于旧社会，新旧社会两重天，他对此有切身的感受，且学校委以重任，他衷心拥护共产党的各项方针政策，对共产党也确实没有意见。再则，他从美国回来，总是认为自己是从旧社会留洋过来的知识分子，在政治上总觉得有些问题，所以做事非常小心谨慎。

他那朴素的语言"谁没有缺点呢"，正是他当时思想的真实写照。经过"反右"这次大风浪，赫先生也有自知之明，每当夜晚收起文件准备回家时，他都会问："侍茂崇，我今天讲话有没有不合适之处？"侍茂崇则安慰他说："老师，您活得太累了，您偌大年纪，讲错话大家也不会见怪！"

赫先生不善表态，但是对学生则体察入微。据侍茂崇回忆：

一次元旦晚会在大众礼堂举行，在我这个缺乏文艺细胞的人眼中，节目不外是些参差不齐但气势磅礴的大合唱，声情并茂但十分做作的诗朗诵，或者欢蹦乱跳得像幼儿园小孩的舞蹈。我自然不愿坐在那里干耗，于是回到教室做功课。这时赫先生进来了。他问："节目那么好，你怎么不去看？"我说："我不喜欢。"他拉住我的手说："青年人对越是不喜欢的东西越要喜欢！这样才能学无止境。"他边说着边拉着我走。

另外一件事情也令侍茂崇终生难忘：

我虽然提前留校，但是并没有发工资，只是一月给15元生活费。赫先生对我说："你提前毕业，可是许多课程没有学过，张量先生从美国回来，你去听他的量子力学。"第二天，我到六二楼二楼找到张量先生，只见他只身一人正襟危坐。我行礼如仪，谦恭地在他旁边坐下。他说："下学期我要到广州暨南大学教书，赫老师要我给你单独开小灶，盛情难却，我就答应了。每星期3次，每次2个小时，不知你能不能做到？"面对年逾60的老前辈，我只能诚恐惶恐地连声应答。但是答应是一回事，做起来就走样了。那时"大跃进"如火如荼，白天我要周旋于系主任办公室和总支办公室之间，晚上要参加大炼钢铁，那炉火熊熊的土制炼钢炉，耗去我多少个不眠之夜。第二天一坐到张先生面前，他那男低音一经传出，不到10分钟，我就酣然入睡了。虽经张先生不断摇醒，那瞌睡虫总是不离左右。后来张先生实在觉得"孺子不可教也"，一纸"诉状"告到赫先生那里。赫先生只是摇头，最后只好将我"彻底解放"。1960年，赫先生旧话重提，要我到已经搬到济南的山东大学物理系进修。我也不敢再负赫先生厚意，前往泉城，跟于寿绵先生学习量子力学，跟洪传海先生学习电动力学，跟陈成琳先生学热力学。三位都是这方面的大师，也是我的恩师。只可惜后来我并没有传承他们衣钵。

敏于行的后面是"爱"。"没有爱，如同池塘没有水一样。没有水就不成其为池塘，没有爱就没有教育。"（夏丏尊语）

二、心智无常，物尽其妙

"心智无常"，说的是一个人智慧并不是一成不变的，或者说人不会一直聪明或者一直愚笨。"物尽其妙"，说的是任何事物都有其妙不可言之处。作为当时的系主任，是直接对校长负责的二级行政领导，对待学生的智力发展所持的态度是非常重要的。赫崇本先生认为每个学生都是他挚爱的弟子，每个学生都有其可爱之处，成绩好的"优秀生"固然可喜，考得不好的"暂差生"也不会一成不变，赫先生只会问"你尽力了吗"这句话。这就是所有学生都把他看成自己的家长，看成成长中可以交心的"挚友"的根本原因所在。在制订教学计划时，赫先生总是取乎"中庸"之道：照顾"大多数"，兼顾两头的原则。一次在陪他回家的路上，赫先生告诉我说："老清华的精英教育，今天是不可取的。"我当时年轻，既没有看过老清华"精英教育"的有关报道，更没有亲历"精英教育"的全过程。听了这话，我有些吃惊地用质疑的眼神望着他。他继续说："在我的老师吴有训先生当校长的那些年，理学院毕业生每年才三五十人，算学系毕业生三届只有两人，物理系每届只有七八人。"说到这儿，他深邃的目光继续望着远处说："人的智力是有高低，但是智力开发是有早晚的，不可根据一时的成绩表现而锁定终身。"他的一番话对我无疑如醍醐灌顶，以至于后来我也常对我的学生说："就是街上一个要饭的我都不敢轻视，每个人都有一技之长，例如武训。"赫先生"心智无常，物尽其妙"的思想，实际来自孔子"有教无类"的思想，意思是教育对象是不分类别的，即是凡有求教于我的，不分贫、富、贵、贱、贤、愚等我都教育。这一教育平等的理念，对我国及人类教育的发展作出了巨大贡献。正是由于赫先

生平等待人、有教无类的教育思想的指导，才培养出一代一代献身海洋的人才，使他们在工作中磨炼成出类拔萃的精英。他们每当工作中出现成绩或遇到困难时，第一时间就会想到赫先生。例如，国家科委海洋组办公室负责人金鼎华在给赫先生的一封信中写道：

赫老：

您好！我有一年多没去青岛了，因此一直没机会去看望您，在此向您汇报工作。

老师为我国海洋事业的创建和发展，为我国海洋教育事业，呕心沥血地奋斗了大半生，我们做学生的都十分尊敬您，希望您健康长寿，并对我们的工作继续予以指导和帮助。

现有两项工作向老师汇报：

一、根据国家科委对专业组、学科组成员任期为五年的规定，我们定于本月30日至下月5日，在北京召开海洋组分组秘书会议。会议议题是两个：1. 商讨第二届海洋组及分组的组建原则和有关事项；2. 交换各分组组长单位时，对"七五"和"后十年"全国海洋科技规划项目的设想提出意见。水文气象分组没有明确秘书人选，曾试多次与平光明同志联系，这次谁来赴会，请赫老师确定，并请其将您的意见带来。秘书会后，拟在合适的时候召开一次海洋组组长扩大会，确定第二届海洋组及分组的组建原则等，以便我们可遵照办理。妥否，需听取您老的意见。根据海军党委的意见，海洋组组长将由海军傅继泽副司令员担任。

二、今年1月，我们根据国家科委的指示组织有关专家编写了《1986～2000年海洋能源科技发展规划》，2月份此规划已上报并发至有关单位。最近，我们又向有关单位发了一个函，请将修改补充意见于本月底寄我们，以便修改。此规划我曾寄您一份，请您老予以指导，或可将您的意见托付秘书会议的同志告知我。

最后，再次请老师多保重！祝安好！

学生，金鼎华，敬上。

1983.4.18

中国海洋气象、水文、海洋仪器学会成立后，于1981年10月在天津召开了第一次学术讨论会，会议认为鉴于我国海洋仪器研制、生产缺乏统筹规划和统一管理，决定成立海洋仪器和调查装置常用名词术语编审委员会。会议之前，负责人逯玉佩在给赫先生的信中写道：

赫老师：

首先请允许我向您问安。

前几天宋文洋来津讲到您身体很好，大家听了非常高兴。您还记得我所的陈舜年同志吧，他这次在青岛和您虽是初次见面，却一下子对您就非常崇敬，他几次对我说："赫老真有长者之风。"我看他的这种说法，很能表达我们这些晚辈的心情。

今有一事他们让向您汇报，就是仪器仪表要搞专用名词术语统一工作，已开过几次全国性的会，涉及海洋仪器的部分仪表，总局委托计量检定总站来具体办。如此严肃的一项工作，他们想请您过目。我和任允武、宋文洋同志都很期望这样安排，请您一定出面。

此致，敬礼，并问师母安好。

逯玉佩，1981.11.6

在赫先生的映照下，国外的学子心系祖国，他们常常给他写信，例如：

赫老，您好！

我离青已有一个半月的时间了，一直忙忙碌碌，至今方能给您汇报，请谅。

我是5月9日离开北京的，在此之前的半个月内，完成了毕业论文答辩。研究生部的副院长兼教务长也到大气所参加了答辩会。这次答辩在大气所也是比较"正规"的，对我是一个很好的锻炼，总起来说，论文和答辩都挺好。这样就提前半年毕业，圆满地结束了国内硕士阶段的学习……

很想知道您老的近况，以及王老师的病情如何了。我衷心地希望您身体健康，您对我的培养、关心、鼓励和支持是我永远不会忘记的。请您放

心,我一定尽我的力量,努力学习,不辜负人民和老一辈科学家的希望,为祖国争光。我愿意多学一点本领,回国后多做点工作。在我临走前,您对我提的希望我将牢记心中。

您老有什么事情可来信或代请别人告知,我一定尽全力办到、办好。

祝您,身体健康!

您的学生王斌谨上。

1981.6.12

即使是临时出国学习的学生,也随时向赫先生汇报自己情况,例如:

赫老:

自贺年后,半载又匆匆而过!正如临别时所约,落花时节学生我就又可以聆听您老的教诲了。我们已定于5月27日飞返祖国。去美一年,收获不小,但本应收获更大些。

主要收获为两点:已由风暴潮的研究延伸(或扩展)至一个新的领域,也证实了我的创造欲是旺盛的。但,自我检讨有三个不足:1. 海洋实践和基础知识不足;2. 高等数学技巧不足;3. 英文太差!最后,还有一个遗憾,精力不足,未老先衰,有其心而力不足了!详情面禀。

也许身在异邦,才更感到了我国"四化"建设的迫切,特别是海洋研究的迫切。"学然后知不足",这是很有道理的。我们这一代人,只能起个桥梁作用,恐怕中国海洋科学的真正发展要靠下一代了,培养人才乃当务之急了!我深深地感到了,人到中年,就像日薄西天,虽然"无限好","只是近黄昏"了。希望必须寄托在"八九点钟的太阳"身上!这是我的第二大收获。望赫老批评指正。回国后即去拜望。

祝贺赫老健康长寿,再指导我们后生小子20个春秋!

此致,敬礼!

您的学生士筰上。

1982年5月18日,美,金湾区,山景镇每当接到这样的信件,赫先生从不会因自己身体不好而忽视,也不会强调没有时间而束之高阁,他总是挤出时间,暂时放下手头上的事情,阅读这些信件,然后郑重地逐一答复。对于其他一些要求,只要是对我国海洋事业的发展有利,赫先生也是有求必应。这是赫先生多年的老习惯,一直保持到生命的终结。

三、"为谋千年福，何辞今日辛"

"为谋千年福，何辞今日辛。"这是清华大学副校长陈世铧先生在《民工冒雨筑坝》一诗中最著名诗句，也是他辛勤工作、严谨执教、积极进取的原动力。陈世铧生于1905年，比赫崇本早生3年。1952年，陈先生在清华担任水利工程系教授和代系主任，赫先生则在山东大学海洋系全力拼搏。他们虽然彼此慕名，但是相见甚少。他们只是"同声相应，同气相求"，都是为工作不要命的主儿！

赫先生的"今日辛"中最重要部分就是"甘为人梯"。

1980年2月，陈宗镛教授的专著《潮汐学》作为"海洋湖沼科学理论丛书"中的一本，由北京科学出版社出版。这是赫先生极力推荐的一本力作。这部专著不仅系统地论述了海洋潮汐现象、成因和基本规律，海洋潮波的传播、变化和潮汐分析、预报的原理与方法，也成为海洋水文、海洋气象、海洋工程、航海、海道测量以及地球科学等有关专业的重要参考书，在1987年荣获了国家教委颁发的"全国优秀教材"奖。

陈宗镛教授一步步地走入潮汐学深层世界的领路人，正是赫崇本先生。

早在海洋系建系初期，当时潮汐教学没有现成的教材，赫先生和毛汉礼先生主动来为学生讲授潮汐学。他们收集大量有关资料，并根据多年的研究和教学经验编写出了《潮汐学讲义》。这本《讲义》集当时世界上潮汐学的经典理论和实例于一身，曾经哺育了我国青年一代的海洋潮汐学者和海洋工作者，陈宗镛就是这批学生之一。他当时既是学生，又担任赫先生的助教。

后来，赫先生忙于海洋系和海洋学院的工作，授课的时间经常冲突。为了不影响学生们的学习，赫先生让陈宗镛接替了他的课程，开始教授潮汐学。随着教学的发展，迫切需要有一本更为系统全面的潮汐学教材。当赫先生得知陈宗镛的想法后十分赞同，并从编写的体例、教材的内容构成等多方面给予陈宗镛具体指导。在他的指导和鼓励下，1965年陈宗镛开始动笔撰写《潮汐学》教材。后来的"文革"使才编写了一半的书稿也在一瞬间化为了灰烬，这件事让陈宗镛和赫先生都十分痛心。

可是陈宗镛没有因此而失去信心，他相信终有一天能实现老师的心愿。这一天终于到来了！1978年全国科学大会后，陈宗镛又向赫先生重提编写潮汐学教材一事，赫先生听后格外高兴。在他的鼓励和支持下，陈宗镛在很短的时间里就写出初稿，并送给赫先生审阅。当赫先生看到这份书稿后更是惊喜万分。尽管当时百废待兴，他的会议不断，要处理的事情很多，让他没有更多的时间细致地审阅自己关心多年的书稿，但他还是挤出时间，仔细修改了书稿的前三章。不过，终因时间不足、精力有限，他没有全部修改完。于是，赫先生就写了一张便条，让妻子连同他修改的书稿一起送给陈宗镛。在便条上他写道："我明天又要去北京开会了，很遗憾不能看完稿子。为了更快地使此书出版，你可在此基础上尽快修改，送出版社定稿。出版的事情我已经帮你联系了。"可是，当陈宗镛找到百忙中的赫先生提出本书是老师与自己的合著时，赫先生却微笑着对他说："这是你个人的成果，是你几十年努力的结果，不该署上我的名字。"

就是在赫先生不断关怀和培育下，陈宗镛成为统一全国高程基准、创造了海平面研究的领军人物，是中国第一个将摩擦引进Taylor公式，使海湾潮汐运动更接近实际的第一人。

赫先生不仅是这样对待陈宗镛的，对待别人也是穷尽所能给予帮助：在他的助手景振华教授编著的《海流原理》一书中，在他的学生冯士筰教授编著的《风暴潮导论》一书中，在杨殿荣教授等编著的《海洋学》以及

⊙ 赫崇本与景振华在讨论《海流原理》书稿

很多后来的知名人士的著作里，都有赫先生付出的大量心血。

但每当作者提出和赫先生共同署名时，都被这位微笑且和蔼的老者一一地拒绝了。经他修改和审定的有几百万字的论文和文章，可是他却从不签上自己的名字。他曾经语气郑重地说："我是党员，是党把我放在这个位置上，就是让我好好地为学生服务，我怎么能在学生的成绩上捞一把呢？帮助学生是做老师、做先生的责任。在我的脑子里怎么也转不出署上自己名字的念头。如果我这样做了，见到我的小孙子，我也会感到羞愧。"正因为如此，在那些论文里，在那些文章和著作中，我们始终找不到这位长者的名字。

文圣常先生，中国海浪学界的泰斗，他被赫先生请来后曾有一段时间在海浪教学中遇到了不少困难甚至是挫折，这让他感到迷茫，有些灰心丧气。这时赫先生点拨了他并给予他支持："科学研究有时就像一层窗户纸，苦思冥想不得而知的东西，一旦被戳破了可能让你觉得是简单至极的事。但是，在你戳破这层窗户纸之前，如同在漆黑的夜里，如同在清理一团乱麻，既找不到出口，也没有什么办法。"在赫先生的指点下，文先生由动力机械学科转向海洋基础理论教学，就是这样一个看似简单的转变，却大大开拓了文先生的思路，也为文先生的研究指明了方向。

文先生不负赫先生的期待和厚望，从1960～1962年，在两年的时间里先后在海洋学报上发表了《涌浪谱》等数篇论文，并出版了我国第一部海浪研究的专著——《海浪原理》，为我国海浪方面的科研、教学、生产和应用起到了积极作用，在国内外产生了重大影响。

即使对于外单位的学者，赫先生也尽量给予力所能及的帮助。例如，中科院海洋研究所的管秉贤在赫先生和刚从美国归来的海洋学家毛汉礼的指导下，在海洋环流及其中国近海环流研究方面崭露头角，成为国内年轻一代海洋科学研究的佼佼者。

每当一本本专著、一篇篇论文呈送到赫先生那里，看着这些成果他都会为之高兴不已，总是尽力抽出他宝贵的时间仔细地审阅稿件。他既会肯定成绩，更能指出不足，十分中肯地提出自己的修改建议。有时他为了看稿件，不惜放下自己手里的研究和写作，仅在海洋系里，几乎所有的教师都曾请教过他，从他那里受到教益。

什么是"人梯"精神？什么样的人是"人梯"？赫先生晚年常说的一句话是："要把我们失去的时间夺回来。我回到祖国就是要把中国的海洋事业发展起来，而不是一个人写几篇文章、出几本书，不然我就不回国了。对于个人发展，待在美国不是更好吗？现在有这么多的年轻人成长起来了，我看着就高兴。一看到他们拿着一本本的书稿让我来改的时候，觉得自己没有白下工夫。"这不是几句空话，正是他对自己的这种要求，使他的学生、弟子们无法顾忌先生的年老体弱，非他审阅不可。他们用送去的科学成果来宽慰老师那颗善良而执着的心。

赫老的孙子赫勇在回忆爷爷时曾这样说："爷爷是一位慈祥而随和的老人。晚年他的身体不好，因脑血栓留下了半身不遂的后遗症，行动不便。可他每天都拄着拐杖锻炼，坚持上班。'文革'后，家里一度冷落的前廊又排满了前来求教的学生。而他则不顾病后虚弱的身体，修改、批阅常常伏案到深夜，几次晕倒在书桌上，手里还握着他的钢笔。"

曾与赫先生相处过的人都这样描述他，他的外表非常平和，一点也没有大教授的架子。不管是什么人、什么事、什么时候去敲他家的门，哪怕是半夜三更，他都会非常热情而耐心地倾听造访者的叙述，常常促膝交谈，不厌其烦地解答问题直至破云见日。惠于人者终惠之，他的大部分学生如今也已是耄耋之年、著作等身、阅人无数，可提起赫崇本先生都是由衷地钦佩、感激、赞美。他们常说："赫先生，蜡炬燃尽，蚕丝吐空，造材无数，功在千秋。"

四、谦虚谨慎,不矜不伐

赫崇本先生最优秀的品质之一是从不自夸,也不自我吹嘘,更不会云山雾罩般哗众取宠。他一生谦虚谨慎,对党的教育事业忠心耿耿。这里略举几例。

1958年接近年底,学校要对一批教授晋级,海洋系首推赫先生从三级晋升为二级。当时步骤是党总支提名,群众评议,没有现在那些烦琐程序。赫先生知道后,先向总支书记杨润玺提出自己不够二级教授资格,希望总支向校方"恳辞"。当时,我(侍茂崇)正在总支"打杂",充当总支与系主任之间"联络员"的角色。杨态度非常坚决地说:"赫崇本是海洋系二级教授的不二人选,他是又红又专的典型!"我向赫先生转达了总支的态度,赫先生顿时涨红了脸,嫌我不会办事,嘴里"嗫嗫"半天,也没有说出个子丑寅卯。第二天上午,他递给我一个信笺,要我转给总支。我一看开头是"总支杨书记并转学校党委",内容大意是"自己虽然在党委领导下做了一定工作,那是分内之事,但是做工作与学术造诣是不能等同的。提我二级教授,将会使我惭愧万分。我衷心请辞,请总支和党委准允……"。我将赫先生的信放到总支书记的案头,总支书记也是满脸不高兴。后来我和先生讲,您老就此打住。再这样推来推去,别人就会认为你"虚伪"……

第二个例子。

"文革"结束之后,赫先生极力主张海洋学院仍归教育部("文革"中一度归国家海洋局领导)领导。在一次全校师生大会上,赫先生说了这

样一句话:"如果再属于海洋局领导,海洋学院就是死路一条。"这句话很快就在海洋界传开,海洋局许多人自然不高兴。我为此专门登门询问赫先生。我对他说:"您这句话好说不好听。"赫先生满脸委屈地对我说:"海洋局是行政管理机构,用行政来管理教育如何行得通?海洋学院过去是教育部64所重点院校之一,归海洋局领导,重点学校就得取消……"我深知,赫先生这句话并非出自私人恩怨,完全是对学院未来办学的解读。但是,人们之间一旦有了嫌隙,喝口凉水都会噎住。我对赫先生说:"如果您愿意,我会找机会向海洋局领导解释。"后来,我利用海洋局《海洋学报》发刊十周年庆典之际,代表学校出席这次活动,期间转达赫先生的歉意。海洋局领导郑重告诉我,赫先生办学的拳拳之心我们完全理解,赫先生对海洋事业的贡献可昭日月。我们不会怪罪他老人家,请转告他,我们将会一如既往精诚合作。事情果然如此,我们学生多次海上实习,乘坐的大都是北海分局的船只。

赫先生还有另外一个特点,虽然他审稿甚多,但是他从来不"枪毙"任何一个稿件。他总是将他意见详细写给作者,供他们参考、修改。这看起来是一件小事,却看得出赫先生对作者的尊重,对别人劳动的尊重,对人性的尊敬。这和某些人动辄以专家自居,轻易否定别人,特别是与自己意见相左的人,大加挞伐,实有天壤之别。

第三个例子,更是众人皆知。

"文革"之后,我们曾劝赫先生申请学部委员,他都一一谢绝。即使海洋学会推荐他,推荐表送到他手上,他也没有写上一个字。

正如一书所说:心灵越高贵的人,自尊水准越高的人,才是越随和的人,越容易相处的人。因为他心灵高贵,他总是寻求大事的成功来满足自尊。

五、严于律己，宽以待人

1980年，山东海洋学院有一个去美国访问的机会，学校打算安排由赫崇本带队，但由于名额有限，一些年轻的教授和学者没有了出去的机会，于是他说服了学校领导让一名年轻的教授代替他出访。曾经有过这样一件事。有一位曾批斗过他的学生，为了自己能够出国进修，一次次登门拜访，请求赫先生帮忙联系出国的事情。赫先生的夫人见了这个人后很是生气，但又不便当面阻止。这一天是周末，赫先生拖着疲倦的身体回到位于鱼山路9号的家。当他推开房门，一股暖气迎面扑来，同时带来一股诱人的饭菜气味。他来到饭桌前，看着丰盛的饭桌，抬头看了看夫人，那眼神分明是在问：今天是什么日子？妻子看了看他，慢慢地说道："想不起来了吧！人啊，有时就是好了伤疤忘了痛，吃水想不起来打井的人。"赫先生听着妻子有些带刺的话语，皱了皱眉头，似乎想起了点什么，可又十分模糊，他不解地问："今天？我怎么想不起来了呢？""别急，先吃着，不然就凉了，边吃边听我给你慢慢说。"夫人回答道。

"今天和你从文登县前岛回来那天一样冷吧？"妻子的提醒，让他想起来"文革"时从文登回来的一件事。"造反派"的一个小头目并没有因为他带病回到青岛而停止对他的批斗，放出风来说赫先生是装病以此躲避劳动改造，继续让他做检讨、写检查。"你是说他？"赫先生自言自语道。"是的，"妻子回答道，接着又说道："你再想一想后来，这种削尖了脑袋到处投机钻营、哪里有利就向哪里去的小人，你要是帮了他，会让不少人有看法的，他们会误认为你有别的想法。我知道你是很有主意的人，帮他不帮他你自己拿主意。"听了夫人的话，他沉思了一会儿，向夫

人解释道:"那时他还是个孩子,有些事情他还没有搞懂,可他是我的学生啊。现在,只要是对祖国海洋科学事业有利的事,我都应当支持吧。"夫人看了看丈夫说道:"这个道理我明白,可是帮这样一种人……"赫先生轻轻地摆了一下手,接着说道:"我知道你心里有疙瘩,你也是为我好。可是我们的心胸要放开,应该不计前嫌。"后来在赫先生的关照下,这位学生最终还是踏上了异国求学之路;不仅如此,赫先生还利用国外的朋友为他介绍了指导老师。

第十三章

灵魂的拷问

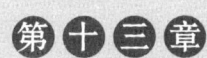

　　天空虽有乌云，但乌云的上面，永远会有太阳在照耀。

　　　　　　　　　　——三浦绫子

　　匹夫见辱，拔剑而起，挺身而斗。此不足为勇也。天下有大勇者，猝然临之而不惊，无故加之而不怒。此其所挟持者甚大，而其志甚远也。

　　　　　　　　　　——苏轼

一、风暴

新中国建设的车轮迅速地旋转,然而难免遇到挫折或劫难。1966年3月,一场批判历史剧"海瑞罢官"利用文艺作品反党的运动开始了,这场运动也迅速地波及青岛。"文革"对于在社会主义道路上不断探索的中国无疑是一次劫难式的考验。在这个历史进化的大熔炉中,一切华丽的装饰都被荡涤一空,显露出最本质的形态。"文革"来得太过突然了,对每一个人来说没有一丁点儿的思想准备,根本就回不过神来,更是透不过气。

这一年的5月,"运动"进一步发展为无产阶级文化大革命,揪出"走资本主义道路的当权派"、打到"反动学术权威"的呼声铺天盖地。山东海洋学院尽管没有停课,可是大字报也到处都是,贴满了整个校园。赫先生的助手唐世凤和其他系的系主任都被定为"反动学术权威",一个个地被揪出来批斗,作为教务长的赫先生自然也靠边站了。

然而,这时的赫先生是怎么想的呢?转眼间自己的大半生已经过去,他曾执着地追求真理、追求革命,10年前才成为一名中国共产党党员。然而,眼前突如其来、急风骤雨式的"革命"让他感到有些晕眩。他反问自己:"我做了对不起党的事情了吗?"他看着排队走向操场的"劳动改造"队伍里曾与自己并肩战斗的老师和教授的熟悉身影时,他疑惑不解,仿佛自己与他们一样也犯了什么"罪"似的。

中科院海洋研究所同样也卷进了这场灾难之中,他的老战友曾呈奎、毛汉礼等著名科学家也被揪出来批斗。他们与科学隔离了,与人群隔离了,随寂寞而来的是检讨,一次又一次地做检查、被批斗,这更增加了赫先生心中的困惑。

1966年的夏天,青岛格外热,世间万物仿佛都在燃烧,"革命"之火也越烧越旺，赫先生能幸免吗？史无前例的文化大革命运动一夜之间，把这位以复兴中国海洋事业为己任的科学工作者冠以了"反动学术权威"，停止了他的一切活动。这时的他感到从未有过的无奈和无助。学校里成立了他的专案组，开批斗会，贴大字报，让他天天去打扫厕所、清扫马路，他成了这所学校里不需要的人。他被迫搬出原来的办公室，被安置在一间很小的房间内，地上堆满了图书、资料和手稿。为了不让一张照片、一份稿件给家人带来麻烦，有不少东西他和妻子只能不忍心地付之一炬。看着燃烧的信件、稿件、论文和照片等资料，他和妻子相对无言，万般无奈，他们的心都在流血。

这一年的初冬，美丽的青岛尽管有大海这个巨大的气候调节器的调节，依然无法阻挡这个冬天过早到来的寒冷。清晨，赫先生与往常一样按时来到校园。那时的校园铺天盖地的大字报和高音喇叭的声音，让校园不再有往日的宁静和肃穆。赫先生关心校园，也关心着"文革"。他在一张揭批他的大字报前停住了脚步。看着大字报，他的思绪也不由自主地陷入了"自我革命"的漩涡中。面对一条条"罪行"，他有些茫然：我不是完人，有缺点，也会有错误，然而缺点和错误与"罪行"怎么是一回事呢？看着看着，他眼睛有些昏花了。此时，赫先生的思绪坠入了一片混沌。

夫人王荣菊难以承受眼前的压力，她想不通，也想不明白，她的精神开始有些失常，这更增加了赫先生心中的痛苦。

为了夫人，赫先生愿为她付出一切。对外他要扛住对他的批判，对内他要悉心地照顾生病的老伴。

每天被批斗和"改造"后，赫先生回家时常常感到浑身乏力，这不仅是身体上，更多的是精神上的压力。夫人理解他、体贴他、照顾他，现在她比他更担心、更不安。她为丈夫的身体担心，更为丈夫离开了他为之奋斗一生的海洋教育事业担心。她知道这是丈夫的生命之所在，因为他关心事业胜过关心自己的身体乃至自己的生命。每当下班时，她都会孤独地一个人站立在门口，久久地望着，等待丈夫从那条小路上归来。批斗和检查后，赫先生常是披着一身月光蹒跚而沉重地从小石路走回家，每次夫人都会急忙跑上前去搀扶着他。两位老人相对无言，只有家才是他们平静的港湾、安全的小岛。

有一天傍晚，曾呈奎先生骑着自行车来到了鱼山路9号甲赫先生的家，王荣菊热情地招呼着，为他们冲上一杯清茶。这位与赫先生一起开拓我国海洋事业的著名海洋学家，现在也成了批斗的对象，然而对待这些事情他与赫先生并不太一样。曾先生生性乐观，面对恶浪浊天的运动漠然视之，他坚定地认为这一切都会过去，这种局面不会有太长的时间。尽管他也身处在危难之中，可他还惦记着自己的老友赫崇本，他知道这个老友是一个心事较重的人。

两位科学家一见面，鱼山路9号甲的黄色小楼上又响起了沉寂已久的欢笑声。"党理解我们，祖国和人民理解我们，国家未来的海洋科学事业也等待着我们继续去开拓，"曾呈奎接着又劝解道："中国有句老话，物极必反。这是自然规律，也是海洋生物的基本规律，一种海藻多了，它疯长到一定程度，环境就会抑制它的扩张，它就一定要消亡下去。不变的是你搞的那一行，是海浪，是周而复始的潮流。所以，留得青山在，不怕没柴烧，你可要想得开啊！"一杯清茶，几句发自肺腑的安慰话，让赫先生的精神好多了。他们又谈了好久，曾先生站起身来说："不早了，我也该回去了，明天我还要参加劳动改造呢。"两位老人互道珍重，赫先生目送着老朋友推着自行车消失在昏暗的路灯灯光中。

二、独行不愧影

1967年3月，山东海洋学院的部分学生和教职工宣布向学校党委"夺权"，学校被迫停课，整个校园处于一片混乱之中。在之后的5年里，山东海洋学院名存实亡，大部分教授、专家受到批判，党政干部也被一个个关进"牛棚"。他们背负着"莫须有"的罪名，长期遭受着人身和心灵上的摧残，有的不幸含冤辞世。赫先生因"问题比较轻"，从轻发落，不关禁闭，白天除了到指定地点去"学习"之外，别无他事，晚上还可以回家。"学习"无非是听听广播，读读报纸，有时还要写写"个人改造进展""揭发校党委"等等。但是在赫先生的汇报材料中，从不涉及他人，只说身为教务长的他要承担推行错误教育路线的全部责任。

国家花费巨资建造的"东方红"号海洋调查船也难以幸免，赫先生和相关教师费了几年的辛苦才刚刚出厂不久的调查船，寸功未立，就被改作他用。看着调查船，赫先生疼在心里，那种无奈与无助让他急火攻心。有个别大字报说，造船给国家造成巨大浪费，阻碍与工农兵相结合等，赫先生在"检查"中写道："学生不了解船的重要性情有可原，如果教师这样认为，那就属于无知了。"

此时最让他无奈的是，频繁外调使他寝食难安。由于他过去参加四国渔业调查的专家会议，与会者不少人被怀疑"里通外国"、"泄密"，找他"核实"、"旁证"的外调者，此去彼来，虽然他一再坚称："××人绝无里通外国之嫌"，可是外调者就是不依。1977年12月21日晚上7时，两个外调者手持介绍信来到海洋系办公室，适逢侍茂崇值班，他们要到赫崇本先生家中面谈。我婉拒道："赫太太严重失眠，你们到他家，赫太太精神紧张，会通宵不眠。在办公室谈话为妥。"我亲自到赫先生家将他扶到系原总支办公室。谈话时我则退避外间，只能听到外调者高声训斥的声音。一个小时后外调者悻悻而走，而赫先生则苦笑着对我说："四国渔业会议，事事请示周总理，哪有里通外国之事！"

三、独眠不愧衾

1968年9月，青岛市"革委会"毛泽东思想宣传队进驻山东海洋学院，发动了"两忆三查"运动，紧接着又组织全校师生"到农村去接受贫下中农再教育"，开展斗、批、改深入清理阶级队伍。11月20日，全校1000多名师生乘上一辆辆汽车，浩浩荡荡地向胶东半岛开去。

校园里一下子空荡了起来。赫先生看着眼前的一切，心如刀割。上次山东大学迁往济南时，校院里也是一下子空荡了起来，心中产生难以割舍的失落。但那是向省会搬迁，是向上，是前进中暂时的疏落。可这一次却是下放，对未知的命运难以捉摸。

不久，赫先生也被赶出了学校。坐在不断晃动的长途汽车上，经过一天的劳累，傍晚他们来到了山东省文登县前岛大队，在村里王大爷家住了下来，和早来几天的海洋学院的曲相升院长、王彬华和唐世凤教授等人住在一起。

这时正值隆冬，他们啃着冷窝窝头，经受着"劳动改造"的洗礼。厚厚的雪覆盖着遭受创伤的大地，"牛鬼蛇神"们每天早晨起来要上山去砍柴。王大爷看着他们，悄悄地对他老伴说："听说，他们都是在青岛大学里教书的，学问大着哪！我看他们又和蔼又有礼貌，这个新来的老头子不像是那些人说的，他们看上去不是坏人。"

他们被集体管制起来，挤在一间破旧的磨坊里，除了一盘残旧的石磨和一张土炕，别无他物。每天早上，他们一大早就要顶着凛冽的寒风外出劳动，太阳落山前，他们才能一个个拖着疲惫的身体回到磨坊，吃完煮熟的地瓜干后，还要参加晚上的批斗会；还有就是围坐在石磨四周，在小油灯下写检查。有一天赫先生低声对冯士筰说："党的政策，一贯是惩前毖后，治病救人。我们的国家还需要建设社会主义强国，我们只要争取早日回到人民队伍中去，就可以继续为我国的海洋事业出力。"慢慢地，他们在劳动回来后不再总是垂头丧气了，坐在土炕上，他们经常谈论海洋科学的历史，议论海洋科学的发展。赫先生渊博的知识和对海洋事业的忠诚，让年轻一些的冯士筰深感震撼。赫先生如一盏导航的明灯，让一度暗淡了希望之火的学生又重新燃起了希望之光。授人以知，不如授人以识，冯士筰非常庆幸自己在那样的环境下遇到了一位良师诤友。

体力劳动并不会压垮赫崇本，更不能让他离开心爱的海洋教育，他依稀企盼着能够尽快"复课闹革命"。这种离群索居、无所事事的生活，对于热爱生命、习惯于学术研究的学者来说，无异于在学术上"判处死刑"，让他焦虑万分、心痛不已。而心的憔悴却让病魔开始悄悄地向他袭来。一天下午，赫先生在劳动中冠心病发作，被一个学生从山上背了下来，看到病情较重，急忙把他送回了学校。赫先生因病被送回青岛后，一直在家里休养。没有了强体力劳动，没有了检查和批斗，让他的身心得到了暂时的平静。他昔日的同事徐瑜，利用祖传方法，给他针灸，他的身体开始有所好转。可他就是闲不住，当他听说海洋学院的"五·七校办工厂"还存在时，便主动要求到校办工厂去做些事情。因为，研制中国自己生产的海洋仪器，是赫崇本梦魂萦绕的大事。

山东海洋学院搬迁到胶东农村一个多月后，因各种各样的困难和原因，无法再继续维持下去，最后不得已又搬迁回了青岛。1969年冬天，因为政治原因，山东海洋学院的师生又一次被强行疏散到山东省日照县的四个自然村里，赫先生自然要随行接受改造，1970年初才陆续返回青岛。

第十四章

科学的春天

万树江边杏,新开一夜风。满园深浅色,照在绿波中。

——摘自王涯《春游曲》

一、铺路的石子

1976年10月,"四人帮"倒台,十年内乱结束了,中华文明史翻开了新的一页,中国也迎来了科学的春天。随着全国揭批"四人帮"、拨乱反正的深入开展,科学的春天正走向昔日一片废墟模样的山东海洋学院,让人们感到校园里又是春风荡漾、春意盎然。学校为落实干部政策和知识分子政策,组织专门力量对"文革"期间受迫害的干部和教职工的问题进行复查。

1978年底,校领导在一次全院落实政策的大会上郑重地宣布,对强加在原校党委的各种政治帽子和强加给各级领导干部、教授、学者和教职员工一切不实之词一律推倒,恢复名誉,压在赫先生心上的石头也终于被搬去了。会议还提出:迅速地把工作重点转移到社会主义现代化建设,培养德、智、体全面发展的人才上来,努力把山东海洋学院办成海洋教育的基地和海洋科研的中心,使"海洋学院"成为一所社会主义的新型大学。

1978年3月,党中央连续召开了"中国自然科学规划会议"和"全国科学大会",赫先生应邀参加,并在大会主席台就位,亲耳聆听了党和国家领导人的重要讲话。邓小平在这次大会上的讲话中明确指出"现代化的关键是科学技术的现代化","知识分子是工人阶级的一部分",重申了"科学技术是生产力"这一马克思主义基本观点,从而澄清了长期束缚科学技术发展的重大是非问题,打开了"文化大革命"以来长期禁锢知识分子的桎梏。这次大会是中国共产党在粉碎"四人帮"之后、在国家百废待兴的形势下召开的一次重要会议,也是中国科技发展史上一次具有里程碑意义的盛会,海洋界与全国科技界一样迎来了春天。

政治上的解放,让赫先生振奋了精神。赫先生应邀在会上发言。他在会议发言中对我国海洋科学的健康发展做了很好的阐明,博得了与会人员的高度赞扬。但在这两次科学大聚会

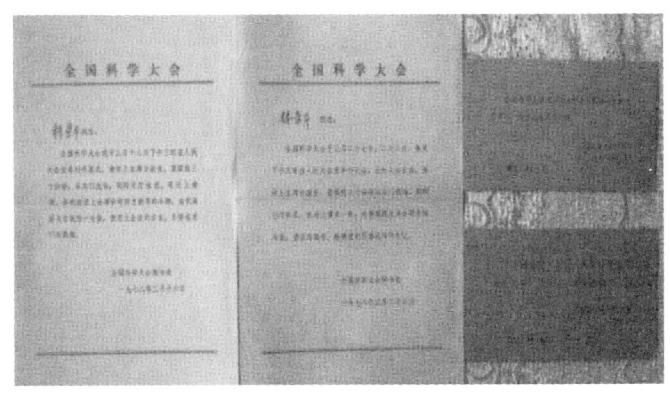

⊙ 全国科学大会请柬

上,赫先生却没有看到赵九章、齐勇等人。原来赵九章先生和国家海洋局局长齐勇将军在"文革"中因受迫害离开了人世。当他看到科学事业上的一些战友已经倒下,心情极为沉重。

会后,他还两次受到邓小平等中央领导人的亲切接见。在回到学校传达科学技术大会精神时,赫先生当众表示,要继续努力工作,甘愿做一块建设社会主义事业的铺路石。赫先生终于等到了这一天,他在心中默默念叨着:"我们的海洋科学和海洋教育事业得救了。"

1979年7月17日,教育部通知:经中央批准,张国中任山东海洋学院院长,赫崇本、侯连三等6人任副院长。接到通知后,年过七旬的赫先生的心情久久不能平息,他又能够为中国的海洋教育事业操心出力了。

赫先生曾在回忆中这样写道:

我已是风烛残年的人了。本以为我这一生再也没有机会为祖国的海洋事业尽力效劳了。"四人帮"被打倒后,党和人民派我参加了全国自然科学规划会议和全国科学大会,我要为祖国的海洋事业贡献毕生精力的抱负又有了实现的机会。

1979年我被正式批准参与山东海洋学院的教学管理工作,又有机会为我国的海洋教育事业贡献我的一点微薄之力,我的心情是十分激动的。深感到要做的事情太多了,而时间又是这样的有限。"四人帮"夺去了我宝

贵的10多年时光。我虽然年纪大了，但是我要将余热奉献给党和人民。我甘愿做一粒铺路的石子，做后人攀登海洋科学高峰的台阶。

做石子铺路，当阶梯举贤，这就是赫先生对中国海洋事业无私的奉献。中国海洋事业的发展就是站在这些巨人的肩膀上，开始了新的攀登。十一届三中全会指出：教育要以服务于经济建设为中心，要为实现四个现代化建设服务，要更好地适应"双文明"建设。

为了响应党中央的号召，把山东海洋学院建成我国海洋科技教育和研究中心，为使我国海洋科学技术赶超世界先进水平，学院着手制定新的教育和科研发展长远规划，山东海洋学院进入了一个快速恢复和迅猛发展的新时期。

作为主持山东海洋学院教务工作的副院长，赫先生又一次忘我地投入到了海洋教育工作的第一线。他在想，一个专业、一个系、一个学院乃至一所海洋大学是否有发展前途，是否有强大的生命力，重要的一条是教学结构和学术研究能否紧密地结合我国的国情，是否有助于解决在我国国民经济建设中的实际问题。也就是说，大学的教育应该与国家的前途、经济的发展、人民的生活紧密地联系在一起，旨在富国强民，建立具有我国特色、适合中国国情的海洋教育体系，这样才能培养出合格的海洋专门人才。

早在建立海洋系的初期，他就提出了要设立物理海洋专业，立足中国海，不断介入世界大洋研究。他在专业的发展方向、海洋专业设置及教育方针的各个方面都有过详细阐述，但是与当时苏联专家对海洋专业设置意见相左。为此，高教部曾要求去答辩，说明"为什么要设置物理海洋这样一个专业"。

赫先生自己没有去答辩，却让当时在教务处工作的初铭堪同志前去答复质疑。当年的初铭堪还很年轻，但精通教学管理，他对拟新设置"物理海洋"专业曾与赫先生等人有过多次讨论，他们有着不同的看法，在某些问题上甚至是争执和辩论。话不说不明，理不辨不清，在争辩过后他们统一了认识，初铭堪同志开始支持赫先生的想法，所以他对此事看得很透。

当高教部领导听了初铭堪对建立"物理海洋"专业指导思想的陈述以后，高兴地只说了两个字："好！好！"

时如飞梭，时间很快进入20世纪80年代，一系列新技术革命的出现，带动了海洋科学进入了一个全新的发展时期。与二三十年前相比，我国使用的海洋观测设备和资料分析方法已经有了很大的发展。赫崇本深刻而敏锐地感到，当今海洋科学的发展已经超出了它本身，以海洋科学为基础的海洋开发已经与当今科学之冠的原子能、高能物理、量子力学、宇宙空间技术并驾齐驱，这是海洋发展史上的一个重要的发展时期。

1977年我国恢复高考，如何培养首届经过考试入学的学生也让赫先生更为深切地感受到了压力。我国海洋教育事业的前途是无量的，但同时世界海洋科学的发展也向我国相对落后的海洋教育提出了全新的挑战，我国的海洋教育需要由"单功能"转到"多功能"方向。为了摸清楚"单、多功能"的脉络，在1978年4月当年留学美国时的同窗好友、美国科学院院士蒙克教授应邀访问中科院海洋研究所时，赫先生特意在家中宴请了他。

30年后，两位科学家在青岛重逢格外高兴。他们就海洋科学的发展和未来走向与蒙克教授进行了深入的探讨。交谈中他认真地听着蒙克教授关于海洋科学发展趋势、当今世界上的研究热点问题以及面临的主要技术难点的叙述。他思索着、判断着、构思着，更加深感时间的紧迫与责任的重大。

经过多方考量后，由赫崇本先生主持修订了教学计划，以拓宽知识面、加强基础训练、强调教学环节的实践性和以增强学生适应性为基本原则，全面系统地调整了山东海洋学院的教学方向，同时也调整了部分专业的设置。他还引入了竞争机制，实行学分制，奖优罚劣，提高学生的学习自觉性。新的教学计划对教学中的几个重要环节进行了全面的改革，随后又制定和实施了一系列的配套条例，实现了我国海洋教育的转型，使山东海洋学院的教学和管理逐步趋于完善。

随后在赫崇本先生的建议下，山东海洋学院学术委员会、学报编委会也相继成立，方宗熙、文圣常、薛庭耀等一批知名的教授和学有专长的中

⊙赫崇本和张国忠、方宗熙、文圣常等与日本来访学者合影（1979年7月）

青年教师陆续成为委员，促进了学校的科研工作，活跃了学校的学术活动。赫崇本先生在逐步地实现着"我们不仅要育人，不仅要培养我国的海洋人才，更要积极促进科研成果的转化，出成果是评价人才的一个重要方面"的构想，请外国学者访问学校，进行学术交流，提高教师学术水平。

1979年3月30日，在山东海洋学院建院20周年纪念活动中，学校举行了科学报告会，科学论文达130多篇。这次报告会是建院以来规模较大的一次科学盛会，也是对科学成果的一次大检阅。青岛，这块我国海洋科研与教育的重要基地，又一次重新展现出了它光辉的前景。

二、重返教育部

在"文革"期间,山东海洋学院隶属于国家海洋局,是一所部属高校。1977年恢复高考,作为我国唯一一所专门从事海洋科学教育、培养海洋研究专门人才、隶属于国家海洋局的部属高校,同当时的冶金部、卫生部所属高校类似,显得与国家对大学的重视和急需培养出高水平海洋科研人才的形势有些不相匹配,海洋学院的发展似乎也将因此受到限制。在这种考量的背景下,山东海洋学院脱离国家海洋局回归国家教委,争取成为全国64所重点大学的呼声愈来愈高。

王震同志对此也很关心,经他请示邓小平和中央后"建议中央有关部门,将山东海洋学院由国家海洋局领导改由国家教委领导"。这件事情,国家科委二局的庞文华局长写信告诉了赫崇本。得知这一消息后,赫崇本与初铭堪去了一趟北京向有关领导汇报情况,商谈海洋教育及山东海洋学院的发展等有关问题。

1979年4月,山东海洋学院正式划归国家教委领导。当时,"工农兵"学员即将毕业,1977年首届高考的大学生还有不到两年的时间毕业,在那个上大学工作包分配的年代,这一变动对当年的毕业生的影响是很大的,自然地引起了一些教职员工和在校学生的反响。赫崇本在各种学校的大会和小会上一次又一次不厌其烦地讲:"现在,学校在编制上脱离了国家海洋局,但并不等于在业务上脱离了。国家海洋局一直是我们的领导,我们一定要与国家海洋局搞好关系,更加密切地协作。海洋是不可分割的,山东海洋学院的发展需要国家海洋局的支持,国家海洋局的发展也同样需要山东海洋学院的援助。我们两家,一荣皆荣,一损皆损,是不可分割的。"他讲这话是一种心怀天下的智慧和胆识，也是一般人难以认识和做到的。

赫崇本不仅是这样说的，也是这样做的。作为国家海洋局的顾问，作为国家科委海洋组副组长，他一直将国家海洋局的发展系在心上。1988年10月，在国家科委工作的庞文华回忆时这样说道：

十年动乱结束后，我又调回国家科委工作，工作的需要又把我们联系在了一起。1978年秋，我去青岛开会，就到赫老家去探望他，征求他对如何恢复与发展我国海洋工作的意见。那时候，他刚出来工作不久，身体已经不如以前了，但他心里仍然惦捻着祖国海洋事业的繁荣与发展，念念不忘海洋界的团结。他与我谈得最多的是海洋单位之间要加强联系，要取长补短，尽量避免工作中的重复，要注意利用国家有限的财力，尽可能多做些事情。

他强调一定要把基础打好。1980年国家科委海洋组在北京开会，赫老也参加了会议。会间，我们曾去与他谈过一次，他反映了山东海洋学院在教学与科研工作中存在着的困难，希望国家科委给予支持和帮助。他还谈到了国家海洋局要面向全国的海洋事业，发挥国务院直属局的作用。

赫老为人正直，谈吐爽快，能处处从全国海洋事业的大局出发。他的这些意见都很重要，我及时地向科委领导作了汇报，并找中央领导反映了关于今后海洋工作的意见。中央规定国家海洋局今后直接归国务院领导，作为国家管理全国海洋事业的职能部门。此后不久，我调去国家海洋局工作，又有几次去青岛，每次我都去拜访赫老。每逢见面，他都直率地对我国海洋工作提出一些意见和建议，从无保留。

从他的言谈话语中我可以看出，他对国家海洋局的工作寄予莫大希望，他曾积极地建议和支持海岸带的调查工作。他认为海岸带是海陆交接的地方，应成为海洋开发的重点区域；海洋滩涂的利用潜力很大，作好海岸带资源调查是挖掘其潜力的前提。他希望国家海洋局能做好这件事。他还希望国家海洋局多做些海洋的服务工作，为各海洋单位的团结协作多作一些促进工作。我一直认为，他的这些意见都很中肯，对我很有启发和帮助。

赫老不仅是著名的海洋科学家、海洋教育家，也是水平很高的海洋管理学家，他把毕生的精力贡献给祖国的海洋事业。他为人光明磊落，虚怀若谷，实事求是，风范永存。值此大家忆念他的功德之际，我愿以上回忆作为我对他的纪念！

三、科学的阶梯

在现代科学的发展中群众性的学术团体发挥着越来越重要的作用。早在1950年1月，赫崇本与著名生物学家童第周、曾呈奎、张玺教授等11位热心于海洋和湖沼事业的科学家成立了"中国海洋湖沼学会"，成为团结和联系海洋与湖沼工作者的桥梁和纽带，为推动我国海洋与湖沼科学研究的发展发挥了重大的作用。

在"文革"期间中国海洋湖沼学会曾一度中断，处于无人问津的状态。粉碎"四人帮"之后，全国的各类学会又重新得以恢复。1979年10月，"中国海洋湖沼学会"在武汉召开了第三届全国代表大会暨学术交流会。在新选出的理事会成员中，曾呈奎被推举为理事长，赫崇本为第一副理事长，著名科学家汪德昭、邱秉经、毛汉礼等人也被选为副理事长。

这次会议结束后，中国海洋湖沼学会的下属专业学会——中国海洋湖沼水文气象学会在福建厦门成立，赫老被一致推举为理事长。在成立大会上赫老热情洋溢地致开幕词，他说：

今天，我们根据分会的原定工作计划，举行海洋湖沼水文气象第一次学术讨论会及工作会议。首先我感谢福建省厦门市的领导对这次会议的大力支持！同时第三海洋研究所、水产研究所为此会议付出了大量时间和劳动，我在此代表分会表示衷心的感谢！

我们都是来自五湖四海，为了祖国的海洋湖沼事业而来到厦门欢聚一堂。这是在打倒"四人帮"以后，在我国整个科学事业大发展中才能实现的。可以预见我国今后的海洋湖沼科学事业一定会呈现日新月异的景象。

海洋与湖沼学科作为一个整体出现在50年代初期，当时，中国、美国、苏联都开展了海洋大气的调查研究工作，我国也于去年参加了太平洋大气调查。现在地球流体力学已经成为一门新的基础理论学科，物理海洋学和大气物理流体力学也已经成为一门新的基础理论学科，物理海洋学和大气物理虽然仍是两门独立的学科，但无论在探讨理论和实践应用中，两者都是相互依附的，也是缺一不可的。

我的看法是：中国今后培养物理海洋科学和气象科学的人才，在协调和计划上都要适当地兼顾这两个学科。只有这样，我们培养出来的人才在具体工作中才能左右逢源，顺利地完成他们所承担的任务。

我们在筹备海洋湖沼学会成立时，本来是计划成立海洋学会的。当时几位老科学家孙之铸、伍献文及姚钦藏建议不能孤立地成立海洋学会，湖沼学和海洋学是相辅相成的学科，但当时还不十分理解。后来是根据这些老前辈的建议才成立了海洋湖沼学会。随着时间的推移，事实教育了我们，让我们认识到他们的建议是完全正确的。

举一个现实例子来看吧。由于我们忽视了湖泊在自然环境当中的重要性，所以进行了围湖造田。田是造了，但是大陆上的水就没有了容身之地。现在长江南北的大小湖泊几乎全部被消灭了，因此雨季来临时，陆地上的水，特别是在无尽长江滚滚来的情况下，为了保障大片的农田不被淹没，我们只有加高大江堤坝，从而增加了流速。本来长江的水是半年清澈的，现在已终年浑浊。大量泥沙下沉，河道淤积，长江口能不受影响吗？失去了半壁江山的天然大屏障，未来的命运如何，未卜可知啊。

湖沼学和海洋学本来是一对关系密切的姊妹学科，各种自然现象只是范围大小之别，其变化机制是类同的，绝不会南辕北辙、彼此无关。日内瓦湖已成了世界海洋科学者的模拟实验基地了。我国的水气相关研究在海洋科学方面虽然已经开始，但还未获得显著的进展，然而在湖沼学方面，在与发电站冷却用水相结合的工作中，我们已有长足的进展。总之，水文气象无论在陆地与海洋上，必需密切结合，而且要大力推进。

海洋湖沼学会在60年代初于青岛成立，在召开第一次学术交流会时，收到的论文尚不满30篇。这次，仅是水文气象分组的学术报告会已有一百

几十篇论文，而且内容丰富，水平也高。当初对如何使我国海洋湖沼迅速发展和向世界水平迈进，我们是抱着长期打算的。现在看来，对赶超问题我是有信心的。

学术上出现不同意见不仅是正常现象，而且也是促进学术繁荣的途径。所谓不打不相识吗，就是这个道理，通过讨论都有所提高，都有所前进。所以，希望这次会议采取"百家争鸣"的态度，使每个同志都能满载而归，不虚此行。我相信这次会议是一次团结的大会，也是胜利的大会。

祝各位同志身体健康！谢谢大家！

赫老每一句发自肺腑之言，在与会的学者之中都激起了强烈的反响。他在讲话中不时被整个会议厅里响起的掌声打断，讲话结束时的掌声如同雷鸣一般，很久没有停息。

赫崇本先生十分重视校办学术刊物和学术著作的出版工作。1959年《山东海洋学院学报》创刊时，赫崇本曾担任第一任主编。30多年来赫先生的治学思路和风格始终影响着《学报》的发展，《学报》在发展中不断前进，从不完善到完善，从以海洋和水产为主要特色，发展到以理科内容为主的学术刊物。1979年，国家科委批准《山东海洋学院学报》在国内外公开发行，经过多年努力的《学报》已成为我国海洋自然科学界具有综合性和权威性的学术刊物。

赫先生从长期的实践中领悟到：党报是历史的记录，而《学报》应成为我国海洋科学事业精华的记录，同时也是繁荣学术研究、提高师资研究水平的重要组成部分，是促使海洋科研成果转化为生产力、弘扬祖国海洋文化、推动协作与交流的重要媒介；是培养人才、鼓励学者不断攀登科学高峰的战鼓。

因此，赫崇本甘做铺路石，从《学报》创刊伊始到他的晚年，矢志不移，乐此不疲。我国当代著名物理海洋学家文圣常院士曾说：

为了使我能到海洋系来从事研究，主持海洋原理的课程，赫老颇费周折，亲自过问。其实，那时我还是一个青年，并没有在海洋学上做过多的研究，在这以前只是在《机械工程学报》上发表过一篇《利用海浪动力的一个建议》的论文而已。

然而，赫崇本却一再盛情地聘我来任教，其洋溢之情至今仍让我感动。在他的影响、推动和鼓励下，我的《海浪原理》以及与他人合著的《海浪理论与计算原理》才得以先后问世。

赫老还担任了众多学术刊物的主编和副主编，负责《中国大百科全书·海洋科学卷》并主编其中的"物理海洋学"，他还主编了《海洋学辞典》。在赫老的鼓励与支持下，一批批优秀的论文和一本本海洋科技、海洋科普著作相继问世，一些

⊙ 新中国成立60周年，十大海洋人物荣誉证书

新兴学科也不断涌现，如"浅海动力学"、"环境流体动力学"、"风暴潮"等，推动了物理海洋学的一些研究学科进入了国际领先的行列。"文革"后被长期积压的力量释放出来，如喷涌的泉水，这不仅是中国海洋科学的春天，也让国际海洋学界的一些知名人士纷纷要求将某些国际海洋界的重要会议安排在青岛，安排在山东海洋学院召开。海洋科学教育的宣传力度加大了，也吸引了更多年轻人致力于海洋研究工作，推动了海洋科研与教育事业兴旺，使我们的海洋事业后继有人。

在中国海洋界，赫先生的老、少学生对他的由衷钦佩、由衷感激和由衷赞美如同澎湃的海潮，他们说："先生对事业的执着追求、无私献身精神，肝胆照人的高尚品质，将永远地影响、感染和教育过来的人，教育着今天的和未来的学子们。他永远是一位好先生，一位堪称楷模的好老师。他的成就远非几十篇甚至几百篇学术论文所能总结的。他以一种独特的方

式，启示我们深刻地理解自然科学的奥秘及其规律，他那一颗无比深沉的赤子之心及对人生深刻和睿智的理解，无时不在感召着后人。"

作为一名学者，赫崇本先生自己的海洋研究只能在其他工作的夹缝中思考进行，拖着疲惫的身子在回家的路上筹划。他的声誉让他时常缠身在学校和社会上的事务中，也让他难以潜心于海洋科学问题的研究，但他却不放弃一切可以利用的时间，研讨和思考物理海洋、海洋设备和海洋技术等问题。

1978年，赫崇本与任允武在《海洋仪器》杂志上发表了论文《关于海洋水文气象调查的精度要求问题》，探讨了开展海洋水文调查的重要意义，提高观测精度和质量的具体措施。这是赫老在"文革"后发表的第一篇文章，也是他在校办工厂关心海洋观测设备发展技术的总结。从这篇文章中我们看到了老一辈科学家，对科学实践的不懈追求和对子孙后代负责的坚定信念。

蒙受不白之冤长达20年之久的景振华教授，在恢复研究工作以后，压抑已久的激情变为了一篇篇的海洋科学论文，令国内外海洋界刮目相看。1980年，他对赫崇本先生说："赫先生，我们合作撰写一本关于海洋理论的著作吧。"赫先生欣然同意，但接着他又对景振华说："数学理论不断发展，我还需要补些课，请你有空先给我讲一讲吧。"这简短的对话中洋溢出一名科学家"老骥伏枥，志在千里"的心智和一丝不苟谦虚严肃的科学态度。

1980年，72岁的赫崇本先生在《海洋科学》第二期上发表了《对我国海洋科学的几点意见》，也是海洋科学发展的纲领性文件。这一意见至今读来仍会让人振聋发聩，特别是在急功近利、社风浮躁的当下，再次读来无不让人更加深刻地看到赫老虚怀若谷、心底无私、大智若愚的大师风范。为警示后人，坚实建设海洋治国的基石，特全文收录于下。

海洋科学是一门十分重要的科学，而我国的海洋科学又比较落后，这是尽人皆知的事实。世界上各先进国家的科学研究机构或科学工作者，在科研工作中的彼此竞争是十分激烈的，同时却又能通力协作，从而促进了科学研究较为迅速的发展。这是很值得我们注意和深思的问题。

引进新技术、新设备诚然是发展我国科学的一条捷径，然而必须对必要的基础知识有充分的重视才能使引进的新技术、新设备真正为我所用，改变落后面貌；而更重要的是，必须在这个基础上力求有所创新。科学的发展日新月异，目前先进的设备，可能不久将变为落后。

海洋调查是海洋科学研究的基本实践。国际上，每艘调查船的利用率一般以300日/年左右为考核标准。我国已有的调查船的总吨位在世界上已接近第三位，如何发挥我国调查船的使用效率更是当务之急。海洋科学是一门综合性科学，它不仅与地学各个方面关系密切，而且和自然科学其他一些学科有一定关系，因此必须注意汲取其他一些学科的成就，并有目的、有选择地参加其他一些学科的学术活动。应当指出，新中国成立以来，我国的海洋科学有相当程度的发展并已初步创造了进一步发展的有利条件，海洋科学各分支学科也都在不同程度上奠定了向纵深发展的基础。目前，为了尽快地把海洋科研搞上去，必要的设备和经费应当尽可能地予以保证。但是必须十分注意精打细算，勤俭办科学。这不是由于当前国家暂时财政困难而采取的权宜措施，而是我们在科研工作中必须遵循的基本原则。

现仅就海洋科学各个分支学科的发展以及一些应注意的问题提出几点不成熟的看法。

在物理海洋学范围里，环流、海浪、潮汐这三个方面都是很重要的，并且也都存在着一些重要而又难解的科学上的课题。但是，相对地讲，在环流研究中待解决的课题不仅更难而且更多，至于其中陆架海区环流研究问题的复杂性，那就更不用说了。在海洋科学领域里，我国的物理海洋学是有一定的基础的。继续努力下去，经过一段时间是可以接近或赶上世界水平的。但在人力配备上，对环流的研究应当相对加强。此外，近些年来国际上对中尺度涡、涌升流、内波等的研究有很大的发展。在这些方面，我们应予以足够的重视，首先应当组织专题性的海上现场调查，积累丰富的实测资料，开展理论上的探讨，并针对生产实践的需要，开展有关数值模拟和预报方法的研究。

　　大气和海洋是耦合着的两个流体系统。它们之间的界面像具有某种控制能力薄膜似的，时刻地在调节着这两个系统之间的动量、质量和能量的交换，这种控制能力也可以说就是这三种量值交换的物理机制。为了定量而且正确地了解海气相互作用的各种过程及其因果关系，必须在各种水文气象条件下进行海上现场观测和理论研究，并在实验室内控制不同条件，进行模拟试验。在国外，这方面的工作已积累了大量资料和知识，但这还不是最终的结果。预期在八十年代所得的研究成果将更接近解决实际问题的要求，将可以解决区域性的水文气象预报或进一步建立一个适用于全球性的天气预报方案。目前，我国在海气相互作用方面的研究和国际水平相比，在人力上和实验观测手段上都还有一定的差距。至于国际性的大型观测，我国也仅是初次参加。但是，也应该指出，近年来国内有些研究单位结合某些发电厂或工厂向内陆湖泊排放热水和抽取冷却回水的问题，对具有一定面积的湖泊进行了有关散热过程及水气蒸发过程的大量观测研究。可以预期，这方面的研究成果，对海气相互作用的研究也是很有意义的。

　　我国自新中国成立以来的海洋化学研究工作，经过长期的努力，已有了一定的基础。现在应开始向深度和广度发展，并加强与海洋实际相结合的理论研究，以缩小同国际先进水平的差距。我国海域的特点是陆架宽广，河流众多。针对这个特点开展海洋化学的研究，肯定可以获得具有特色的研究成果。与此同时，也应大力着手进行深海远洋的海洋化学调查研究。海洋化学的研究内容极为丰富，目前我们亟须开展的研究课题也很多，其中，包括大量元素、微量元素有机物、气体、同位素、海水资源的提取，海水污染的防治，海水分析，观测仪器的研制以及有关的物理化学问题等等。估计在80年代，海洋化学将有巨大的发展。研究海洋化学需要具备较高的分析化学和物理化学水平，因此希望我国有更多的化学家转向海洋化学的研究。

　　海洋地质学是海洋科学中近20年发展最迅速的一个分支。由于"高、精、尖"的调查勘探手段的出现以及深海钻探技术的发展，大量的实际资料为建立板块构造的新理论提供了重要的依据。近年来，这一学说也经受了地质科学的进一步考验与证实。根据这一理论，我国地质科学工作者正计划进行中国大地构造单元划分的尝试，与此同时也对我国大陆架海底油气远景评价作了些探讨。近些年来，我国地质部门、石油工业部门以及一些科研单位纷纷对我国大陆架进行了普查与勘探，已取得了初步成绩，并为我国大陆架的地质构造、沉积与地貌积累了不少的新资料，使我国海洋地质科学改变了面貌。

然而，必须承认，我国海洋地质科学和国际水平相比还有不小的差距。同时还应看到，发展海洋地质科学不单纯是为了开发海底矿物资源的经济目的。特别是近年来，有关陆架海区的划分、世界大洋矿产资源开发的海洋权益和国际海洋法问题，已成为世界各国共同关心的国际政治问题。在这方面，也要求我们海洋地质科学工作者提供有足够说服力的科学依据，以有助于这些问题的解决。因此我们既要研究我国大陆架的地质问题，也要对深海远洋进行地质调查研究。总之，我们要在不太长的期间内，在量与质方面提高海洋地质科学水平。我们常常说，我国有漫长的海岸线，但长期来却缺乏详细的调查研究。目前已有调查研究的规划，希望能统筹安排，调动各方面的力量，有计划地完成这项重要而巨大的调查研究工作，以提供目前我国在沿海的经济建设上所需要的科学资料。总之，我国的海洋地质科学，一方面要提高水平，另一方面也要增加实力。

海洋生物学既是生物学的一个分支，又是海洋科学的一个组成部分。它研究海洋生物的生长、发育、繁殖等问题。显然，为了研究这些问题，就必须了解生物与海洋环境之间的关系以及各海区的生物区系。研究海洋生物不仅可以丰富和发展生物科学，更重要的是它可以在许多方面为经济建设服务。这里仅就生物资源的开发利用与增殖问题谈一些看法。在海洋生物资源开发问题上，目前的注意力应把重点放在资源保护方面，提出合理的并有限制的捕捞制度，以使我国的海洋水产资源在不太长的期间内恢复过来。这是当务之急。培育、养殖、增殖并逐步发展为大面积的"耕海"，应当被看作当前重点发展研究方向。在这方面，有大量的研究工作要深入下去，例如，研究遗传育种、进行养殖放流、了解生物与环境的关系、加强环境保护、创造生物生长最适宜的条件从而提高产量与质量、防治各种病害的发生等问题。其中，有关海洋环境保护问题，必须开展海洋生态系统的基础理论研究。我国海洋生物科学的研究工作在新中国成立前已开始进行，尽管研究手段显著落后，在研究成果方面的差距并不很大。今后，一方面要加强基础工作，另一方面要提高研究手段的现代化水平，可以预期，我国的海洋生物科学在不长的期间内是可以赶上世界水平的。

海洋光学是海洋物理学的一个分支，十多年前我国在这一领域内已经具备一支可以初步开展工作的力量，曾对海洋光学基础理论及其应用进行过一些研究，并研制了一些光学基本参数的测试仪器，获得了一些现场调查资料。此外，为研究海洋中一些自然状况也曾研制了水下激光电视、激光测流、激光测波等仪器。目前我国海洋光学水平和国际先进水平相比还有一定的差距。但是，通过刻苦的努力，这个差距是可以消除的。在海洋科学研究上，海洋光学的应用是相当广的。从大尺度范围来说，可以利用近代光学、激光和遥感技术、计算技术等相配合获得海面与近表层以及浅水区的多种海洋资料。从小尺度范围来说，可以摄制一些关于微结构（例如，海气界面上的一些微细结构）的现象。为了提高我国海洋光学水平，必须从理论与技术两个方面同时开展研究。

声学的理论与技术是40年代开始应用在海洋中的。经过几十年的发展已成为研究海洋多种现象的重要手段，在海洋科学中人们常称之为"声学遥感"。这里仅举几项目前海洋声学研究的课题，即可以看出它的重要性。大陆架沉积物声学特性的研究可以判断海底底质类型沉积层的结构以及海底表面粗糙度，这将为沉积普查开辟一个新途径。其他如内波的测定，流速场的观测，都需要利用水声理论与技术才能解决。至于海底钻探工作中的动态定位问题，则非借助声学定位技术不可。我国的水声物理理论，还是有一定的基础的，今后在提高理论的同时应加速海洋水声探测手段与技术的发展。这样，将会对我国海洋科学的发展起更大的促进作用。

目前我国为实现卫星遥感，正在开展航空遥感的预备性实验研究。在海洋遥感研究工作中，航空遥感也是一种重要的实验手段。我们目前应首先抓航空遥感。利用飞机搞海洋遥感，所需的投资很小，而航空遥感所得的图像又比用卫星所得的更清晰。在目前情况下，对于小范围复杂的海区应利用航空遥感，而对于范围广大的海区（例如西太平洋、整个南海、或南极海、印度洋等），可利用国外的卫星遥感资料。但这并非放弃卫星遥感的研究工作，我们先搞航空遥感，也是为今后我国自行设计和发射卫星、搞海洋卫星遥感做准备。

海洋工程虽然包括港工建设，但若干海上新的工程技术使海洋工程成了一门新兴的学科。由于海洋资源开发利用以及如何有效利用巨大的海洋空间问题的迫切需要，海洋工程这门新学科的重要性日益显著。在我国，这门新学科已开始受到有关部门的重视。相信在不远的将来会获得迅速的发展。

最后，谈谈建立海洋信息分析处理系统问题。随着我国海洋科学的发展，海洋数据和信息资料在数量和类别上都将有大幅度的增加，而且这些信息往往又是复合在一起的。这就使我们面临着如何解决好数据信息处理分析和管理的问题。用传统的人工方式处理数据信息，显然不能满足当前海洋研究的要求了。例如，一张海洋遥感图像就很难用人工方式加以分析，更不用说再进行其他一些更复杂的处理了。此外，现代海洋观测所提供的数据也远不是传统的离散数据，使用现代化海洋探测设备获得的大量的连续曲线和平面的立体的图像，提供了高于以往几百倍甚至几万倍的信息。因此，必须建立以计算机系统为中心的海洋信息分析处理系统。此外还可以为数值模拟和统计分析等方面的研究，提供不可缺少的手段。总之，加强海洋信息科学的研究，建立现代化的海洋信息分析处理系统，是发展我国海洋科学的一项十分重要的措施。

党中央十分重视海洋科学，我国广大的海洋科技工作者也在积极地努力。尽管我们在前进的道路上还有很多问题有待解决，但是，只要我们顽强努力，我们海洋科学的研究工作，必将迅速向前发展。

在这篇文章中，赫老对我国海洋科学的整体发展，以及对我国物理海洋学、海洋化学、海洋生物、海洋地质和海洋工程等多个学科的发展发表了自己的见解和他的构想。在时隔数十年以后,当人们再次阅读这篇文章时,对于每一位海洋工作者来说仍不失为一篇很具有指导性的文献,在某些方面仍让研究海洋的后人们感到汗颜。时隔30多年以后,我们唯有"大洋一号"科学考察船达到了赫老当年期望的使用效率,除此以外我国多数海洋调查船还有一定的差距。在赫老教导我们"科研工作中必须遵循的基本原则"方面,我们并没有很好地做到精打细算,更没有做到多、快、好、省,有些项目甚至是在浪费国家的钱财。在赫老提醒我们深思的"彼此竞争是十分激烈,同时却又能通力协作"方面,我们更是无颜去面对长辈的教诲。

四、"阿婆还是初笄女,头未梳成不许看"

清代著名文学家、思想家袁枚的七绝《遣兴》中有这么一段:"爱好由来落笔难,一诗千改心始安。阿婆还是初笄女,头未梳成不许看。"意思是,作品应该经过反复的修改才可以拿去发表,后面用了一个非常幽默的形容,说阿婆还是年轻时那样十分爱美,未梳好头是不许别人看的。而赫老修改别人作品,同样精雕细刻,反复推敲。他总是在书稿的扉页上写满意见;如果自己拿不准的,就在旁边写上"请查后决定"或者"仅供参考"。

赫老的家人曾讲述过这样一件事。那是20世纪70年代末一个夏日的午后,在赫崇本连续批阅了几篇论文和文稿后,他感到很疲倦,眼睛有点看花了,便不由自主地趴在了写字台上,本想休息一下接着再看,可他却睡着了,他的手里还握着那只蘸着墨水的笔……

午睡醒来的妻子来到书房时,看到眼前的情景,心头顿时笼上了一层阴云。她想叫醒他,但又实在不忍心(她知道他的睡眠并不好),便拿来毛巾轻轻地擦去他额头上的汗水,慢慢地移开已经被汗水浸湿了的稿纸。然后,她静静地坐在对面,凝神端详着丈夫那张熟悉的面孔。此时,一幕幕往事一起涌上她的心头……丈夫失去得太多了,而得到的只是满头白发……想着,想着,她不自觉地拍了一下桌子,赫崇本被这一下惊醒了。他看着晃晃悠悠站在面前的妻子,急忙去搀扶她,妻子却推开了他的手说道:"你不要这条老命了,可我还要呢!"

赫老笑了,他微笑着拉着妻子的手,走到床边坐下,耐心地轻声解释道:"同志们克服困难搞点东西出来不容易啊,他们相信我,希望我帮着

看一下，我不尽力做，会让他们失望啊。"老伴看了看他，也微笑着略带责备的口吻说道："你的（论文）呢？就不怕让我失望？"赫老接着劝说道："我不是不怕让你失望，每当我听到他们叫我先生时，我总感觉对不起人家。我是党员，也是教师，这些都是理应由我来干的事。"

在赫老关怀下成长起来的教师，现在已成为海洋科学的带头人。在这些教授中苏育嵩、王景明、余宙文、左中道、孙秉一等人，以及走向海洋大学等领导岗位的施正铿、王滋然等都曾是赫老的学生。在中科院系统，海洋所的翁学传、方国洪、刘风树、胡敦欣等研究员和院士，南海所的甘子均；国家海洋局情报所的郑文振、陈上及高级工程师，第一海洋所的郑义芳首席科学家、陈则实所长，第三海洋所的任伯瑜，国家海洋局情报所的侯文峰所长，国家海洋局葛有信副局长等都是赫老当年的高足。赫老就是这样，他点燃了自己照亮了他人，他用自己的胆识、智慧和学识为后代开拓了一条宽广的路，培育了一代又一代在这条路上顽强前行的人。在中国海洋科学发展的历史上，永远铭刻着一个不朽的名字——赫崇本。

海洋环境监测是我国海洋科研尤其是海洋开发的基础。世界海洋发达国家都非常重视海洋环境的监测，并建立了较为完善的海洋环境监测、预报系统。1980年12月，为完善我国海洋环境监测系统，实现在中国海布设锚锭浮标和施放漂流浮标的设想，赫崇本和任允武在中国海洋湖沼学会分会气象学会学术年会上作了大会发言，在发言中说：

> 随着我国海洋国防、交通和资源开发的迅速发展，越来越迫切地要求我们能够做出比较准确的海洋水文、气象预报，服务于国家经济建设。要解决这个问题，首先需要测取和积累能够反映海洋水文气象要素分布变化规律及其相互联系的大量观测资料；然后我们才有可能通过分析研究，找到准确可靠的预报根据。
>
> 由于海水和大气的物理特性相差很大，陆架浅海又有显著的区域变化和短周期变化。因此，要想经济、有效地取得所需要的观测资料并不是一件容易的事。这不但需要合理地安排观测网的布局，而且还需要合理地设

计观测内容、观测方法和观测的程序。总之，需要建立一个完善的环境监测系统。

我国海洋环境监测系统是从1960年全国海洋大普查完成后逐步建立起来的。到目前为止，我国沿海已设立海洋水文气象长期观测站约60个，建立最早的一批台站已累积了10多年的观测资料；海洋标准观测断面有30条左右，正在进行着每月一次的经常性观测，有些标准断面也积累了十几年的观测资料。这是我国近海的宝贵资料，这些资料对于发展我国国防、生产和水文气象预报起了一定的作用。但是也还存在着不少的问题，使实际收益与国家的投资不相称，我们急需研究改进。

两人还对沿岸台站、标准观测断面的调查质量、海上监测站建设以及海洋水文气象监测资料的汇集、传输和共享等存在的问题提出了自己的看法和意见，指出了改进的具体措施。与会的海洋水文、气象工作者代表还召开了专题讨论会，一致认为应当同心协力解决这些问题，共同努力实现建设中国近海海洋环境长期监测网的构想，提议制定一个比较完备又较为可行的具体意见，正式提交国家有关单位和部门。

海洋是不可分割的。那个年代，我国近海海洋常规标准断面调查以及岸滨观测（台站），已经属于国家海洋局管理和实施，山东海洋学院也不再隶属于国家海洋局，已成为了高教部管理的大学。可是在赫崇本先生的心里那个不可分割的海洋始终是他关注和挂心的对象，解决与之有关的问题就是他的责任之所在、使命之所在。这就是赫崇本，这就是中国老一辈海洋学者的胸怀，也是对海洋后人的教诲和鞭策。他和老一辈的海洋工作者为一件与己无利的事出主意、想办法、齐声呼吁，就是因为在他们看来这是中国海洋事业的事，是关系到国家和民族的事情。

1982年，赫崇本先生与宋文洋等人撰写了《水下拖曳体有关问题的初步探讨》和《海洋测温系统动态特性的探讨》两篇论文，并先后在《海洋与湖沼》和《中国仪器表学会第二届学术年会论文集》上发表。20世纪60年代以来，为获得准实时、长距离上层海洋剖面观测数据，采用走航自记

设备是一个重要的发展方向。70年代初英、美、加、德、苏、日等国家先后研制出了不同类型的拖曳式海洋观测设备,而我国在这方面的研究尚处于起步阶段,对很多东西不了解,没有吃透,而赫老他不仅已经敏锐地感到了,而且在"文革"的大背景下他能身体力行,这是多么的难能可贵。

1986年,中国海洋报记者李明春在采访后这样写道:

那是在赫老离开我们不久的日子。作为一个无名晚辈,我怀着崇敬的心情前往赫老家中,同先生的儿子赫竞同志进行了一次长谈。先生曾经说过:"每当听到同志们尊他为先生时,总是感到对不起大家。我是一名党员、教师,这些工作都是应该干的。"多么朴实谦逊的话呀,也难怪每每提起赫老,老、少学生对他的言语中总是充满感激、钦佩和由衷的赞美,这些犹如灼热的岩浆,澎湃的海潮,不断冲击着访问者的心。

赫老的成就远非几十篇甚至几百篇学术论文所能总结的,他高尚的人格魅力影响着数以万计的人们,赫崇本——我国海洋科学事业的奠基人之一。他,当之无愧!

当我准备离开赫老生前的卧室兼书房时,环顾四周,这里保持着他生前的模样。令人感慨的是,这样一位大家生活竟如此朴素:19平方米的房间,墙角放着一张陈旧的单人木床,床头放着一对布沙发,对角是一张写字台,靠墙立着两个大书架,里面整齐摆着各种书籍,其中有几个框架还是空的。我不解地问:"先生只保留了这些书吗?""有不少书被别人借去了。"赫竞平静地说。

被人借去了,我陷入了沉默。心中暗暗想到,赫老,您留下的渊博知识和理想信念一定会永远地传承下去。

第十五章

锥心之痛

重过阊门万事非,同来何事不同归?
梧桐半死清霜后,头白鸳鸯失伴飞。

——摘自贺铸《鹧鸪天》

一、贤内助

有一篇文章中对"夫妻"是这样定义的：在世界几十亿人口中，只有一个人与你朝夕相处，这个人就是你的妻子。她和你同住一所房，同吃一锅饭，同养一个孩子。如果可以，百年后，你和她的名字还同刻在一块石头上，这块石头叫墓碑。不管工作单位如何不同，不管上下班时间如何相异，无论烈日炎炎，还是刮风下雨，下班后，在潮水般人流中只有你们两个回到同一个地方，这个地方就是家。茫茫人海，芸芸众生，一个人在被称为家的地方等另一个人回来，一等就是几十年，唯有她和你在世界上度过最长也最为隐秘的时光。

1956年11月，赫崇本先生随中国科学代表团来到印度尼西亚访问。东南亚友好邻邦对海洋资源的开发与利用，给赫崇本留下极为深刻的印象，让他更加体会到海洋在未来人类的发展中将具有无限的潜力。在代表团归国途中路过新加坡作短暂停留时，赫崇本突然接到他的好友——海军南海舰队副司令员齐勇少将代为发来的电报。电报上只有简短的几个字："夫人病重，速回。"赫崇本先生马上登上回国的飞机，飞机还没着陆，他的心早已飞到了妻子的身边。

赫先生深深地爱着自己的妻子。他的妻子是一位十分坚强、温柔、美丽的女性，是他事业忠诚的支持者。他在飞机上刚坐定，那一幕幕往事就涌上心头。从美国回国后，在青岛定居的日日夜夜，他几乎把所有时间和精力全部倾注在了祖国的海洋事业上。妻子理解他，支持他，体贴他。这种理解与支持，无疑是妻子对丈夫的无私奉献，可是他自己呢？繁忙的工作让自己无暇关照妻子，更没有时间照顾孩子，甚至在家吃顿饭的时间，他都在思考着学校的工作；每天思考和写作占满了整晚，而妻子总是默默地陪着她直到深夜。即便是节假日，不是自己陪着妻子和孩子过节，而是妻子要在家里忙着做饭给这群学生孩子们吃，帮他做学生们的思想工作。

他越想越觉得内疚，他感到自己欠妻子的实在是太多了。想着想着十分疲倦的他迷迷糊糊地睡着了，飞机落地时的震动惊醒了他。飞机在广州机场降落后，赫先生又急匆匆地乘上了开往青岛的火车，日夜兼程赶回青岛。

赫崇本为有这样的妻子感到幸福与自豪，在他的心目中王荣菊永远是一位集东方女性优点于一身的贤妻良母。现在他感到十分地不安和歉疚。尤其是最近几年，随着赫羽和赫喆去上大学，儿女先后从母亲身边飞走了。这还没有完，儿子赫竞1958年"大跃进"时，高中没有毕业，即被抽调到济南当时的中国科学院山东分院自动化研究所工作，三年后，又调干入学山东工业大学，年纪轻轻就离开了家。而自己，却为了工作，不是经常出海，就是到处出差，时常不在家里。家中只剩下妻子一个人，她终日生活在寂寞与孤独之中。此时的赫崇本感到，自己确实没有尽到一个丈夫应尽的责任。想到这里他心里一阵酸楚，眼泪几乎涌出眼眶。

他的妻子出生在辽宁安东（今丹东）的一个大户人家，在当地颇有一些名声。因为与他相爱，竟抛弃学业，冒着日本炮火，辗转来到北京。经过不懈地努力，他们总算有了一个温馨的小家，随后有了他们的孩子。但是，由于日寇大举入侵，他们不得不一次次辗转迁移：从北京先去过长沙，然后重庆、昆明。丈夫出国后，当时她一个人带着几个幼小孩子无依无靠，没有工作也没有任何收入，终日坐吃山空，独坐愁城。本来带着孩子投奔她的大哥，结果她的大哥竟数月前因病仙逝。无奈之下，她只能继续走在无尽的求生路上。去四川有一段需要乘船而行，结果碰上土匪，她和孩子藏在舱底，多亏船上老板娘同情他们遭遇，极力遮掩才躲过这一劫……直到新中国成立前夕，赫崇本回国，他们才结束这种聚少离多的局面，全家得以团聚。

她生活在赫崇本的光环下，过着宁静而淡泊的日子。她为了丈夫牺

牲了可以牺牲的一切，为了孩子们她付出了一位母亲应该付出的所有。现在刚刚稳定了一些，赫崇本繁忙的工作又让她时常一个人待在家里无人陪伴。此时王荣菊已人到中年，又经常一个人在家，生活单调而孤寂，这对正处在更年期的她，在生理和心理上都发生了一些变化，她处在了人生的一个关口。

自1955年以来，她精神上经常出现焦虑不安，无端地恼怒和烦躁。为了驱赶这些不正常的情绪，她借来《简·爱》、《复活》、《家》、《春》、《秋》等中外小说名著，读完一部又一部，她想借此恢复往日的宁静。但是结果却适得其反，书中表现出的世间痛苦、伤感、愁绪和人生的悲欢离合，不仅没有使她的精神得到解脱，反而更加剧了她的精神危机感，让她时常整夜不能入睡，出现严重精神抑郁症状。

学校知道了她的病情以后，急忙派人将赫羽和赫竞从外地叫回青岛。赫羽回来后，看到母亲病成这个样子，大吃一惊。妈妈不停地说着胡话，对站在房间里惊呆的弟弟说："你看，你看，咱们家烟囱上站着一个人。"赫羽没有办法了，急忙挂长途电话请爸爸在海军南海舰队工作的朋友齐勇将军帮忙。齐勇一面联系医院安排治疗，一面给赫崇本打了那份电报，催促他赶快回国。

赫崇本风尘仆仆地回到青岛时，山东大学的领导已派人将王荣菊送到了青岛疗养院治疗。当他赶到疗养院来到妻子床前时，他紧紧地握着妻子略有点冰冷的双手，此时他却一句话也说不出来了。经过一段时间的治疗，王荣菊的病情有些好转，但仍起伏很大，病情极不稳定。正在此时齐勇来信说："已与南京方面联系好了，可请师母尽快到那里去，接受专门治疗。"

齐勇是开国少将，后历任海军水警区司令员、海军舰队副司令员、国家海洋局首任局长，曾获二级八一勋章、二级独立自由勋章、二级解放勋章。他非常热爱祖国的海洋事业，终日操劳在海洋的第一线。在任国家海洋局局长期间，殚精竭虑，智谋迭出。他经常因为开会与赫崇本相遇，通过交谈，彼此都有了解。赫崇本赞赏齐勇对国家的忠心赤胆，齐勇则佩服赫崇本对海洋教育的宵衣旰食。他们惺惺相惜，竟成莫逆。齐勇将军曾与同事多次谈及，赫先生是忠厚长者，轻易不求人帮助，如果找到你们头上，要竭尽全力排忧解难。齐勇在听到赫羽的求助电话后，立即多方联系。在齐勇的帮助下，王荣菊住进了南京的一家医院，在那里经过一年多的精心治疗，王荣菊的身心得到了较好的康复。

　　王荣菊不但是贤妻良母，还是一位才女。1950年在山东大学办"夜大"时，她白天工作，晚上去"夜大"化学班学习，每次考试她都名列前茅。后来，王荣菊到中科院生物研究所青岛海洋研究室一个人负责财会工作，细心的她把财务管理得井井有条。1957年，青岛海洋生物研究室改组为海洋研究所后，财务工作量成倍增长，她又带领两名年轻的财会人员，每年都圆满完成所长交给她的各项工作任务。中科院领导几次来青岛海洋研究所检查工作，看到王荣菊干得非常出色，就动员她说："如果你同意，我们把你调到北京去工作，我们现在非常需要像你这样能干的财会干部。"可每次王荣菊总是摇一摇

⊙赫崇本夫妇夕阳照

头，婉言谢绝，因为她爱自己的丈夫，也爱丈夫热爱的海洋教育事业。

　　1960年，我国遇到自然灾害，国民经济暂时处于困难时期。王荣菊为了减轻国家困难，响应党的号召退职回到家里，从此便承担起了全部的家务。

　　她是一名普通的中国妇女。她一直认为，爱一个为事业奋斗的男人，是自己最理智、最无悔的选择。无数个最寒冷的无聊冬夜，她总是坐在炉火旁边，等待着丈夫深夜回来。即使在船上遇到劫匪，母子（女）4人面临

危险的千钧一发时刻,她也没有埋怨万里之外求学的丈夫。因为她知道:如果前面有阴影,那是因为背后有阳光。

1983年初,王荣菊患了感冒,一连几天吃不下东西,病得起不了床。孩子们把她送到医院检查后才发现她得了肺癌,而且已到了晚期。学校很关心她的病情,送她到北京医学研究院进行治疗,可是已经来不及了。这位为了丈夫的事业勤奋一生的坚强女性,此时紧紧握着赫崇本的手吃力地说:"我受不了这个罪,我要走了,以后你要自己照顾好自己了。"赫老握着妻子冰冷的手,不停地呼唤着她的名字:"荣菊,荣菊,你不能走啊。"然而他的呼唤并没能召唤回妻子的生命,她走了,离开赫老永远地走了。

妻子的去世,在赫先生的心中蒙上了一层阴影,他不仅失去了生活上的伴侣,也失去了事业上的支持,痛心不能自已的他,一下又苍老了许多。

二、学生好友的慰问

妻子去世后,他的朋友、学生和很多人登门看望,写信慰问。学生们一封封的信,让他在心灵上得到了很大的安慰。

敬爱的赫伯伯,您好!

今天收到我母亲的来信,才知道师母不幸去世的消息,顿时心中沉痛万分。师母生前对我的关心爱护,我永远不会忘记。适逢清明节来临,请为师母献上我的悼念之情。

我们在您的谆谆教导下成长,您把一生献给了祖国的海洋事业。虽然现在失去了亲人,但您不会孤寂的,您遍及全国各地的学生们都是您的亲人,都是永远尊敬您的想念您的儿女……

最近系里委派我同另两位同志一起筹办一个新专业,可能需要去各省市取经,我一定争取机会到青岛去看望您。望您多多保重,您的健康不仅是我们做学生的安慰,也是祖国教育事业的福音!

别不多谈,再一次希望您多多保重!

敬祝,健康!

学生:履冰
1983.4.2

上海的雷宗友等学生在来信中这样写道:

敬爱的赫先生：

昨接讣告，惊悉赫师母不幸仙逝，心情万分悲痛，在此，谨表沉痛的哀悼。

师母的逝世，使您失去了一位贤内助和终身的伴侣，您的悲伤是可以想见的，希望您也不要过分悲伤损害了自己的健康，多多保重才是。师母在世时，对我们关怀备至，我们登门向您请教时，师母总是热情相待，感激之情至今难忘。

如今回忆起来，师母的音容笑貌仍历历在目，没想到国家正逐步进入太平盛世，师母该更多地享些天伦之乐的时候，竟然永远离别了我们。上天有灵，愿师母在九泉之下安息吧。

您的学生：雷宗友、何俊如、朱宛中
1983.3.17

冯元桢在来信中写道：

崇本兄：

在常州承你来看我，真令我高兴。多年渴想，得以稍解，只是太辛苦你了。又费你许多天，又长途跋涉，火车、轮船都得好几天，而且花费过巨，令我不安。这一切，都多谢了！本来应当我到青岛来的，我只是为了在常州待那么几天，老母在堂，能多看她陪她一天是一天，这心情你一定懂，请原谅我。

大嫂逝世，增我兄许多悲伤，我们在Pasadena时，就常听你称许她多么好，多么贤惠，多么有耐性，吃得来苦，怎样在你不在家的情形下维持着家。在你漂泊困学时，怀念着等着去停泊的海港。转眼这些情景已经快40年了！最近的30多年，你们历经飓风，往往有风雨飘摇不可终日的危机。但你们有相互的了解，相互的支持，虽然不能永远持续。忽然大嫂离你而去了，能不伤心？但这几十年辛苦中，还是幸福的，我想她现在还是要你好好生活的。

这次得见竞侄，使我非常快慰。竞侄英俊有为，一定有很大的前途。我看他照顾你无微不至，可知做事为人一定也好，将来我要多多给他谈谈。

我和娴士于6月10日回美，回来后忙着干忙不完的事，现在还没有能松过气来，真是人生苦短，何必太辛苦！我现在在慢慢向退休的路上走。

附上相片几张，作个纪念。祝你康健，安好。

元桢
1983年7月28日
娴士附矣

这里的"元桢"是他在斯克里普斯学习时的同室好友、美国科学院院士美籍华裔科学家冯元桢博士。1983年冯先生来华访问，赫老特地写信邀请他来青讲学。但因冯博士要去常州探望母亲，时间匆匆，难以在青相晤。于是赫先生带着多病之躯，让儿子赫竞陪同前往常州拜访。

他们回忆过去，探讨未来，不禁感慨万千。临别时，冯博士说：你的为人、为事已经达到王国维的"人生三境"，令我钦佩万分，老友相见无以为敬，我特书写"人生三境"相赠，望共勉之：

古今成大事业、大学问者，必经三种境界："昨夜西风凋碧树。独上高楼，望尽天涯路。"此第一境界也。"衣带渐宽终不悔，为尹消得人憔悴。"此第二境也。"众里寻他千百度，回头蓦见，那人正在灯火阑珊处。"此第三境也。

冯元桢说，我所以写此条幅，是因为你的大半生是在"三境"中寻寻觅觅，最后终于渐臻佳境。和你相比，我不及多矣！

长期以来，很多人认为的"英雄人物"的主要特质，就是"舍小家顾大家"，非得牺牲掉家人和亲情才是可歌可泣的。其实，无情未必真豪杰，怜子何如不丈夫？"大爱"与"小爱"并非对立面，更不是两个

极端。但是，要想成就一番事业，终日卿卿我我也是不可能的，这只能靠夫妻两人相互理解了。赫先生拉的是一架"爬山车"，其中满载振兴中国海洋的重负、党与人民的殷切期望，是历史催赶着他前进，他无法停止爬山的脚步！

三、对逝者的祭奠

罗马天主教敬拜奉之为圣母的玛利亚。世人认为,尊敬圣母的目的,只是为了表扬母亲的地位和她的辛劳。

当她还是初绽的玫瑰,顶着红尖尖的翠枝,进而桃红,然后紫红;燃起的烈焰,像红海中永不退色的水波。

当她成为母亲,完成角色的转换,再不是绕在母亲脚下的娇女,而是变成永远不知疲倦的女性。若要让男人去做母亲一天的工作,一定会罢工。通常天刚亮,她们就要起身,忙着做饭、洗刷。要在八点钟之前把一家大小送走上学、上班。8小时工作制,对母亲是不适用的,一家大小需要她做多久,她就要做多久。

工厂里,对每个工人有严格分工,但是在家庭,母亲几乎包揽一切:她是厨师,要为大家准备饭菜,饭后还要擦地、抹桌子、冲洗碗筷;她是管家,要为大家整理床铺、清洁打扫,还要养草莳花,使人愉快;她是心理医师,孩子生病她要看护,还要关心孩子的作业,分担孩子的烦恼;她是全家人的朋友,她要为全家人带来快乐。只要她对家庭成员一笑,生命就会突然苏醒。

每家每户的屋顶都紧紧挨着,好像滚滚波涛,只有一户是她的爱巢。每日像燕子衔泥,喜鹊搭枝,操劳不息。时间都去哪儿啦?有人感叹时间的飞逝,有人感叹人世的沧桑,也有人感叹时间的执着。时间在她指间流逝,她竟浑然不觉,每天只关注丈夫事业的进展,孩子的成长。

当她取得片刻宁静时,就像冬夜的飘雪,沉静如水,轻盈如光,在神秘的夜色里,温柔徜徉。偶尔会勾起一段回忆:那是在寒冷的冬夜;风雨

如晦的盛夏；或者是静静的下着霜的黎明，那是被母亲拥抱着安然入睡的记忆！

王荣菊，学生们都尊称她师母。她对人生要求非常简单，并且不求回报，那就是：

一、让我对家庭抱有希望：丈夫事业有成，孩子茁壮成长。

二、让我有事可做：有事可做，不是不幸，而是一种幸福。她已经不想再去争取外面五光十色的世界，只是想在丈夫和孩子回家时，完全拥有他们！

三、让我充满爱心：生命中有了爱，我们就会变得谦卑，新的希望就会油然而生；有了爱，生命就有了春天，世界也变得万紫千红；有了爱，我们才会同情弱者，竭尽全力帮助别人。

海涅有诗云：星星们高挂空中，千万年一动不动，彼此在遥远相望，满怀着爱的伤痛……

第十六章

龙归沧海

轻轻地我走了,正如我轻轻地来;
我轻轻地招手,作别西天的云彩……
——徐志摩

一、真爱

赫老整日沉浸在工作中,他像一支蜡烛不停地燃烧着自己,似乎要把所有耽误的时间一下子都夺回来。尽管他体弱多病,可他想的唯有工作,心系他人,唯独没有自己。

为照顾两位老人的生活,儿子和儿媳调回青岛后被安排在一家小工厂里工作。有人劝赫老"把孩子安排到学校上班",回到家里老伴也多次提及此事,可赫老没有表态。改革开放后,国内不少生产结构和产品销路不好的工厂,开始受到市场经济的冲击,有些甚至在很短的时间里临着倒闭的危险,应该说大家的担心不无道理。孩子工作的小工厂比不了大学里稳定,老伴希望他能给学校里说说调孩子到学校里工作,一方面可以就近照顾二老,另一方面也让孩子们能有一个稳定的工作环境。当老伴又一次提到此事时,赫老问她:"这是孩子们的想法吗?"老伴回答到:"这是我自己的想法,孩子们没有这样说。"

赫老沉思了一下,面有难色地说道:"我理解你的想法,可是孩子都是搞机械研究的,他们不该丢掉自己的专业。他们要面对挑战,争取有新的发展。你想一想,我们的长辈不是也没有给我们铺路吗?我们不是也过来了?孩子们的路还很长,要他们自己去走。"接着他又说道:"我不能滥用职权,为自己谋利啊。我们爱孩子,但要爱在点子上,虽然他们长大了,但是我们还是要培养孩子们刻苦学习、努力进取的精神。"

作为父亲,赫老十分关心孩子们的生活和工作。当儿子利用工作之余热心做发动机发明时他非常关心,经常鼓励儿子搞研究就是要专心,要心静,要扎实,要实事求是。他总是教育孩子做事要讲究质量。他曾讲过美国有一位科学家，一生就写了一本书，但这本书特别优秀。人一生能把一件事干得很出色就好，你要向这样的人学习。儿子的"转缸发动机"在青岛市科委立项时已试验证明：二冲程比四冲程换气更彻底、复杂的气门机构及其动力消耗可以取消，怠速也能稀燃且200转/分不熄火，可解决汽车在城市行走的起停问题等等。但赫崇本则要求儿子加强学习，并安排赫竞向北京工业大学张继昌教授求教。后来，"转缸发动机"于1985年获得国家发明专利。1986年，全国第二届发明展览会在武汉举行，天津大学校长、国际内燃机学会理事史绍熙教授作为大会评委，发现"转缸发动机"是一部转子发动机：① 实现了传统活塞直接推动曲轴旋转，即"无连杆"，活塞自转、公转的转速分别等于气缸、曲轴的转速，而活塞往复运动仅是相对于气缸的；② 两对"双顶活塞"推动曲轴旋转，构成4缸发动机，比"汪克尔三角活塞转子发动机"更轻巧，且省去了以尺寸、重量发挥作用的飞轮和曲轴平衡重；③ 气缸旋转，对换气过程产生的强烈科氏力效应，解决了二冲程换气问题，而且产生的新气浓区在点火时刻，位于燃烧室顶部，最适合点火，有利于开展稀薄燃烧，节省燃料减少污染；④ "转缸发动机"二冲程的4个气缸相当于传统8缸发动机的效能；⑤ 4个气缸呈十字形分布解决了传统多缸机的、散热片布局问题，4个气缸联体具有鼓风叶片形散热片，借助气缸的旋转实现风冷散热，省掉了风扇、水箱、水泵等复杂的冷却装置，减少了能耗，等等。史教授指出："这部机器在世界上将是很有前途的，一个人完成一台整机的发明，确实不容易。"他提议"转缸发动机"评为金牌，但因无社会效益，更谈不上规定的数额，最后评了银牌。大会颁奖后，史教授的两个研究生找到赫竞，告知了史教授参加这届发明展的消息和对"转缸发动机"的评价。当时赫竞所在青岛压铸厂的厂长打长途电话，要赫竞赶快回厂参加对外合资的出国考察，因时间拖延，厂长把电话都摔了。不到300人的小厂搞合资，在青岛当时数前茅，厂长支持赫竞搞"转缸发动机"也都是不容易的事。赫竞在江西南昌柴油机厂就做出了"转缸发动机"原理模型，被省机械厅的军代表发现后，省委书记程世清三次到"南柴"，"为了和帝、修、反争时间、抢速度"，要求"转缸发动机"转起来,连宣传画都贴在街上了。南柴那倒是2000人的大厂,但关键不是厂子大小问题。青岛压铸厂搞的合资厂——华瑞有限公司,当时有点名气,被青岛市有关领导称之为"小鸡下了个大蛋"。赫竞在华瑞公司,担任生产技术部经理,一干就是10年。但赫竞也时常想到当年在发明展览会上未能拜见史教授,确实是件遗憾的事。可能那是不该得到的机遇,进一步的关键样机尚需解决深层次的问题。赫竞认为,"发动机节能的更高目标,不是代价高昂、结构复杂","复杂"最终必然升级到"简单"。赫竞没有忘记父亲的训导,"人一生能把一件事干得很出色就好"。而这些,都已经是后来的事了。

紧张的工作使赫老的身体大不如以前,更让他挂心的是老伴王荣菊也时常犯病,儿子和儿媳工作紧张,也难以全力照顾老人。1980年,在郑州邮电部设计院工作的女儿赫羽,借出差的机会回到爸爸妈妈身边。她看到这种情况触动很大,更为父母的健康担忧。回到郑州后与爱人商量打算一起调回青岛,以减轻弟弟的负担。赫老知道后却不同意他们调回青岛。他对赫羽说:"我们身边已经有人在照顾了,不要再为了我们影响你们的发展。"他不仅对自己严格要求,对待自己的孩子也是一样。在学术上、在做人和科研道德上他总是对自己高要求,可是在生活上却从来没有过分的要求。

孙子赫勇还清楚地记得爷爷在生活上的严要求。当时爷爷已经是二级教授,工资待遇比一般家庭要高出很多,按说日常生活应该比别人好一些才是,但他老人家从来都是要求家人把掉到桌子上的米粒捡起来吃掉,不许浪费一点粮食。他总是说:"这些米,来之不易啊,浪费了太可惜,对不起农民兄弟。"在赫勇的记忆里爷爷从来没有说过哪顿饭不好吃,哪件衣服不好看。

为了照顾好二位老人,在孩子和妻子的一再坚持下赫羽一家还是回到了父母的身边。在儿女们的精心照顾下,赫老的身体渐渐好了起来,精神更加矍铄了。可是老伴的冠心病却加重了,又因她不愿到医院接受治疗,身体状况每况愈下。为了防止意外,老伴把自己的病情写在一张字条上，一直放在外衣的口袋里以防不测，一旦在路上发病好让人把她送回家里。

赫老之人，赫老之家，不由让人想起《三国志》所言："亮所与言，尽众人凡士，故其文指不得及远也。然其声教遗言，皆经事综物，公诚之心，形于文墨，足以知其人之意理，而有补于当世。"

二、住院

自从老伴去世后，赫老身体越来越差。从建系、办院一起走过来的宗成友等四五个老干部知道这种情况后，为了让他走出悲痛阴影，约他一起到海边去活动。每天早上他们一起到海水浴场去做老年保健操，练气功。老人们相聚在海边，尽情地呼吸着大自然的空气，享受着大自然的宁静与美丽。还有什么比人间真诚的情谊更珍贵的呢？渐渐地，赫老走出了悲痛和哀伤的阴影，他又一次沉浸在永远也做不完的工作里。他仍在默默地改着稿子，处理教师和学生反映的困难和问题，应邀出席学术会议。可是他哪里知道，病魔又一次向他袭来。

近来他发现自己时常有便血，1984年9月的一天，在孩子们的再三劝说下他去了医院，经医院检查赫老患了结肠癌，住进了山大医院。经医生会诊后决定手术治疗。儿子赫竞在手术单上签字时，担心老人年纪大了经受不了手术的折腾，拿着笔的手直发抖。赫老安静地躺在病床上，听着儿子安慰的话和对自己病情逻辑不清前后矛盾的描述，赫老十分平静地对孩子说道："是要动手术吧，你签字了？""还没有。"儿子吞吞吐吐地回答道。孩子的回答反而让他坦然地笑了。这时他想起了1946年从国外回到青岛时，站在妻子后面的那个怯生生叫着爸爸的儿子，然后他十分平静地说："你放心签字吧。我不要紧，你老爸经过风雨，我能挺得住。"

手术那天，孩子们早早地来到医院。面对手术，赫老与往常一样地安详和平静，依然是那样和蔼可亲。在去手术室的路上，赫竞紧握着父亲的手没有说话，他从老人的眼神里看到了一个坚毅顽强的父亲。手术室的大门关上了，孩子和师生们焦急地等在外面，3个多小时的手术让人感到像煎

⊙赫先生与儿子的全家福（1978年）

熬了一天的时间。当手术室的门再次打开时大家立刻围了过去，焦急地等待着主刀医生的话。"赫先生很坚强，手术很成功。"医生的话让大家悬了半天的心放下了。看到刚刚苏醒过来还显得有些疲倦的赫老，大家都为手术成功感到了些许安慰。

三、白发无情侵老境，青灯有味似儿时

尽管手术很成功，可赫老自知人生留给自己的时间并不很多了。《中国大百科全书·海洋卷》的编审还没有完成，除去自己编写的有关词条之外，他还要认真修改大量其他词条。有时为了澄清一个问题、一个词条，他要写信给他的朋友商讨，甚至要写信到美国与他昔日的同窗们磋商，一封信没有讨论清楚，就再写一封，直到他认为搞清楚了为止。这就是赫老对待科学的严谨态度，这就是他一丝不苟的风格。尽管是一位70多岁德高望重的老人，他依然不改、不变其学风。

他深知百科全书的权威性，更深知这是一项十分繁重的工作。虽然手术是成功的，可是繁重的工作让赫老的身体并没有得到完全恢复，他的失眠症更加严重了，健康状况开始明显下降。家人和朋友都劝他要多注意休息，好好地保重身体，他却乐观地回答："我有那么多优秀学生从事海洋事业，而我现在已过了古稀之年，夫复何求？"正是由于像他一样众多科学家殚精竭虑的努力，才有了中国居于世界前沿的《中国大百科全书·海洋卷》的问世。

1984年，《中国大百科全书·海洋卷》的编撰基本完成，这让他感到了极大的欣慰，也让他长舒了一口气。但他清楚他是在与自己的生命赛跑，不能停下来。他又开始全力投入《海洋学辞典》的编撰工作中。他深知编撰《海洋学辞典》也是一项大的系统工程，感到在自己的有生之年可能完成不了，可是这一工程对我国海洋科学发展具有极为重要的作用，他必须竭尽全力多做一些事情，为后人开出一条新的路径。他开始了生命的最后冲刺，他要让自己的余热再次为海洋科学增添一点光辉。

退居二线，辞去了很多要职以后，赫老有了一些空闲时间，他又开始了物理海洋的研究。近年来"浅海动力学"、"环境流体力学"、"风暴潮"等一批新的学科相继建立，这正是他几十年来梦寐以求的海洋教育格局。看到今天中国海洋事业兴旺发展，看到

⊙赫崇本在工作

我国海洋科研与当今世界海洋大国并驾齐驱的发展趋势，他对自己一生所从事的海洋教育事业无怨无悔。尤其是当他看到了快速成长的年轻一代海洋科技工作者撑起大梁时便自语道："我死而无憾了。"

1984年9月，他与管秉贤合作撰写了《南海中部NE-SW向断面海水热盐结构以及海盆冷水来源的分析》的研究文章，并在《海洋与湖沼》上发表。这篇文章开拓和推动了我国深海冷水团的研究。对于中国近海水团，赫老发现得比较早，在20世纪50年代他就曾发表过《黄海冷水团的形成及其性质的初步探讨》一文，并成为这一研究领域的奠基之作。1985年，我国海洋学术界打算就中国近海水团命名问题召开一次研讨会，赫老也接到了邀请，并且安排他在大会上发言。

1985年7月上旬的一天，赫老坐在案桌前摊开稿纸，写下了《中国海水团划分及命名问题》的讨论提纲。提纲共七项，分为海水水团的现状、存在的主要问题、解决的办法和主要原则等，然后他又作了更为详细的记述，准备会议上的发言。然而，我们没有等到他出席这次会议，没有等到再次聆听赫老的教诲，没有看到他为与会人员勾画出的深海冷水团研究构想和蓝图，他却戛然而止地走完了人生的旅程。

四、阒然长逝

1985年7月13日，这是青岛的初夏，风和日丽，凉爽的海风让人并没有烈日酷暑的感觉。赫老与往常一样，吃完早饭后开始了一天的工作。他把台历翻到了7月15号，在空白处写上"海洋辞典会议"几个字，然后转身对儿子赫竞说："后天上午八点半我有一个会议，到时你要记得提醒我一下。我别去晚了，耽误人家的时间。"赫竞答应着，收拾好东西准备去单位一趟。房间里静静地，赫老来到案桌前坐下，又一次打开海洋文献认真地阅读起来。

这一天与往常一样地平静，又一样地充满着诱惑与希望。然而，病魔悄悄地袭向77岁高龄的赫老。一个幽灵在远处悄悄地窥视着，赫老对此浑然不觉，依然不知疲倦地阅读着、工作着。他对生活满怀着眷恋，对他热爱的海洋事业依然充满着执着和憧憬。

1985年7月14日，星期日。农历，牛年，五月二十七日。这是青岛美丽夏日中一个普通的周末，却又是中国海洋界、中国海洋人一个极不平凡的日子。清晨，鸟儿在鸣叫，鱼山路9号甲黄色小楼依然是一片的宁静。早上7点钟赫老准时起床，这是他多年养成的老习惯了。起床洗漱后，细心的赫竞注意到父亲的动作有些迟缓，坐在床边很久一动不动。赫竞过去对父亲说："爸爸，你到凉台上走动走动，透透空气吧。"赫老没有说话，却蹒跚地走到凉台上。这时，他似乎感到了自己身体似乎有点不适。

儿媳送上早点，他吃过后又回到床边坐了下来。孙子要去学校上课，出门前跑过来给爷爷说"再见"；儿媳要去单位办事，过去向赫老问安；唯有也要出门的赫竞在冥冥之中似乎有一种预感，但他又不知道会发生什么事，尽管他打算出门的时间已经过了，可他迟迟就是没有出门，默默地坐在自己房间，只有厨房内传出保姆轻轻的洗碗声。不一会儿，赫竞听见赫老对他的轻轻呼唤："赫竞，我心脏不舒服，你给校医室打个电话。"赫竞立即感到问题的严重：家里没有氧气袋，也没有急救药，只有应急的中药环心丹！赫竞应父亲的要求，在给他口中含上环心丹之后，拿起电话打到学校医务室。大夫来了，她拿出针管，给赫老注入安定，只是匆忙中未来得及带上氧气袋。开始一切征兆似乎正常，赫老配合医

⊙讣告

生也基本到位。赫竞以为难关已过，送走大夫想坐下稍事休息。可是突然之间赫竞看到他的父亲口不能言，眼睛直直地望着天花板，人似乎失去了知觉。在这千钧一发的紧急时刻，赫竞想到对面楼上刁传芳处长，便大声喊："刁姨，不好了，快来看看我爸爸！"这时楼下也传来嘈杂的声音，有人喊道："赶快输氧！"由于现场没有氧气袋，赫竞只好用嘴做人工呼吸。等到抢救医生携带氧气袋赶到，一切都为时已晚，此时赫老已经停止了呼吸，一双睿智的眼睛注视着远方，注视着蓝天和白云，始终没有合上！这时，时钟停在了11点30分。

当人们听到这一突如其来的噩耗都被惊呆了，大家悲痛万分。曾护理过赫老的马大夫站在赫老床前，汗水和泪水已布满了他的脸颊，他不住地念叨着："他走时没有受罪，没有受罪啊！是老天看到他一生都在行善积德，行善积德，行善积德……"

谁也没有想到我们尊敬的赫老就这样匆匆地离开了我们，离开了他热爱并为之终生奋斗的中国海洋教育事业。抚今追夕，赫老是中国海洋人以及所有热爱海洋科学的人追念的第一人。

《中国海洋报》记者李明春在《一代宗师》的文章中写道：

我是山东海洋学院的一个无名小卒，当我梳理了赫老的人生，不由感慨恩公的传世风范。他是一位知识渊博、功底深厚的学者。回到新生的祖国后，为何不把全部的精力倾注于著书立说以求功成名就，而偏偏选择了教书育人呢？

也许有人这样认为：作为一名学者，在我国海洋科学中扬帆起航，应该写下巨著大作，或是创造出什么定理、法则来……

然而，赫老自有他的人生定理和法则，有他对事业的追求和期盼。当他走完了人生之路以后，我们似乎并没有看到他留下什么惊世的研究成果，也没有留下流芳百世的鸿篇巨制。难道这能说是终生憾事吗？当我们沿着他生命的轨迹仔细寻觅，后人不难发现自有属于他的、唯有属于他的贡献和闪光之处，那就是他开拓了中国的物理海洋学，奠定了海洋科学教育的基石；是他留下了对祖国海洋教育事业的一片赤心；是他甘愿做热爱海洋而攀登科学高峰的阶梯。中国海洋界每每提到赫崇本的名字，谁人不赞叹"赫老，桃李满天下"，谁人不尊称"恩师，恩公"。

五、无尽哀思

山东广播电台记者黄汉充,在赫老逝世前三天与记者张大军一起刚刚采访过赫老,现在没有回省城的黄汉充听到赫老去世的消息后,当晚就在"海大"的招待所里奋笔疾书,完成了《最后的采访》一文:

我从暑气逼人的济南赶来青岛已有几天了,倒不是为了避暑,而是应大军之约,以山东人民广播电台记者身份,前来采访赫崇本教授。大军,也是我们的好友。

赫教授是我国海洋科学事业的奠基人之一。但说来惭愧,过去我对赫老的为人和成就几乎一无所知,也从未见过他的面。这次临来青岛之前,我曾这样想过:赫老年事已高,在我们"心中无数"的情况下,如果直接找他本人作漫无边际的采访,肯定将是不妥当的。海洋学院宣传部的同志也同意我们采取"迂回"的方式,先找海洋系的几位老师谈一谈。他们大都是赫老的学生。

说到"学生",往往给人以"年轻"的感觉。可是当我们从这一家庭赶到那一家,又从那一家转到另一家的时候,迎接我们的却都是50岁上下的人,有的已经两鬓斑白了。他们当中有讲师,有副教授,好几位老师因为有独到的研究成果,已经在物理海洋方面步入了我国知名人士或者权威人士的行列。然而,就是这样一些人,当他们谈到自己的先生赫老的时候,竟无一例外地好像年轻了许多,言谈音容都酷似是我们熟悉的"学生",而绝不像现在的"他们"。他们称呼"赫先生"的声音,是那样地亲切感人。他们表达对赫先生的崇敬之情,又是那样地真挚、坦诚。

完全可以察觉到,在我们两个"生人"面前,他们时而激昂,时而哽咽,谁也不曾注意到要有意克制自己。由衷的钦佩、由衷的感激、由衷的赞美,犹如炽热的岩浆、澎湃的浪潮,不断强烈地冲击着我们,使我们的感情真正地为之激盈了。说实话,在我和大军多年的记者生涯中,还未曾经历过这样的采访。我们确实感到万分惊奇,这些"老学生们"为什么爱赫先生会爱得那样深沉又那样炽烈?究竟是什么力量使他们对赫老这样情有独钟,而且溢于言表不能自已?

我们的采访几乎是连续进行的,但不论采访谁,都是一个同样的题目,这就是:赫老最使您感动的是哪一件事?于是,回忆,一桩桩、一件件令人感佩的动人事迹,像涌泉似地从这些"老学生"的心底喷了出来:买书归国、建系办院、关心学生、网罗人才、搞调查船、为人改稿……事迹实在是太多了。而且,每一件事都与发展我国的海洋科学事业紧密相连,都渗透着赫老对祖国、对人民、对我们党的挚爱,都闪耀着高尚的人格魅力和情操的光辉。

我们开始理解了,我们的理解加深了。是的,这些"老学生"为什么会这样地爱戴赫老,的确不是偶然的:因为赫老在他们的成长过程中,在他们攀登科学高峰的艰难征途上,曾经呕心沥血,为他们付出了辛勤劳动;更因为他们从赫老的一生中真正地认识了他的赤子之心,他对事业的不懈追求、他无私的献身精神,赫老那种内在的肝胆照人的崇高品质,都在时时刻刻地影响、感染着他们。在他们的心中,赫老,永远是一位好先生,一位足以堪称楷模的好先生。

"老学生"们的饱含深情的回忆还在继续。但是,我们已经无法克制自己,想见一见赫老的贪心竟强烈到使我们不得不暂时中断对这些"老学生"的采访。

7月11号上午,小雨,微风,空气清新,遍体凉爽。经过一条用石块铺成的小巷,我们跨进了一座有花有草的院落。院子不大,湿漉漉的,十分幽静。中间是一栋二层小楼,楼上就是赫老的居室。房间里陈设不多,空落落的;书也很少,那是因为赫老已经把许多书送给了学校。靠西南角,是一张写字台，紫黑的颜色。见到它，我仿佛看到赫老灯下夜读的情景。他的"老学生"曾经说过："赫老经常为修改别人的论文、专著伏案工作到深夜。如果在他改过的稿子上都署他的名字的话，赫老无疑将是我国海洋科学界中论文最多的一个人。"

在写字台的对角，是一张陈旧的单人小床，也是紫黑颜色的。几天来，我们一直想见一见的赫老，就站在这张床的边上微笑慈祥地迎接了我们。赫老的头发和眉毛白了，透着银色的光泽；脸上手上已有许多淡淡的老年斑。赫老，确实是老了！但我们心里却很高兴，因为他当时的气色非常好，根本不像做过手术又重病缠身的老人。接着，赫老轻轻地向上提了提身上的圆领白汗衫，随即又说了一句："实在对不起，我这样迎接你们，是很不礼貌的。"不知为什么，这句话说得很轻、很轻，但给我们留下的印象却是很深、很深。也许是因为我们看到了赫老简朴认真的生活态度和他平素对同事、对学生的尊重吧。

坐定之后，我便习惯地掏出烟来。赫老见了，忙说："等等，等等，您是客人，我该请您。"说着顺手往茶几上摸烟盒，空了，只有烟灰缸上那剩下的半支烟。赫老笑笑说："小孩子为了我的身体，控制我抽烟。可我每天也总少不了两三支。"说完，便步履蹒跚地到隔壁房间里去了。尔后，赫老还陪我吸了半支烟。这中间，我们询问了他的健康状况，赫老告诉说："还可以，吃饭也可以。现在，看书也不成问题……"说到这里，他从床上拿起那本翻开的《周恩来选集》指了指："比它再小一点的字，我都看得清。"

大军问赫老："赫老，您最近还打算写点什么吗？"赫老不无遗憾地摇了摇头："原想写点传记，恐怕写不成了，手的力气不够用了。"听了赫老的回答，我们都感到非常惋惜。过去，多少年来，赫老都在为发展我国的海洋科学事业努力奋斗，在他留下的许多有口皆碑的成绩中，蕴藏着多少美的精神财富啊！要是他能亲手写下一部传记，带给人们的，必将会是教益和鼓舞。可是现在，当他居家赋闲，有时间来回顾、总结自己一生的时候，他却连提笔的力气都没有了。显然，这对我们的海洋事业以及正在从事这一事业的人们来说，都将是一种无法弥补的损失。

正是这种惋惜之情，让我们更想抓紧时间对赫老多做些了解。我们已经知道，赫老刚从美国回来的时候就是一位学识渊博、功底深厚的学者了。而在新中国成立初期，我国海洋科学领地几乎还是一片空白。在这种情况下，如果赫老把全部精力都倾注于著书立说，借此来推动我国的海洋科学事业，无疑是人们最好理解的选择了。然而，他却偏偏选择了教育，后来又是那样地热心于建系、办院的工作，这其间是为什么呢？当我们问起这个问题的时候，赫老未加思索就直截了当地作了回答。他说："要发展我国的海洋科学事业，光靠几个人是不行的。必须要有大批的先驱者，要有大批懂海洋的热心人。这就需要教育，需要培养人才。"真可谓是胸有全局，心迹无私，而其行也的确如此。

他整天忙碌、奔波，乐此不疲，不正是为了使更多的人能受到教育创造条件吗？他认真备课，关心学生，修改他人论文字斟句酌、一丝不苟，不也正是为了培养更多的人才来不断充实、扩大我国海洋科学事业的队伍吗？看来"老学生"对赫老的激情洋溢的赞誉，足已印其心、符其实的。他们曾经这样对我们说过："赫先生一生的成就主要是在教育、培养人才上。这一成就具有全局的意义，根本性的意义，是远非几十篇、几百篇学术论文所能匹比的。"是的，赫先生本人论文是不多，但就先生的水平而言，写几篇论文，出几本专著肯定是不成问题的，然而，他的心血所注不在个人的论文，而在培养人才。

赫先生一生的心血没有白费，他已经用自己的智慧和学识培养了很多很多的人。说赫先生是我国海洋科学事业的奠基人之一，是当之无愧的！然而，当我们把这样一些话转告赫老的时候，他却沉默了。几分钟之后，他才神情严肃地对我们说："不能这样认为。我个人的作用是微不足道的。就拿调查船来说，在国家困难时期，要不是党和政府远见卓识，做出决策，这条船是不可能建造起来的。你们一定不要把我说高了。我确实没有什么值得宣传的。""赫老，您太谦虚了，您刚才说的话，正如你修改别人的论文从来不肯署上自己的名字一样。"我们这样"转舵",是想进一步明确一个问题,这就是赫老究竟为什么修改、审定了几百万字的论文,又总是那样固执地不肯写上自己的名字?

应当说,既然花费了那么大的心血,写上自己的名字是无可厚非的。赫老摇了摇头,语气十分郑重地说了自己的想法:"我是个党员。党把我安排在这个位置上,就是让我为学生服务。学生见了面,总是'先生、先生'地叫我,我怎能在学生的成果中捞一把呢?帮助学生是当先生的责任。在我的脑子里,怎么也转不出署上个人名字的念头来。如果我这样做了,见到自己的小孙子我也会感到羞耻的。""再说,我不过是帮了别人的一点小忙,也不值得一提,只要能出书,只要对我国的海洋事业有利,我就很高兴了。"这一句句话,都是赫老的肺腑之言。听着听着,我们的心胸好像开阔了许多。赫老,既不为名,也不为利,在他的脑子里,只有海洋,只有事业。他的胸怀,真像大海一样广阔。

在长达一个多小时的采访中,赫老的声音总是那样清晰,语调总是那样平静,面容又总是那样慈祥,没有丝毫的倦意。我们真想和赫老再谈一会儿,哪怕是几分钟也好。可是,已经到了11点多钟了,我们只好起身向赫老告辞。

万万没有想到,三天之后——1985年7月14日11时30分,赫老竟离开海洋,离开事业,离开热爱他的人们,溘然长逝了。要不是突发心机梗死,我们怎么也不会相信这噩耗会是真的。

就在这天傍晚,我和大军拖着沉重的步子,经过那条已经熟悉的小巷,又来到赫老居住过的地方。我们站在外边,在昏暗的暮色中,院子里的树、花、草,没有一点绿色。我们默默地凝望着那二层小楼,眼前又浮现出我们三天前采访的情景……

在我们的心里,赫老已经化作道德的丰碑、成就的丰碑。而在我们耳边响起的,却是这样一段话:"在像居里夫人这样一个崇高人物结束她一生的时候,我们不要仅仅满足于她的工作成果对人类已经作出的贡献。第一流人物择时代和历史进程的意义,在其道德品质方面,也许比单纯的才

智成就方面还要大。即使是后者，他们取决于品格的程度，也远远超过常所认为的那样。"

这是爱因斯坦在悼念玛利娅·居里的一篇短文中所说的话。也许，这正是赫老一生为之遵循的座右铭。

安息吧！赫崇本教授，我们敬爱的赫老，我们作为最后采访过您的两名记者，对您怀着深深的敬意！

1985年7月14日

深夜，写于海洋学院招待所

六、龙归沧海

1988年1月，经国务院批准山东海洋学院正式改名为青岛海洋大学。这所全中国乃至整个亚洲唯一的一所以海洋科学为主的高等学府，在艰难中走过了光辉的历程，成为中国海洋教育的一片乐土，成为了培育海洋科技人才的摇篮。一批批立志献身于祖国海洋科学事业的青年学生，在这个摇篮里受到精心培育，正在茁壮成长。几十年来，走向全国的数万余名学子，正在为中华民族的振兴、为祖国海洋事业的发展建功立业。

生命源于海洋，人类的生存需要海洋，人类正在重返海洋，大海是一切故事最安全的故乡。1988年4月14日下午3时，青岛海洋大学"东方红"号海洋科学调查船汽笛长鸣，它划破汇泉湾的寂静，向着大海深处驶去。在船上，100多名"海大"师生胸佩白花，目送着赫老的骨灰缓缓地漂向大海，漂入广阔无边的空间。这时船上回响着一个低沉的声音：

赫崇本同志的一生是为共产主义事业奋斗的一生，是全心全意为人民服务的一生，是我国海洋教育工作者和海洋科技工作者学习的楷模。

我们要学习他对祖国、对中国共产党、对科学事业的无限热爱，对人民的无限忠诚，学习他全心全意为人民服务、为海洋事业献身的革命精神，学习他襟怀坦白、坚持真理、团结同志、甘为人梯的高尚品德，学习他勤勤恳恳、任劳任怨、实事求是、一丝不苟的工作态度，学习他谦虚谨慎、平易近人、以身作则、艰苦朴素的工作作风。

我们一定要继承他的遗志，为发展我国的海洋事业而努力奋斗！

赫老先生的心愿实现了，他生为海之子，死为海之魂。他的身体已溶化在浩瀚的大海里，他的思想与天地日月同在、与大海共存！

逝者永逝！不再归来的山海人，被大海变得简单。谁也没有取得在人世的永久居留权，只有一次出入境的签证，和限期往返的旅行船票。但是，如果你身后有亲情的月色，有友谊的溪流，有辛勤的雨露，有令人怀念的阳光，你就是一位纯粹的人，来到人世就不虚此行。风声，潮声，惊涛骇浪，你们为什么也是那样地不平静，原来你们也是在为可敬的逝者送行！

第十七章

一代宗师　百代楷模

　　长者风范，慈悲为怀，提携后进，真诚坦荡，大雅容物。守望着中国文人血脉相承的高贵和清贫。当你御风远行时，留给后人的却是无尽的思念。

一、以口为碑，事业才会代代相传

韩愈在《师说》中曰："师者，所以传道受业解惑也。"

有一篇文章对老师是这样称赞的："你给我一句话，就打开我一扇窗；你给我一个微笑，我就浑身是力量；你给我一个眼神，我就找到了方向；你放开双手，让我遨游知识的海洋。"赫崇本先生终身为师，而且为人师表，认真教学，潜心教改，锐意进取，不断超越。

赫崇本回国前，国内尚无一人从事物理海洋学研究与教学。他清醒地认识到，中国要发展海洋事业，人才是关键。而要有更多的人才，必须从教育入手。早在美国攻读博士学位时，赫崇本的学术思想就很超前，他曾经提出"气象研究应从全球大系统考虑，并和海洋结合起来，才能彻底解决大气问题"的观点。

1949年10月，他在山东大学同时讲授"高等海洋学"、"潮汐学"、"海洋学通论"、"动力气象学"等课程。他首创中国物理海洋学专业和海洋气象学专业，这在中国教育史上是第一次。他思路清晰，逻辑严密，娓娓道来，诲人不倦。听他的课，如闻芝兰，如沐春风。他编著的几门专业课教材也是我国教育史上的第一次。这几门课既是他对世界海洋研究的成果总结，也是他对我国海域海洋研究成果的拓展。既不能误导学生，也不能贻笑世界。直到今天，他的这三门课程仍然是后继者的写作范本。

1952年他筹建的山东大学海洋学系，成为我国第一个以物理海洋学为主体的教学体系，他因此成为我国物理海洋学教育的奠基人。

二、以心为碑，治学精神才更感人至深

教书育人是教师的天职，也是教师的基本使命和主要工作。教师为了在课堂上教书育人，必须有意识地把对学生进行的思想教育内容结合教材融化到教学活动中，从而取得预期效果。

赫崇本先生对学生关怀备至，对年轻的学者们更是诲人不倦，给予极大的关注和多方指导。他一丝不苟地帮助他的学生修改论文，指导青年老师编写讲稿，整理教材。为此，他不得不放下自己手里的工作。经他修改

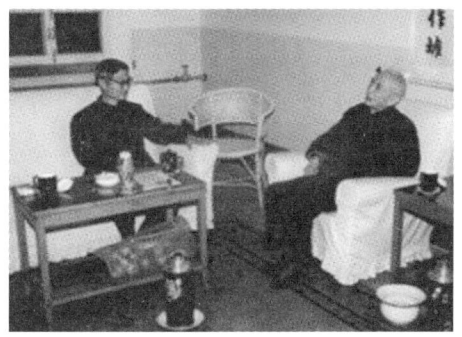

⊙赫崇本与学生讨论问题

过的论文、讲稿、报告、专著和各类著作不计其数，但是，当这些一篇一篇地发表出来时，我们却无法在哪一篇文章上、哪一本著作中找到赫崇本教授的署名。

有人曾经说过："假如，赫崇本教授署名，哪怕仅是其中的一部分，他的论文和专著的数量也许都是最多的。"经过10多年的努力，赫崇本先生用自己的心血带出了一大批海洋学科的各种人才，他们分布在全国的高校、科研单位、国家海洋局和海军的研究部门，为中华民族海洋事业的发展和振兴发挥着重要的作用。看着海洋教育的不断发展，赫先生想，繁杂的教学工作虽然使自己在科学研究上受到一些影响甚至是损失，但能够让祖国几乎处于空白的海洋科学和教育事业从困境中走出来，走上向全方位多学科发展的轨道，牺牲自己的一些研究工作，又何足挂齿呢？这是何等的高风亮节！

他以发现人才、培养人才为乐事，认为：师不必贤于弟子。能培养出胜过老师的学生是为师的最大快乐。

三、以文为碑，功德会寿于金石而不朽

1958年全国海洋大普查中，赫老负责主编《全国海洋综合调查报告》中《中国海洋团分册》的调查报告。他开创并推进了我国海洋学基本问题之一的水团研究，尤其是对黄海冷水团的存在及生消机制的研究，作出了尤为突出的贡献。

"里门寒流"，这是一个就连学习物理海洋的人都十分生僻的名称，可它却天天都存在于我们的家门口，就位于青岛以东不远的地方。海洋学家们早就注意到，夏季在黄海一个局部海域10米水层之下，直达海底的温度只有8℃左右，与表层水温的温差有约20℃，这个区域的深层海水被一团冷水盘踞着。日本的海洋学者认为，夏季黄海底层的冷水来自日本海朝鲜半岛东部沿岸，并命名为"里门寒流"。如果这一论断成立，那么黄海甚至是渤海的生态以及海底沉积都受日本海的左右。换言之，黄、渤海的基本生态系统取决于日本海的基本状况。赫崇本先生根据海洋大普查资料，运用辩证唯物主义的观点，对复杂的浅海水团划分提出了一些具有相对性的原则，并首次划分了中国近海的水团。

他认为黄海冷水团是我国近海的一个重要水文特征，它的生长、消衰与变化对黄海和渤海的水文状况有着重要的影响，并进一步肯定地指出夏季黄海冷水团是冬季黄海水的"剩余物"，否定日本学者的说法。他与汪圆祥、雷宗友、徐斯合作撰写的《黄海冷水团的形成及其性质的初步探讨》一文，首次对黄海冷水团的形成、性质、范围及季节变化等问题进行了系统而全面的分析，严谨地论证了大气圈和水圈相互耦合与制约关系。这种大范围分析问题的方法，不仅对于黄海冷水团，对于我国沿海近

岸浅水水团的研究具有指导意义，在中外海洋学界也引起很大的反响。

他的这一论断，已经成为后来浩如烟海的有关渤、黄、东海论文的基石和出发点，是我国近海海洋科学研究中最为经典的发现，成为中国近海水文特征的代表性文献。

四、只有心系祖国,才能放眼世界

海洋科学研究需要党和政府的领导,同时也需要各种学术团体的促进和支持。赫先生认为,组织开展国内和国际的学术交流,普及海洋和湖沼科学知识,编辑学术书刊,对国家有关科学技术政策和经济活动发挥咨询作用,都会推动我国海洋事业的发展。鉴于此,1950年1月,赫崇本与著名海洋生物学家童第周、曾呈奎、张玺等11位热心于海洋湖沼事业的著名科学家,发起成立中国海洋湖沼学会,下设15个分会、研究会或专业委员会,并一直参与了学会的领导工作;接着又创建有关"海洋与湖沼"的学报,对我国海洋与湖沼的科学研究、资源开发和保护起到很大作用,成为世界著名的海洋学会和学报之一。

1956年党中央号召"向科学进军"。国务院成立科学规划委员会,召开全国科学大会制定今后科学技术发展规划(简称"十二年科学规

⊙ "十二年科学规划"科学家与国家领导人合影(局部)

⊙"十二年科学规划"科学家与国家领导人合影（局部）赫崇本第二排右数第5人

划"）。赫崇本被聘为该委员会下属的大气海洋专业组副组长（组长为赵九章先生），在参加大会时受到毛泽东主席和周恩来总理的亲切接见。赫崇本不辜负领袖的重托，与与会的著名海洋学家曾呈奎、毛汉礼、刘好治等人一起共商国是，终于将"中国海综合调查及其开发方案"列入国家科学技术发展规划的七项重点之中，从而成就了举世闻名的"中国海洋大普查"科学活动，开创了新中国海洋事业第一个繁荣的春天。

1958年9月至1960年底，在国家科委海洋组的规划和组织下，全国60多个单位协作，先后在渤海、黄海、东海和南海进行了全国海洋普查；布设了47条调查断面，333个大面观测站和270个连续观测站，参加的科技人员600多人，船只54艘，规模之大，举世罕见。赫崇本以海洋组副组长身份出任普查领导小组副组长（组长为海军航保部部长律巍）。他除了安排山大海洋系有关教师和学生全部参加调查外，自己也全身心投入调查的组织和具体方法的制定之中。

海洋普查工作结束之后，赫崇本立即思考另一个重大问题：我国海域广阔，海洋事务众多，要振兴我国海洋事业，用海、管海，谋求海洋强国地位，单靠国家科委海洋组这个临时机构是无法完成的。1962年，在国家科委海洋组的主持下，请一些海洋科学专家编写了《我国海洋科学十年发展规划》，拉开了我国海洋科学事业规划管理的序幕。为了加强国家对海

⊙四国渔业会议（1956年）

洋事业的管理，赫崇本联合地学界24位专家联名上书国务院设立国家海洋局，从此我国海洋事务管理走上了正轨。海洋局成立之初赫崇本先生任顾问，为刚刚成立的国家海洋局日后的发展竭尽全力。

赫先生还兼任大量社会职务，诸如中、朝、苏、越四国渔业会议的中方专家，国家海洋局和中科院南海海洋研究所顾问，中科院海洋研究所学术委员，中国海洋湖沼学会副理事长，《海洋与湖沼》副主编，《中国海洋湖沼学报》与《中国科学》（英文版）编委，《中国大百科全书·海洋卷》副主编、科学出版社"海洋丛书"编委会副主任等。繁重的义务劳动占据了他大量休息时间，但他无怨无悔，呕心沥血，为我国的海洋事业鞠躬尽瘁。事实表明：海洋界将赫先生誉为中国海洋事业的主要奠基人之一，他是当之无愧的！

五、高山仰止,景行行之,虽不能至,然心向往之

1985年赫先生逝世之后,原海洋系历届毕业的学生,积极筹备要在校园内建立一座赫崇本雕像,想让赫先生永远活在学生们的心中。1989年,海洋大学鱼山路校区,一座大理石赫崇本雕像赫然落成,它是由海洋环境学院的教职工集资建成的。校友回来探视母校,总喜欢在他的雕像前合影留念。

2008年,赫崇本先生100周年诞辰,在海洋大学崂山校区第二座雕像落成,它是由1987届物理海洋专业和海洋气象专业全体同学捐款建造的。

⊙1989年春季赫先生的学生在鱼山校区赫崇本雕像前合影

第十七章·一代宗师　百代楷模

⊙2008年赫崇本第二座雕像在崂山校区落成

雕像坐落在苍松翠柏之间，雕像前整齐地摆放着一盆盆鲜艳的菊花，寄托着人们对先生无限的缅怀和崇敬之情。国家海洋局原局长、中国海洋发展研究中心主任王曙光，国家海洋局副局长王宏，青岛市副市长王修林，山东省海洋渔业厅副厅长王守信，校党委书记冯瑞龙，校长吴德星等有关领导共同为雕像揭牌。塑像的正面镌刻着吴德星校长的亲笔题词："中国物理海洋学开拓者、海洋科学教育先驱赫崇本教授"。

观赫老一生，既充满传统士大夫的仁爱、恕道、强烈的忧患意识和责任感，坚毅的气节和高尚的情操，又有西方人文主义知识分子的自由独立精神，尊重个性和人格平等观念、开放创新的意识。他的一生为人朴厚、处世达观，德艺双馨。他的高尚情操，将会薪火相传。

或许赫先生的学生、海大原校长施正铿教授的一句话最能代表大家的心声："大学，不但要有大师、大楼，更要有大爱，赫老就是典范。"

⊙纪念大会上，还举行了第七届赫崇本优秀学生奖学金颁奖仪式

第十八章

永远的怀念

一生献丹诚,四海风波聚笔下;
九天无遗憾,满园桃李竞芳菲。

披肝沥胆献身教育正道永在誉满学界;
多能博学诲人不倦深似海渊高过华嵩。

魂游水底波涛壮阔超四海;
名在人间浩气托体同山河。

一、他与大海共存——深切怀念赫崇本教授

中国海洋湖沼学会讣告

赫崇本教授离开我们整整一年了。1985年7月14日11时30分,中国共产党十二大代表、优秀共产党员、我国著名海洋学家、中国海洋湖沼学会副理事长赫崇本教授心脏病复发,抢救无效,不幸在青岛逝世,享年77岁。

赫崇本教授,满族,1908年出生于辽宁省凤城县。1931年毕业于清华大学物理系,先后在河北工业大学、南开大学、清华大学、西南联合大学任教。1944年赴美留学,1948年在美国加州理工学院获博士学位,后在斯克里普斯海洋研究所随世界著名海洋学家H.U.Sverdrup教授研究物理海洋学。1949年新中国成立前夕,为了发展祖国的科学事业,赫崇本教授冲破重重阻力,毅然回国,在山东大学任教。新中国成立后,在党的领导下,他努力学习马列主义、毛泽东思想,不断提高政治思想觉悟,长期为发展我国海洋科学和教育事业忘我工作,作出了卓越的贡献,值得我们永远怀念。

1950年1月,赫崇本教授与著名海洋生物学家童第周、曾呈奎、张玺教授等11位热心于海洋湖沼事业的著名科学家,发起成立中国海洋湖沼学会,并一直参加学会的领导工作。36年来,中国海洋湖沼学会对推动我国海洋湖沼科学事业的发展发挥了重大作用,这是与老一辈的海洋湖沼科学家,包括赫崇本教授的领导和努力分不开的。赫崇本教授在我国第一个综合性海洋科研机构——中国科学院海洋研究所的前身——中国科学院水生生物研究所青岛海洋生物研究室任兼任研究员,并任物理研究分组的负责人。1952年,在他的积极努力下,山东大学成立了海洋系,他担任系主任

职务。1956年4月，他光荣地加入了中国共产党，由一个爱国主义者成长为一名共产主义战士。同年他还参加了我国第一个科学发展长远规划的制定工作。1959年，在山东海洋学院的创建过程中，他起了很重要的作用。他参与了1958年至1960年全国首次海洋综合调查的领导工作，无论是调查计划的制订和实施，还是科研项目的选择与开展，他都亲自参加，并多次下到渤、黄、东、南海调查基地，直接对广大科技人员进行指导，从而为全国海洋普查的胜利完成作出了重要贡献，为我国海洋科学事业的发展打下了良好的基础。他曾任国家科委海洋组副组长，并同曾呈奎教授等科学家联名建议国务院成立国家海洋局。他对我国海洋观测台站的设置、标准观测断面的选择、海洋仪器的研制和发展等都提出过不少宝贵和富有远见的建议和意见。

赫崇本教授在物理海洋学，特别是在中国近海水文特征的分布变化、水团分析和浅海海洋调查方法等方面，都有深入的研究。近年来，他还对南海深层水的来源问题提出了自己的看法。赫崇本教授学识渊博、功底深厚，胸怀大局、心迹无私，他把毕业的精力几乎都倾注在祖国海洋科学教育事业上。他说："要发展我国的海洋科学事业，光靠几个人是不行的。必须有大批的先驱者，要有大批懂海洋的热心人。这就需要教授，需要培养。"为此，他30几年来，办系建院、购置图书、仪器，建造调查船只，认真讲授基础课，关心青年的成长，培养出一批又一批海洋科技人才，他们分布在祖国海洋战线的各个岗位上，有许多已成为我国海洋学家，发挥着业务骨干和学术带头人的作用。

赫崇本教授谦虚诚挚，乐于助人，热爱事业。他一生呕心沥血，辛勤劳动，对我国海洋科学事业的发展作出了不可磨灭的贡献，不愧为我国物理海洋学的奠基人之一。但他却总是对人说，我个人的作用是微不足道的，一切成就应归功于党和政府的领导。他经常深夜伏案为中青年科技工作者修改论文、专著，却从来不肯署上自己的名字。例如，20世纪50年代末，他把在他直接指导、多方帮助和细心修改下完成的一篇学生论文，推荐到国际学术会议上。学生要求他署名，他爽朗地说："我能代表我的学

生在国际会议上宣读论文,是最高兴不过的了。"这种高尚的风格不仅感动了大家,也深深教育了后辈。他把培养学生和青年科研人员视为己任,甘愿做人梯,做铺路石子。他教导海洋科技工作者要勤奋,要通力合作,要面向生产建设。总之,只要对我国海洋事业有利的事,他都高兴地尽力去做。正如山东海洋学院在向他遗体告别仪式上所作的评价那样:"赫崇本同志为中国的海洋事业竭尽心力,鞠躬尽瘁,死而后已,就像一支蜡烛,燃烧着自己,却照亮了别人,照亮了我国的海洋科学事业。"我们应当学习赫崇本教授这种崇高的精神。

赫崇本教授生前一再表示,去世后把骨灰撒在大海里。这是一位共产主义战士的崇高情操,体现了一个海洋学家对海洋事业的热爱。他的业绩将与大海共存,他献身海洋事业的精神也将鼓舞着海洋科技工作者在调查、研究、开发、利用海洋的征途上奋勇前进。

赫崇本教授永远活在我们心中!

二、新中国海洋事业的开拓者——赫崇本

新中国成立60周年十大海洋人物

他被称为新中国海洋事业的开拓者、中国物理海洋学的主要奠基人。他曾是新中国海洋事业决策的主要咨询人和主要推动者之一，在发展中国海洋科学事业、制定海洋发展规划、开展全国综合海洋调查、培养海洋科技人才、推动全国海洋行政主管部门的建立等方面作出了卓越贡献——他就是我国著名的物理海洋学家、海洋科学教育家赫崇本教授。

（一）情系祖国——永远化不开的赤子之情

赫崇本（1908-1985），出身贫寒，却始终矢志求学，最终成为我国海洋科学的奠基人之一，这与他心系祖国、情牵海洋的伟大情怀是分不开的。1908年，赫崇本出生于辽宁奉天凤凰（今辽宁凤城县）西杨木村赫家堡子，小时候家里穷，受姑姑资助，到北京师大附中读完了中学，并以优异的成绩考入清华大学物理系。1932年大学毕业，并留校担任教师。

1943年，清华大学决定从老助教、讲师中选派7名赴美留学生。经选拔，赫崇本被选中。到美国后经多方调研，他决定专攻海洋学。依照导师的安排，赫崇本先攻读气象学。1943年11月~1947年7月，赫崇本在美国加州理工学院气象系读博士，并于1947年7月完成博士论文，1948年获哲学博士学位。1947年7月~1949年3月，他继续在美国加州大学斯克里普斯海洋研究所攻读物理海洋学，从事海浪研究，打算取得气象学和海洋学两个博士学位后回国。

1949年初，赫崇本在完成博士论文并即将获得海洋学博士学位时，正值新中国成立在即，因担心当时的美国加紧对留美中国学者的控制，赫崇本怀着报国的满腔热情，毅然决定回到祖国，从此开始了为中国海洋事业无私奉献的波澜壮阔的人生。

（二）甘为人梯——为海洋教育奉献一生

回国前，赫崇本就面临着多个选择。当时，母校清华大学以及北京大学、山东大学和国家气象局都向他发出了邀请。赫崇本认为，要做好海洋科学研究，必须要靠近海洋。他最终接受了山东大学的邀请，于1949年5月～1952年9月任山东大学物理系教授、海洋物理研究所所长；1952年9月18日山东大学设立海洋学系，赫崇本又出任系主任。从1959年3月30日山东海洋学院成立到1985年7月14日，赫崇本先后任物理海洋与海洋气象系教授、系主任（兼）、院教务长、副院长等职。在近40年的教育历程中，赫崇本教授在中国海洋科学教育事业上作出了开创性的贡献。

赫崇本回国前，国内尚无一人从事物理海洋学研究与教学。他清醒地认识到，中国要发展海洋事业，人才是关键。而要有更多的人才，必须从教育入手。早在美国攻读博士学位时，赫崇本的学术思想就很超前，他曾经提出"气象研究应从全球大系统考虑，并和海洋结合起来，才能彻底解决大气问题"的观点。

1949年10月，他在山东大学同时讲授"高等海洋学"、"潮汐学"、"海洋学通论"、"动力气象学"等课程。他首创中国物理海洋学专业和海洋气象学专业，这在中国教育史上是第一次。他编著的这两门专业课教材也是我国教育史上第一次出现。1952年他筹建山东大学海洋学系，成为我国第一个以物理海洋学为主体的教学体系。

赫崇本始终坚持实践是第一性的原则。他要求海洋系学生在4年学习期间，要有针对性地出海4次～5次，他的安排大致是：一年级"海上见习实习"、二年级"海洋调查实习"、三年级"生产实习"、四年级"毕业实习"和"毕业论文答辩"，被师生称之为"赫崇本教学四重奏"。

"四重奏"培养了一大批忠于海洋事业的实干家、理论家和海洋事业的管理者。

自1952年赫崇本主持山东大学海洋学系以来,该系就成为中国培养海洋科技高级专门人才的摇篮。该系于1959年扩建为当时我国唯一以海洋为主要特色的综合性大学——山东海洋学院。赫崇本是山东海洋学院学科总设计师,他亲自审定每个系的教育计划,尤其对海洋物理专业关注更多,强调加强数理基础。他还主持完成了我国第一艘海洋综合调查科考船"东方红"号的申报、设计和建设工作。

(三) 执着科研——推动海洋科学基础工作发展

1958~1960年,我国开展了第一次规模浩大的全国海洋综合调查。1958年,国家科委成立全国海洋普查领导小组,赫崇本以国家科委海洋组副组长身份出任全国海洋普查领导小组副组长,参与组织领导和具体指导了这次综合调查。他有效解决了调查方法、调查资料的准确度和调查规范等关键问题,推动了中国海洋科学基础性工作的发展,开创了针对中国海域特点的海洋调查方法的研究,为研究我国广阔海域特点、发展海洋调查方法奠定了坚实基础。

在调查中,赫崇本撰写的论文《浅海水文调查的一些问题》对在我国开展海洋学调查与研究以及当时开展的中国海综合调查有重要的指导意义。另外,他其后发表的论文《关于浅海海洋调查与分析的几点意见》、《关于海洋水文气象调查的精度问题》等均为结合我国广阔海域特点、发展海洋调查方法奠定了坚实基础。

作为物理海洋学家,赫崇本开创并推进了我国海洋学基本问题之一——水团的基础,尤其是对黄海冷水团的存在机制的发现。在当时科研条件差、观测手段落后的情况下,赫崇本根据中国海综合调查资料,对黄海冷水团的形成、性质、范围及季节变化等问题系统而全面地进行分析,否认了日本学术界关于夏季黄海的冷水来自东朝鲜沿岸的论点,提出夏季黄海冷水团是冬季黄海水的"剩余物"。他的这一正确论断是我国海洋科学中最经典的发现之一。他还严谨地论证了大气圈与水圈的相互制约关系。这种大范围考虑的分析方法不仅适用于黄海冷水团的研究，而且对整个浅海水团的研究具有指导意义。他还对划分复杂的浅海水团提出了一些创造性的原则，首次全面地论述了渤海、黄海、东海和南海近海区的水团分布、形成机制和季节变化，并开拓和推动了我国深海水团的研究。

赫崇本还致力于海洋研究所的创办建设工作，在大学创办海洋研究所，为国家设置一批新兴的海洋学科。由于赫崇本的建议、支持和推动，一批海洋科研机构包括物理海洋研究所、河口海岸带研究所、海洋环境保护研究中心、海洋遥感与海洋光学信息处理研究室、海洋物理化学及海水防腐研究室、海洋激光研究室、海岸工程研究室、水产养殖研究所等相继成立。这些具有中国特色的海洋学科的诞生与发展，使中国的海洋科学与国外不断地保持着交流与联系，促进了中国海洋学科的快速发展。

（四）心系"大海洋"——推动海洋科学事业决策

作为国家高层次专家，赫崇本经常思考新中国海洋科学的前途，对制定我国海洋科学发展规划煞费苦心。赫崇本等在《十年来的中国科学综合调查（1949~1959）》上发表《海洋调查》一文，对当时进一步开展我国的海洋科学研究和建立我国的海洋科学体系提出了一系列建议和具体意见。他的《对发展我国海洋科学的几点意见》着重讨论了在我国历史新时期中如何加速发展海洋科学、技术队伍的建设和科学规划，以及研究选题等问题。他还先后参与制定了国家1956年至1967年12年间的科学技术发展规划、1962年国家十年海洋科学研究规划和1977年国家海洋科学规划。

赫崇本大力推进海洋调查仪器装备的国产化、系列化、标准化和现代化。在他的倡议和推动下，国家海洋局海洋仪器研究所（现为国家海洋技术中心）和山东省海洋仪器仪表研究所相继成立，天津气象海洋仪器厂得到了扩充与发展，部分高校中也先后建立了海洋仪器研究机构。在赫崇本的努力和倡导下，国家海洋局先后两次组织了大规模的海洋仪器会战。第一次会战解决了常规海洋调查仪器和装备的国产化问题；第二次会战实现了海洋调查仪器与装备的现代化问题。

1963年3月，赫崇本联合地学界29名专家联名建议国务院设立国家海洋局。国务院接受了这一建议，后经中共中央提议、全国人大批准，于1964年成立了国家海洋局。从此，我国的海洋事业有了一个全国统一的管理机构，有效地统辖开展国家海洋事务。

以上种种，只不过是赫崇本教授一生教育科研光辉成就中的一部分。作为一名为中国海洋事业作出重大贡献的伟大学者，他用一生的奉献、一生的披荆斩棘、一生的点火拓荒，托起了后来"海洋人"开拓拼搏的臂膀。

（中国海洋报，2009年9月10日）

三、赫崇本诞辰100周年纪念会部分讲话

弘扬先贤伟业　再创蓝色辉煌

中国海洋大学校长　吴德星

在纪念赫崇本先生100周年诞辰之际，我们深切缅怀他为推动和发展我国海洋事业所作出的卓越贡献，追思和学习他为国家海洋事业呕心沥血、鞠躬尽瘁的崇高风范，就是要进一步激励广大师生投身海洋强国建设，推进国家海洋事业在新世纪实现新的跨越式发展。

赫崇本先生是我国著名的物理海洋学家、海洋科学教育家，新中国海洋事业的开拓者，中国物理海洋科学主要奠基人，中国海洋科学事业决策的主要咨询人和主要推动者之一。

100年前的今天，赫崇本先生出生在辽宁凤城县西杨木村一个清贫的教师家庭。1928年他以优异成绩考入清华大学。1932年大学毕业，先后执教于天津河北工学院、清华大学、西南联大等，于1943年赴美留学。1948年获加州理工学院气象学博士学位。随后进入美国加利福尼亚大学斯克里普斯海洋研究所，师从斯韦尔德鲁普，曾与美国科学院院士、著名海洋学家蒙克教授一起从事海浪研究，攻读海洋学博士。1949年初顺利完成博士论文，即将获得海洋学博士学位。此时正值新中国成立在即，美国开始加紧对留美中国学者的控制。赫崇本先生抱着求学报国的满腔热血，毅然决定放弃海洋学博士学位和美国优越的工作条件，怀着一颗赤诚之心，冲破层层阻力，于1949年春回到祖国，开始了奉献中国海洋事业波澜壮阔

的岁月。

作为著名物理海洋学家，赫崇本先生推动了中国海洋科学基础性工作的开展；开创了针对中国海特点的海洋调查方法的研究；开创并推进我国对海洋学基本问题之一——"水团"，特别是对黄海冷水团的系统研究，促进了我国海洋科学发展战略的研究。他积极推动并促成了中国海综合调查，有效解决了调查方法、调查资料的准确度和调查规范等关键问题，推动了中国海洋科学基础性工作的开展。他针对中国海发表的论文，为结合我国广阔海域特点、发展海洋调查方法奠定了坚实基础。

他对黄海冷水团形成机制的研究成果，是我国海洋科学中最经典的发现。他的专著《中国近海水系》，成为重要的经典文献。他对加速中国海洋事业的发展，赶超世界先进水平等战略问题，提出了许多重要意见和建议。

作为海洋科学教育家，赫崇本先生开创了中国海洋科学教育事业，特别是物理海洋科学与海洋气象科学教育，培养了一大批优秀的海洋人才。赫崇本先生回国之时，中国的海洋事业几乎一片空白，条件十分艰苦。他清醒地认识到，中国要发展海洋事业，人才是关键，而要有更多的人才，必须先从教育入手。于是，他将从事海洋研究的初衷转化为人才培养的巨大热情，坚定不移、千方百计地为祖国培养、储备更多的海洋科技人才。1952年全国院系调整后，赫崇本先生出任海洋系主任。在他的倡导和推动下，海洋系设立了物理海洋学专业和海洋气象学专业，克服千辛万难，推动学科发展。为了加强师资力量，他一方面设法在全国范围内遴选精英，一方面注意培养本校毕业的中青年教师，从而使教学质量大大提高。自1952年赫崇本先生主持海洋系工作之后，该系就成为了中国培养海洋科技高级专门人才的摇篮。

1958年山东大学奉命内迁济南，赫崇本先生以战略家的眼光，看到了海洋科学在未来经济和社会发展中的重要作用，于是上书中央建议以留青的海洋系为基础，加上海洋生物、海洋化学等专业组建山东海洋学院。中央不仅很快批准了这个建议，而且还把学校定为全国13所综合性重点大学之一。赫崇本先生为了学科建设和学院发展，再次倾注了全部心血。

海洋科学是实践性很强的一门科学,没有调查船就无法在实践中取得第一手的资料和数据,从而无法开展理论研究和教学工作。20世纪60年代初,在国家遭遇巨大自然灾害的困难时期,赫崇本先生为争取建造调查船的经费四方奔走,竭尽心力,历时5年,终于使我国第一艘自主建设的海洋科学调查船——"东方红"号及时竣工投入使用。该调查船在人才培养、科学研究和国际合作中作出了重要贡献。

作为新中国海洋事业的开拓者、中国海洋科学事业决策的主要咨询人和主要推动者之一,赫崇本先生肩负着我国海洋科学学术领导工作,对中国海洋科学的发展,包括制定海洋科学长远规划、开创并推动海洋调查事业、建立海洋机构、组织海洋仪器大会战、参与组建学会等方面作出了突出贡献。20世纪50年代中期,他积极参与中国海洋科技工作的组织和领导。参与制定了1956年至1967年"十二年科学技术发展规划"、1962年国家10年海洋科学研究规划和1977年国家海洋科学规划。他组织领导并参加了1958年至1961年的中国海洋综合调查,基本查清了我国近海的自然环境与资源状况,为我国开发海洋、保护海洋、发展海洋科学奠定了良好基础。他通过海洋局在全国组织了两次大规模的海洋仪器会战,大大推进了海洋调查仪器装备的国产化、系列化、标准化和现代化。

赫崇本先生站在国家高度,积极推动中国海洋机构的成立与发展。1963年3月,赫崇本先生联合了地学界24名专家,联名建议国务院设立国家海洋局。国务院接受了这一建议,后经中共中央提议,全国人大批准,于1964年成立了国家海洋局。从此,我国的海洋事业有了一个全国统一的管理机构,有效地统辖了国家海洋事务。他还积极参与组建学会,创建学术刊物,促进了学术交流与科学研究。

从1949年回国到1985年病逝,赫崇本先生把自己的全部才智和心血奉献给了中国的海洋事业,谱写出献身中国海洋事业的辉煌篇章。

赫崇本先生为中国海洋事业不懈奋斗的光辉一生,充分展现了一位物理海洋学家浩海求索、严谨笃实的治学风范,展现了作为中国海洋科学奠基人之一海纳百川、谋海济国的博大胸怀,展现了一位海洋教育家树人立德、甘为人梯的崇高品德，为我们树立了光辉的榜样。

先生心系国运、追求理想，献身教育、无私奉献。由于时代的需要，赫崇本先生毕生从事于海洋教育事业，一些好心的学者曾向赫崇本先生提出："您从事教育，十分可贵。然而，您没有因失去这么多时间，不能有更多的著作问世而后悔吗？"他不假思索地说："作为我个人，也许是一种损失。然而，中国是一个海洋大国。中国需要的不是一两个杰出的海洋学家，而是需要一批又一批一代又一代优秀的海洋专家。只有这样，中国的海洋事业才能兴旺，才能与当今的世界海洋大国并驾齐驱，我对我所从事的海洋教育事业无所遗憾。"为了国家利益和海洋事业的长远考虑，先生舍弃了本来可以出更多成果的研究课题，坚定地走上了一条为祖国培养海洋人才的道路，完全体现了一位海外学子报效祖国的赤诚之心。

先生浩海求索、治学严谨、襟怀宽广、远见卓识。赫崇本先生开创并推进了我国对海洋学基本问题之一——"水团"，特别是我国黄海冷水团的充分研究，严谨求实，敢于质疑，科学阐明了黄海冷水团的形成机制和变化规律，并提出了水团研究的方法论，对整个浅海水团的研究有着指导意义。先生在不同时期，始终站在国家高度，以战略家的眼光、科学家的精神和教育家的胸怀，为国家海洋事业擘画方略、出谋划策。从参与制定国家海洋科学的长远规划到建议、推动并组织、实施我国首次大规模海洋综合调查，从联合有识之士上书建议促成国家海洋局的成立到几度北上南下费尽心力推动我国第一艘自主建设的海洋科学调查船建成使用，从历经艰辛创办我国第一个物理海洋专业到以海洋系为基础创建我国第一所以海洋水产学科为特色的综合性大学，等等，都展现了赫崇本先生的高瞻远瞩和非凡胆略。

先生注重加强基础理论，强调理论联系实际。先生以陆游"汝果欲学诗，功夫在诗外"的吟诗经验告诫青年人，这"诗外"功夫主要是基础理论。随着研究的深入，"诗外"就是更多、更广的相邻学科，这就是配合。因而，在先生的倡导下，海洋系低年级学生的基础物理、数学课程都分别采用物理系和数学系的讲义和教材，且一直坚持至今。在强调理论联

系实际上，先生号召学生在实践中锻炼成长。在1958年全国海洋综合调查序幕拉开后，先生组织海洋系全体青年教师和学生参加。经过实践的考验，年青教师和学生真正领悟了"纸上得来终觉浅，绝知此事要躬行"的真谛，也懂得了什么是成为合格海洋工作者的正确途径。

先生俯首甘为人梯，始终淡泊名利。先生曾朴实而深情地说过："我愿为同学们的成长做一颗铺路的石子，为探索海洋科学奥秘的人搭肩、垫脚。"他是这样说的，也是这样做的。先生甘为人梯，把培养海洋人才当作自己的神圣使命，为此他放弃了许多从事科研的时间，对学生的关怀无微不至，付出大量精力帮助中青年科研人员拟定选题、制订科研计划、修改论文报告，将成果毫无保留地奉献给他们；先生还花费大量时间为师生审稿，推荐文章、著作出版发表，最后却都拒绝署名。先生曾在国际会议上宣读过一篇由他指导的学生完成自己却未署名的论文，并说"我能代表我指导的学生在国际会议上宣读这篇论文，这是最高兴的事"。先生就像一支蜡烛，燃烧了自己，照亮了别人，照亮了中国的海洋事业。

赫崇本先生离开我们已经23年了。可以告慰先生的是，在一代代海大人和全体海洋工作者的共同努力下，他毕生热爱和奉献的中国海洋事业正日新月异、蓬勃发展；他生前念兹在兹的海洋大学正在加快发展，学科特色更加鲜明，综合实力更加雄厚，正朝着世界知名、特色显著的综合性、研究型大学阔步迈进。

人类已迈入21世纪。中华民族进军海洋的号角催人奋进，兴海强国的使命与梦想激励着新一代"海大"人自强不息、开拓进取。同时，我们也清醒地认识到，前进的征程充满艰辛。继承先辈遗志，弘扬先贤伟业，是我们的历史责任，也是我们对老一辈海大人的最好纪念。让我们更加紧密地团结起来，传承优良传统，恪守"海纳百川，取则行远"的校训，把一代代海大人积淀形成的以"海纳百川，兼容并包的博大胸怀；不畏艰险，探索不已的进取精神；追求卓越，敢为人先的雄浑气魄；严谨求实，取则行远的治学风范；崇尚学术，谋海济国的价值取向"为标志的"海大"文化不断发扬光大，艰苦奋斗，扎实工作，加快推进高水平特色大学建设，在实现海洋强国梦想和中华民族伟大复兴的历史进程中作出新的更大贡献！

赫崇本先生将永载中国海洋事业史册

国家海洋局副局长　王宏

赫崇本先生是我国著名的物理海洋学家、海洋教育家，中国海洋科学的奠基人之一。他对国家海洋事业的杰出贡献，不仅体现于他个人在学术和人才培养方面所取得的丰硕成果，更体现于他对我国海洋学科的建设、我国第一所以海洋学科为特色的国家重点综合性大学的建设乃至国家海洋局的设立与建设等方面所作的奠基性贡献。先生将毕生心血和才华都献给了祖国的海洋事业。他是我们新一代海洋工作者学习的楷模。

国家海洋局是国家海洋规划、立法、管理的政府行政机构。20世纪60年代初，正是赫崇本先生等人站在加快推进国家海洋事业发展的高度，联合一批知名专家上书建议，后经中共中央提议，全国人大批准成立了国家海洋局，使新中国海洋事业自此有了专门的国家行政管理机构，走上了快速发展的道路。先生的远见卓识将永载中国海洋事业的史册。

今天，我们缅怀先生，学习他的高尚情操和精神品格。衷心祝愿"海大"师生以此为契机，进一步弘扬先生鞠躬尽瘁、死而后已的爱国主义精神；学习他勤耕不辍、实事求是的治学风范；承袭他扶持后学、甘为人梯的高尚品格，在人才培养、科学研究和社会服务等各方面不断取得新成绩，为海洋强国建设作出海大人新的贡献。

弘扬赫先生精神　建设海洋科教城

青岛市副市长　王修林

赫崇本先生是著名物理海洋学家、海洋教育家，是中国海洋科教事业的奠基人之一。在发展中国海洋科学事业，制定海洋发展规划，开展全国

综合海洋调查，培养海洋科技人才，推动国家海洋局的建立等方面作出了重要贡献。早在1959年，先生就以战略科学家的目光，看到了海洋科学在未来经济和社会发展中的重要作用，积极参与倡导、促成了我国第一所以培养海洋科技人才为主的重点大学山东海洋学院，为国家海洋事业的发展和青岛日后发展成为我国海洋科教城市作出了突出的贡献。

50年后的今天，中国海洋大学已经发展成为一所以海洋和水产学科为显著特色的高等学府，在海洋科学方面具有雄厚的实力，在海洋教育方面代表国家水平，更为青岛市海洋经济和社会发展作出了重大贡献。今天的青岛市，正以"环湾保护、拥湾发展"战略，勾勒着环湾保护宏大蓝图，描绘出拥湾发展战略路径，已经成为我国沿海重要的经济中心城市和环黄渤海经济圈的一颗明珠，担负着我国海洋经济和海洋产业发展的重要角色。在前进的道路上我们都能感受到赫先生当年思想的光芒。

衷心希望海大借此次赫崇本教授百年诞辰纪念活动，进一步发扬先生的精神，继续科教兴国、海洋强国，也为青岛市的发展作出更大贡献。

一代宗师　学人楷模
——忆山东大学海洋学系创始人赫崇本教授

中国科学院院士　文圣常

赫崇本教授离开我们已经多年了，今天值得告慰的是，他所魂系的我国海洋教育事业已经获得了巨大的发展，从开创初期的一个专业发展到一个系、一个学院，如今又进入了一个崭新的时期，发展成为以海洋科学技术为特色的多学科的中国海洋大学。作为《中国大百科全书·海洋科学卷》副主编，其中《海洋物理》学科主编的《海洋科学》卷业已出版。赫老亡灵有知，一定会大大欢喜。

可以毫无夸张地说，赫老是我国海洋教育事业的主要创始人，也是我国物理海洋学的一位重要的奠基人。

赫老早年学习物理，毕业于清华大学，后赴美留学，专攻气象，获加州理工学院哲学博士学位。作为气象学家，他曾思索过，研究气象应从全球系统考虑，应该而且也必须扩展到海洋研究，否则是不能彻底解决气象学问题的。当然，促使他决心在后半生投身于海洋研究的动机，则是他在留美期间萦回久之的一个想法。他不会忘记，他是在祖国还处在国难深重的时候赴美留学的，我们的国家正在与日本帝国主义进行殊死的抗争，我们的人民正处于水深火热之中。日本侵略者是从海上入侵我国的，如果我国不开展海洋科学研究，我国就没有海防可言，我们的国家就会挨打，我们的民族就会受欺。翻开我国近代史上每一页受耻受辱受欺的历史，不都是与没有海洋研究、没有海防有关吗？国破山河在，亡国奴是什么滋味，作为满族后裔的赫老，自然有更深切的体会。于是，在留美期间，除研究气象外，又毅然再入著名的斯克里普斯海洋研究所，师从H·U·斯韦尔德洛普，与当时年青的学者W·H·蒙克一起开展物理海洋学研究。1949年春，尽管国内还正处在内战白热的状态，然而赫老却带着报效祖国的满腔热忱，放弃了在美国优越的工作机会，毅然回到了青岛，应聘于国立山东大学。

　　那时，中国正处于新旧社会交替阶段，由于种种条件的限制，对赫老从事海洋研究极为不利，然而赫老并没有抱怨，他坚信中国必须开展海洋研究。从长远的角度来说，要开展海洋研究，必须培养一批有较高素质的海洋科技人才，而且要有一代一代的接班人，只有这样，我国的海洋事业才有希望，我国才有朝一日能进入世界海洋科学的前沿。在当前，"我"何不将从事海洋研究的巨大激情转化为培养学生的热情呢，一定要为祖国培养、储备一大批海洋科技人才。

　　决心已定，赫老就把全部精力倾注于海洋教育事业，精心培养海洋科技人才。赫老也许未必想到，在以后生涯里，他竟为发展我国海洋教育事业满白头，为培养海洋科技人才付出了毕生的精力。

　　在山东大学海洋研究所里，赫老一面积极从事科学研究，一面为筹建物理海洋专业和海洋学系积极准备。尽管筹备工作遇到难以想象的困难，然而却艰难地前进着。第一批学生，来自复旦大学生物系海洋组，赫老亲自编

写讲义,从普通海洋学到"物理海洋学"的各专业课程,授课时结合亲身体会,教书育人,富于哲理,充满爱国热忱,既关怀又严格,深受学生爱戴与敬重。这批学生中,一些人已成为当代我国海洋研究的学科带头人和博士生导师。在黑潮研究上作出重要贡献的管秉贤研究员就是其中的一位。

1952年,赫老担任了院系调整后的山东大学海洋学系主任,除日夜操劳系务外,承担物理海洋学的主要课程已经够忙的了。但赫老深知,要培养出优秀的海洋学家,仅仅具有广博的海洋科学知识仍然是不够的,从某种意义上说,若要学"海洋",功夫还在"海洋"之外。于是,赫老坚持再设一个海洋气象专业,为了使该专业办成独具特色,又以自己多专业融合于一身的渊博知识兼任了跨专业的动力气象学教授。

建系初期,首先面临的一个重要困难是师资力量不足,赫老除了自己兼任几门专业课外,为了使学生能开扩眼界、博彩更多学者的治学方法,赫老延请了刚从国外归来的海洋学家来系兼课,著名学者毛汉礼教授就是其中的一位。为了使我能到海洋系来从事研究工作并主持有关海浪原理的课程,赫老颇费周折,亲自过问。其实,那时我还是个青年,作为教授,我还并没有在海洋科学上作过更多的研究,在这以前只是在《机械工程学报》上发表过一篇《利用海洋动力的一个建议》的论文而已。然而赫老却一再盛情地聘请我任教,其殷殷之情至今仍使我感动。

在培养青年教师上,赫老堪称是为人师表的。对自己,律己治事主认真、研究学术贵虚心。对青年教师,则要求必须打好坚实的基础,在授课上,要求相互切磋,共同观摩,天天有收获,月月有进步,年年有提高,并且要求有自己的风格与特色。在科研上,要求在起步的刚开始就应严谨、严肃、严格,不容许有半点的马虎。给青年教师留下印象最深的则是赫老在协助修改论文上,那可真是严肃认真,一丝不苟。尤令人感动的是,赫老宁可放下自己手头的研究工作,也热情地、不厌其烦地为年轻人改稿。可以说,在海洋系里,几乎所有的青年教师都曾从赫老那里受到教益,几十年来经赫老修改过的论文、译稿、报告、专著无数。然而,几乎没有一篇是他兼而署名的。一些赫老当年的学生,以及以后在赫老关怀下成长的青年教师，如陈宗墉、苏育嵩、王景明、冯士筰、余宙文、左中道、孙秉一等教授都已成为学科的带头人和硕士、博士研究生导师。在中国科学院系统中，南海海洋研究所研究员甘子钧，（青岛）海洋研究所研究员翁学传、方国洪、刘凤树、胡敦欣，国家海洋局情报研究所的高工郑文振、陈上汲，第一海洋研究所的高工郑义芳，第三海洋研究所的高工伍伯瑜，等等，以及曾任山东海洋学院院长、党委书记，青岛海洋大学第一任校长的施正铿，党委副书记的王滋然，国家海洋局第一海洋研究所所长的陈则实，国家海洋局情报研究所所长的侯文峰，国家海洋局计划司长葛有信等也都是赫老当年的高足。

　　在办系方针上，赫老有自己的观点：一是要理论联系实际，理论与实际并重，并着重于应用；二是要有既严肃又活跃的学术风气，要有锲而不舍的治学精神；三是要加强基础理论研究，重视基本教材与专著的建设；四是通过实践培养人才，通过科研提高素质。无疑，即使从今天的眼光来看，赫老的这些观点依然是正确的。

　　赫老的这些观点的确立，显然是受了恩师斯韦尔德洛普的影响，斯韦尔德洛普在国际海洋学界具有极高的威望。他是一位多才多艺的著名学者，既是海洋学界泰斗，又是著名气象学家。他曾历时8年，躬身参加"莫德"号北冰洋漂流探险调查，还曾参加"鹦鹉螺"号北冰洋潜水探险，任科学考察学术主任。他所写的《气象学家的海洋学》以及与人合写的《海洋》巨著，迄今都被学术界公认为里程碑式的名著，正可谓是"传世文章足千秋，学界名流都倾倒"。

　　尽管赫老有志于此，然而要一项一项地付诸实施却谈何容易！新中国成立初期，实习没有基地，没有供研究用的调查船，赫老就四处奔波呼吁，商请海军协助。为了使后来扩建为山东海洋学院的学生们有个固定的实习基地，尽管国家当时处于困难时期，赫老还是到处求援，终于使党中央政治局批准设计建造我国第一艘"东方红"号综合实习调查船。虽然经费有了着落，但在造船的技术上还遇到许多困难，造船需要各种特殊钢材，国际封锁，当时苏联又"卡脖子"，几乎使调查船中途夭折。于是，赫老又挺身而出，以在昆明清华大学冶金研究所工作期间从事冶金研究的技艺，协助解决冶金部门在研究某些特种钢材上所遇到的困难，终于使"东方红"号调查船早日投入使用。赫老真是倾注精诚，呕心沥血。

为了解决海洋调查中所急需的海洋仪器与装备，赫老又付出了巨大的精力。在他的关注、推动下，国家海洋局曾先后两次组织了全国性的海洋仪器大会战，并以此为契机建立了海洋仪器与装备的固定研究与生产基地，先后在青岛建立了山东省海洋仪器仪表研究所和在天津建立了国家海洋局海洋技术研究所、扩建了天津气象与海洋仪器厂。此外，为了推动长期性的海洋仪器与装备研究，在山东海洋学院还建立了海洋仪器研究室和海洋仪器厂，并鼓励在中国科学院海洋研究所、国家海洋局的几个研究所以及有关海洋的高等院校中建立起相当规模的海洋仪器研究机构。

赫老一贯主张，要开展海洋科学研究，必须不断地发展、改进、创新海洋仪器与装备。他认为，这是前提，是手段，是先行官。在发展的道路上，应该走独立自主的路，引进为辅，要善于消化。赫老从长期的研究中悟出：一个新的海洋仪器的诞生，不仅是在海洋调查上的效率提高，更重要的是，对现有的海洋理论一次新的鉴定、推动与发展，甚至是一次新的挑战。一部光辉璀璨的海洋科学史不就是这么发展过来的吗！随着海洋仪器从机械文明——电子文明——多技术的综合应用，人们对海洋的认识也逐步从静止孤立的点、线、剖面的概念转化到建立运动着的大面与立体的模式。确实是这样，每一个新的仪器的出现，都推动着人们对海洋认识的提高。

在推动海洋仪器与装备研究上，从长远角度看，赫老是有远见的，从近期效果看，他是重于实干的。他的关怀可谓细心，从颠倒温度表、机械温深计（BT）、厄克曼海流计、印刷式海流计的仿制到国产直读式海流计、盐度计，乃至海洋气象仪器的创制、改进，以及全部由我国自行设计与建造的大型海洋浮标，无不一一关心。据我所知，国家科委海洋组海洋仪器分组在青岛举行的会议，他几乎每会必到。尤令人感动的是，在"十年动乱"期间，身处逆境，体质也很差的情况下，他仍然关心着我国海洋仪器的发展，主动要求到校办工厂劳动，与青年教师一起参加海洋仪器的设计与研制，从翻译资料到施工技艺都细加过问、提出问题，并出主意解决问题。为了使一些青年教师安心于海洋仪器研究，从生活到工作都关怀备至，以自己的亲身经历，耐心地做思想工作。如今，供我国海洋调查用的常规调查仪器基本已国产化了，一些大型装备也已达到或接近国际水平，我国自行设计的调查船也已在几年前进入了南大洋考察。每当思念及此，大家都无不缅怀赫老的功劳。

作为主持山东海洋学院业务的一位副院长，在办学方针上，赫老有明确的主张。他指出：一个专业、一个系、一个学院乃至一个大学是否有发展前途，是否有生命力，要看学术研究是否有的放矢，研究是否结合我国国情，研究是否真正解决我国国民经济中的实际问题。也就是说，大学之道应该与国家的前途、人民的生活联系在一起，旨在民富国强。

赫老是这样想，也是这样做的。建系初期，他在全国奔波，大声疾呼应开展海洋综合调查，摸清我国近海岸的基本情况。1958年，国家采纳了此意见，赫老那时高兴极了，似乎也年轻了许多岁，喜悦之情常言于溢表。他动员了全系师生参加，他自己也身先士卒，既是全国海洋综合调查领导小组的带头人之一，也是全国调查队员们的"顾问"与"科学考察学术主任"。作为主持人之一，他始终全面地进行指导，从而为我国海洋科学研究奠定了基础。赫老是有远见的，如今我国渤海和南海都已开采出丰富的原油；黄海和渤海都已建立了相当规模的水产增殖基地；从北方的辽东湾、渤海湾、莱州湾、芝罘湾、胶州湾到南方的杭州湾、厦门湾、广州湾、北海湾和深圳湾都已获得了巨大的发展，其相应的港口也都成了我国沿海重要的经济开发区。

"十年动乱"结束后，赫老兼任了山东海洋学院副院长、海洋研究所所长、河口海岸带研究所所长。在任职期间，从战略的眼光出发，赫老提出要加强浅海研究，尤其是强调研究、利用、开发我国内海和三角洲的重要性。他认为，尽管海洋的资源不可穷尽，但在可预见的将来，这些海域与地区的开发是人们最关心，也是可以办得到的。在赫老的关怀和指导下，山东海洋学院年青的学者们先后完成了"黄河口专题调查"和

"长江口及济州岛邻近海域的综合调查"。作为成果,这两个专辑已经分别于赫老逝世前后的1985与1986年出版。由于研究的成果已为举世瞩目,目前已发展成为中美加、中法、中日共同联合研究的重要课题,至今仍在进行中。

在赫老的主持下,海洋教育事业经历了几个阶段:山东大学海洋学系,山东海洋学院,青岛海洋大学;创建的学科,从无到有,由单科到多科都有了飞速的发展。今天的海洋大学已经有了覆盖整个海洋科学的学科群体。尤其令赫老感到无限欣慰的是,在赫老的带动与指导下,物理海洋学已经发展成为青岛海洋大学的优势学科。

赫老是一位十分谦虚的学者。尽管成绩卓著,功名显赫,但仍然一再告诫大家,在我国的自然科学中,海洋科学依然是十分薄弱的,即使与姊妹学科"地球物理科学"、"大气科学"、"水文科学"相比也还是大有逊色,没有丝毫值得骄傲的理由。重要的是,要有几代人的奋发拼搏,加强基础研究,重视教材建设,争取在不太长的时间里,除发表一大批有价值的论文外,还要出版一批优秀的专著,只有这样才能立于世界海洋科学之林,无愧于我们的时代。那时赫老已年过花甲,但仍身体力行,壮心不已,除担任众多的学术刊物主编、副主编外,作为主持人之一,负责《中国大百科全书·海洋科学卷》,特别是主编了其中的"海洋物理学"分支的编写工作,以及生前作为主编、目前仍在进行中的《海洋学辞典》编写工作。在他的影响、推动、鼓励下,我的《海浪原理》以及与人合著的《海浪理论与计算原理》、景振华教授的《海流原理》先后出版。在赫老的关怀与指导下,陈宗镛教授的《潮汐学》、冯士筰教授的《风暴潮导论》,杨殿荣副教授等人编写的高等学校教材《海洋学》也一一问世。随着一批优秀论文及专著的出版,一些新兴的学科也随之诞生,如"浅海动力学"、"环境流体动力学"、"风暴潮"等。由于海洋大学学者们在物理海洋学的一些学科研究中已进入国际领先地位,致使国际海洋学界的一些名流纷纷要求将某些国际海洋界的重要会议安排在青岛并在我校召开。此外,也由于赫老的鼓励与支持,由我校教师编著的一批海洋科技和海洋科普读物相继出版,不仅扩大了海洋科学的教育与宣传，也吸引了更多的年轻人有志于海洋研究，使海洋教育事业不断兴旺，后继有人。

赫老还重视海洋学史的研究。他指示，读史使人明智，访古方知兴替。海洋学的发展始于海洋生物学，那是由于人们首先关心的是海洋中的生命现象，后来将重点转移到海洋物理，则是由于在第一次特别是第二次世界大战中，人们认识到海洋的重要性，研究潮汐、海浪可指导登陆，研究海洋声学与光学可以发现潜艇，便于破敌……20世纪70年代将重点又转移到海洋地质，乃是因为大陆漂移、海底扩张、板块学说的新起可以揭开很多海洋之谜，可指导海底探矿与寻找石油。每一次海洋研究重点的转移，都促使人们对海洋认识又一次新的飞跃。关心海洋学史是用以指导今天海洋研究的。

在赫老谢世前的最后几年，科学技术呈现出日新月异的景象，赫老结合着自己的切身体会与经历，不时地向青年教师与学生们指出，当今的海洋学家应该有更广阔的知识面，应该重视海洋与相关学科，甚至是更广泛的学科之间的交流与渗透，在海洋科学里应更多更快地引进新技术，把诸如遥感、激光、微机、计算机的最新成果应用于海洋研究中，这是人们对海洋的认识又一次升华的前夜，我们应该抓住这一高技术群体出现的机遇，珍惜可以静心研究的政治稳定的时代。赫老啊，您的这些设想，在校长施正铿的努力下，今天正在加速实现，青岛海洋大学已办成了以海洋为主要特色，包括理、工、农（水产）、文、管理等学科在内的综合性大学，一批具有相当规模且具有国际先进水平的海洋物理实验室、海洋光学与信息处理实验室、海洋声学实验室、激光技术实验室等都已建立，并且在海洋研究中做出了相当的成绩。

赫老在国际与国内都具有崇高的威望，"文化大革命"前，他经常代表中国海洋学家参加一些重要的国际会议。他在国家科委海洋组和国家海洋行政部门中担任了很多行政职务，是国家海洋机构的重要决策人之一，曾多次参加海洋科学规划的制定。他所考虑的已经远远不是一个专业、一个系、一个学院、一个大学的发展。他所思念的也远不是我国海洋科学界的过去与今天,而是更多地考虑我国海洋科学界的明天与未来。他所考虑的空间与时间都是那么广阔。

赫老是国家科委海洋组副组长,中国海洋与湖沼学会副理事长、中国科学院海洋研究所兼职研究员、中国科学院南海海洋研究所兼职研究员与顾问……赫老魂系的是整个海洋事业。

赫老是一位很有才华的气象学家和物理海洋学家,由于时代的需要,几十年来,赫老始终在海洋教育事业上辛勤耕耘。自赫老在"山大"创建海洋学系以来已经36周年,创建山东海洋学院以来也已经度过了30个春秋。值得无限欣慰的是,赫老精心培育的海洋科技人才幼苗都已茁壮成长,成了海洋界的中坚,散布在全国各条海洋战线上,仅在来自全国各海洋单位参加南大洋调查并首批登上南极洲的考察队员中将近1/2的考察队员都是赫老的学生。他们无愧于赫老的教诲,为我国南大洋的研究增彩添色。赫老啊,您是誉满海洋界,桃李满天下。

恩 师

中国科学院院士 冯士筰

轻轻地我走了,正如我轻轻地来;我轻轻地招手,作别西天的云彩。

徐志摩先生这首《再别康桥》的诗篇,仿佛描述了我的恩师赫崇本先生淡泊无私的一生。

20世纪80年代第5个年头的7月14日,当太阳从东方升起来的时候,赫崇本先生这颗中国海洋界的启明星却悄悄地陨落了。

赫先生轻轻地走了,他走得是那样安详、那样平静,似乎临终也不愿意给大家增添麻烦,不愿意留给亲人和朋友们更多的悲伤和哀愁……赫先生却把他老人家全部的精神遗产留给了后人,留给了中国海洋界的学子,留给了他的朋友和学生们。

我第一次见到赫先生是在我开始教书生涯后的第一个新年到先生家拜

年的时候。当然，在此之前，先生的大名早已如雷贯耳。后来才加道，把我和我大学同班三个同学在1962年毕业时由清华力学系一起要来山东海洋学院海洋系执教，就是赫先生在发展中国海洋教育和科学事业这盘棋上下的一个棋子。赫先生给我的第一个印象，俨然是一位庄重的慈眉善目的老学者。

现在掐指算来，赫先生当时也就是54岁，看来却显得有些老态龙钟了。这可能正表明了先生半生风霜和操劳留下的岁月痕迹。像很多大学问家一样，赫先生话语不多，总保持一种沉思的目光，仿佛在目光中还夹杂着一丝淡淡的忧郁。是不是先生那时已经预感到了当时社会上暂时的平静，只不过预示着一场更大的暴风骤雨即将来临？今天，40多个春秋过去了，回首当年，往事如烟……人生一世，最大的幸运莫过于际遇几位良师益友了。不仅小学、中学，直到大学毕业以后，还能受教于像赫先生这样的恩师，对我来说，实为生来最大的幸事了。赫先生为中国海洋教育事业和海洋科学事业的创立和发展贡献了自己的一生。赫先生不仅以其事业上建立的功勋，更以其人格的力量感召着海洋界的学子和世人。坐落在海洋大学校园中先生的第一座雕像，集中地体现了他的学生和同事们对先生的无限敬仰和深切悼念之情。这是学子们的呐喊，这是时代的召唤！矗立在青岛市百花苑中先生的第二座雕像是党、祖国和人民为先生建立的一座不朽的历史丰碑！除了《中国大百科全书》以外，还有许多纪念和介绍赫崇本先生的文章。笔者也曾在一次有关少数民族科学家的会议上对赫先生的一生作过全面的介绍。但是一个曾发生在先生和笔者之间鲜为人知的故事，一直埋在笔者的心底，相信说出来会让我们大家都有所启迪。

我开始真正结识和了解先生是在1968年跨入1969年的那个时代的隆冬岁月。当时的"革命"造反派，为了彻底清理"阶级队伍"，把赫先生和我双双"扫"入了"牛棚"，赫先生和我被分配到文登县的一个小小渔村。包括赫先生和我在内的6人同挤在一座废弃的破旧磨坊中。屋中除了一盘残缺的石磨外，还有一个也是残缺的土坑。每天凌晨，顶着凛冽的寒风，怀中揣着两把冰凉的地瓜干，挣扎着到海滩上去"劳动改造"，直至

下午"残阳如血"的时候方能收工。晚饭还是煮地瓜干,虽是热乎乎香喷喷的,但是想吃可不敢多吃,因为有"罪"。有时也吃不下去,而且晚饭后往往要开批斗会,我们要站在土台上弯腰低头,接受批斗。散会后,若不太晚,还必须伏在石磨上在小油灯下写"检查交代",时不时在睡前还要"聆听""革命造反派"的一番叱喝和教训。直至午夜已过,万籁俱寂,我们才敢挤在残缺的冷炕上各自去寻自己的梦……寻梦?撑一支长篙,向青草更青处漫溯;满载一船星辉,在星辉斑斓里放歌。

但我不能放歌,悄悄是别离的笙箫;夏虫也为我沉默,沉默是今晚的康桥。

那个时代,除了沉默,似乎就只能是沉默了。但沉默也不容易。磨坊中,虽有火炕,但不让生火;再加上那年冬天分外寒冷,三天两头风雪交加,大有"卷我层上三重茅"之势!当时赫先生已年逾花甲,又体弱多病。一天劳累下来已是腰酸背疼,还要顶着"资产阶级学术权威"和"苏修特务"两顶帽子,被批斗,写交代,检查自己的"罪名",受尽精神上的煎熬。古人曰:"士可杀而不可辱",真是情何以堪!

沉默的是康桥,在斑斓的星辉里放歌才是真正的奋进。在开始流放的一个月之后,赫先山以其独特的方式开始"放歌"了。

一天夜晚,当我尽量舒展来自己的躯体,躺在床上,挤在赫先生身旁,打算去寻求自己的"黄粱美梦"时,赫先生突然凑到我的耳朵上悄悄地说:"我相信这种情况不会永远不改变,国家总会有用我们的那一天。"我稍加镇定,问赫先生:"您老的意思是……"赫先生叹了一口气说:"我的意思是,毛主席和党的政策一贯是'惩前毖后,治病救人'。我们国家还要建设成现代化的社会主义强国。我们只要低头认罪,争取早日解放,回到人民队伍中去,就可以继续为我国海洋事业作出贡献。"接着他叹了一口气,补充说:"老冯,你要相信毛主席和党。也许我赶不上了,望你好自为之!"我热泪盈眶,因为我终于明白了先生嘱托的内涵!从后来隔三岔五赫先生总要在午夜以后,躺住炕上,挤在我旁边,不管多么身心俱疲,还要悄悄地给我讲述世界和中国的海洋科学发展史。这些举动，就更证明了我的猜测是完全正确的。这是托孤，是信任，是期待，是鞭策。先生热爱海洋，如同一个母亲在历经磨难之时仍然深爱着自己襁褓中的婴儿；先生热爱祖国和人民，如同一个儿子在受尽委屈之后仍然不忘孝敬他苦难中的父母！这是数九寒天，在朔风呼啸的一个小渔村的漆黑的夜晚，先生站在前方海洋的碧波上，给我们点亮的一盏导航明灯！呜呼！"僵卧孤村不自哀，尚思为国戍轮台"！这是多么坚定的党性，这是多么高尚的品格，这是多么博大的胸襟啊！

赫先生为人一世，仿佛是为他人而生、为众人而活，直至先生飞升天国的时候，也不带走一片云彩来陪伴他那高尚而孤独的魂灵……悄悄地我走了，正如我悄悄地来；我挥一挥衣袖，不带走一片云彩。

卓越的业绩　高尚的品格
——忆恩师赫崇本教授

中国海洋大学教授　苏育嵩

今年是恩师赫崇本教授100周年诞辰。作为他的学生，每忆恩师总要怦然心动。他为海洋系的创建呕心沥血，为培养人才殚精竭虑，特别是他那高尚的师德和品格，永远是我们的楷模。

1952年全国高校院系调整之时，厦门大学海洋系理化部3位教师唐世凤、江克平、陈宗镛和18名学生北迁青岛，与山东大学海洋研究所合并，成立了山东大学海洋系，我就是这18名学生中的一个。那时的海洋系刚刚白手起家，几乎一切从头开始，教师只有5位，教材图书寥寥无几，实验室还没有着落。为了办好海洋系，赫老从教师延聘、教材图书购置和实验室建设等各方面开始了艰苦的工作。

由于旧中国的衰败，海洋科学十分落后，国内海洋专家更为稀缺。赫老费尽周折，通过各种渠道，终于聘到了文圣常和王彬华到海洋系任教；同时又聘请中国科学院海洋研究所的毛汉礼和管秉贤担任海洋系的客座教授。这些著名教授和后续其他教师的加盟，使海洋系拥有了高水平多方向的骨干教师队伍，既提高了专业理论和教学水平，也为青年教师的培养铺就了肥沃的土壤，使他们可以茁壮成长，又为他们开辟了广阔的发展空间，对他们日后攀登海洋科学高峰帮助极大。

赫老非常重视海洋系的教学实践、实习，认为这是培养学生不可或缺的重要环节。为此，他与老师们反复讨论，谋划筹建了海洋化学实验室和海洋调查表征室。从无到有建起的海洋化学实验室，不仅解决了海水化学分析的教学实验问题，还为以后海洋化学专业的发展助了一臂之力，也为中国标准海水厂的建立准备了人才和技术。至于海洋调查，当时真是困难重重。因为当时我国海洋还处于美国及其附庸的封锁之下，出海实习举步维艰，厦门大学海洋系北迁的原因之一，不能否认也与出海实习有关。赫老深知，学海洋的不出海进行现场调查，岂不是"纸上谈兵"？为此，他设法借助交通部和海军的船舶解决学生的海上实习，同时从海洋调查表征室起步，并计划将来建造专用的海洋调查船。当时的国内外形势和国家的财力有限，造专用调查船在当时几乎是"天方夜谭"。然而赫老却知难而进、锲而不舍，执着地朝着这一方向努力。作为艰难征程的第一步，他先找人制作了一艘海洋调查船的模型，摆放在海洋系的显眼地方，让每位师生看到船、想着船，并为有真正的调查船而共同努力。他自己则多方奔走四处呼吁，向中央力陈要害，终于获得了国家科委的支持，1959年8月为刚刚成立的山东海洋学院建造2500吨级的海洋调查船列入了基建计划，1962年2月开工，1965年1月下水使用，被命名为"东方红"号，赫老的愿望变成了现实。

几十年来，"东方红"号海洋调查船，巡航考察遍及我国近海各大海域——渤海、黄海、东海和南海，不仅承担了校内外的重大教学海上实习任务，而且完成了国内一些单位的科研以及国际合作研究的海上考察任务。我个人有幸在"东方红"号调查船上完成了"长江及其附近海域综合调查研究"（1981年6月~1982年4月），又两次搭乘"东方红"号船访问日本并进行东海调查，且担任1987年5月、6月中日合作"东海水团分布机制多学科研究"的中方首席科学家。直至赫老辞世10年之后，"东方红"号才完成她30年的使命而退役，但其巨大贡献却永留史册，人们更不会忘记赫老在这方面的功绩。

特别不能忘怀的是赫老的师德和品格，这也是几代"海洋人"的共同心声。我有幸在赫老指导下篡写毕业论文。无论工作多么繁忙，他总要抽空问问我的进展如何。每当得知我有新的想法或有新的结果时，他都想法安排，让同班同学参与讨论，互相启发。当时实验条件不具备，学校无法解决设备，赫老便想法联系了中科院海洋研究所的任允武先生，借用他们的白克曼温度计做实验。那是先生很不容易搞到的设备，其温度计的刻度非常精细，但每支表的测温范围很小，需要将多支表接续，在低温部分还得用冰放在保温瓶中降温才能实验。没想到我一用力插表，结果暖瓶爆炸了，温度表也震碎了。我当时吓坏了，知道闯了大祸，但意外的是赫老反而平静地安慰我。他对学生的这种关爱我终生难忘。

毕业留校当教师之后，为了培养我们青年教师，赫老安排我们去跟学生一起听数学和物理课，并要求和学生一起考试，从而使我们打下了坚实的数理基础。为使我们尽快提高教学和科研水平，他又请来苏联专家讲课，并提出了严格的要求，为我们以后从事教学科研开阔了视野，展示了方向。赫老对我们既严格要求又放手使用，让我们在实战中受锻炼快成长。例如，20世纪50年代，由赫老、赵九章、曾呈奎和毛汉礼等人共同发起进行全国海洋普查，当时任国家科委主任的聂荣臻元帅召集该项目的第一次会议，赫老因故不能参加，便让我代他出席。我感到会议规格太高，自己不能胜任，而赫老则多方面鼓励，并让我代他明确表态："对于全国的第一次海洋普查，我们可以出教师、出学生、出仪器，全力以赴。"这使我心中有底，既参加了会议见了世面，也经受了锻炼。事后也正如赫老承诺，我校海洋系的教师和学生分赴渤、黄、东、南海，战风斗浪作为海洋普查的主力胜利地完成了任务。

在扶掖青年教师的成长方面，赫老不惜花费大量时间和精力，为他们指导甚至精心修改论文，真可谓：默默甘当铺路石，诚挚烛炬导后生。吐尽绵丝暖学子，甘为人梯助攀峰。有多少教师和科研人员在他的谆谆教

诲和指导下,由他精心润色和举荐的论文、著作发表了、获奖了,可他一贯谢绝署上自己的名字,乐于诚心实意地在幕后分享成功的喜悦,这是多么难能可贵的品格。作者曾写过一篇论文"台湾环流及黄东海水平衡研究",赫老多次指教和修改,并推荐到远东四国渔业国际会议上去宣读。该论文既有赫老的指导与修改,又是由赫老在国际会议上宣读的,但在正式出版的会议论文集上,却只署了我们自己的名字。类似这样的事例,我也听到许多人说起。赫老的为人,有口皆碑,高尚的品格,众所诚服,是我们永远学习的楷模。

一代良师　百世流芳

——深切怀念赫崇本教授

中国科学院海洋研究所研究员　任允武

赫崇本教授是我国著名的物理海洋学家、海洋气象学家和海洋教育家。他德高望重,学识渊博,为人师表,堪称楷模。我愿趁此机会写一点接受赫教授教诲时的感受,希望能借此寄托哀思并与同学们相互勉励,为发展我国海洋科学事业、实现赫教授的遗愿而共同奋斗。

赫崇本教授1908年9月30日出生于辽宁省凤城县杨木区前进村的一个满族家庭。1928年考入北京清华大学物理系,毕业后曾在河北工学院、清华大学和西南联大等校任助教、讲师。1943年赴美留学,1947年获加州理工学院气象学博士学位,当即转入加州大学斯克里普斯海洋研究所继续攻读海洋学博士。但未久国内形势急变,新中国的诞生即在眼前,赫先生深恐美国政府采取敌视新中国的政策,阻挠中国留学生回国,便毅然于1949年初提前回到祖国,赤心为祖国贡献力量。

赫先生回国后,立即应聘为山东大学教授。未久,中华人民共和国成立。赫教授全心全意为发展我国海洋科学的无私奉献精神,很快就博得了学校广大师生和党政领导的爱戴、信任和崇敬,因此他在1956年被吸收入党，先后当选为中国共产党山东省和中国共产党第十二次代表大会的代表，山东省"人大"第五届常委和全国"人大"第三届代表；曾被任命为山东大学海洋系主任，山东海洋学院教务长、副院长、附设海洋研究所所长和校学术委员会主任；在学术上曾被推选为国家科委海洋专业——学科组副组长，中国海洋湖沼学会副理事长，国家学位委员会委员，中国科学出版社海洋科学基础理论丛书编委会副主编，《中国大百科全书·海洋卷》副主编，《辞海》编委和太平洋西部渔业研究委员会中方专家等职。赫教授没有辜负党和人民的期望，在他担任的所有职务上都作出了不可磨灭的贡献。

赫教授是一位杰出的爱国科学家。他怀着"科学救国"的强烈愿望赴美留学，在其已完成预定的攻读气象学博士，但尚未完成攻读海洋学博士学位的目标时，本可留美继续完成学业。但是他不仅没有这样做，反而在1948年底新中国即将建立之时，果断地决定放弃再得一个博士学位的机会立即回国，这一行动将其爱国热忱表露得淋漓尽致，和那些为了个人私利借故拖延回国之辈相比，真是天壤之别！

赫教授为培养我国海洋科技人才竭尽心力。解放初期，赫教授在山东大学任教时，就把培养海洋科学人才视为自己的神圣任务。他常讲：要想发展我国海洋科学，首要任务是必须尽快地培养人才。但那时山东大学没有海洋系，需要学习海洋知识的有关系别主要是水产系，他便和曾呈奎教授为水产系合开一门内容丰富的"海洋学通论"课程。赫教授深知，只学这样一门课程将来是无力从事海洋科学工作的。他为了尽快地为祖国培养一批海洋科学工作者，诚挚地动员了9名同学在临毕业前一年（1949～1950）致力攻读海洋专业课，准备毕业后从事海洋科学工作。赫教授专门为这些人增开了"高等海洋学"、"潮汐学"和"动力气象学"三门课。不难想象，一位教授在一年中同时开四门"硬课"其负担何等沉重！但是，赫教授并不满足于此，当他看到水产系学生数学基础较差、学习动力海洋学与气象学有困难时，便立即另外抽出时间为学生补习高等数学。他的这种忘我劳动的教学精神，给学生们留下了终生难忘的深刻印象。

赫教授对我国海洋教育事业的贡献随着他职务的提高越来越大。1952年国家进行院系调整时，厦门大学海洋系唐世凤教授率领部分师生迁来青岛与山东大学海洋研究所合并成立海洋系，任命赫崇本教授为系主任；1958年山东大学迁至济南，留下海洋系、水产系和地质系为基础，扩建为包括海洋科学各个分支学科的山东海洋学院，任命赫教授为教务长，文革后任副院长。繁重的建系、建院任务耗费了赫教授极大的精力。经过25年的艰苦奋斗，终于将山东海洋学院办成了一个全面培养洋科技人才的教育基地。

为了办好学校，赫教授放弃了大量亲自搞科研的时间，将主要精力全用于钻研办学方针与教学计划，组织培养师资队伍，筹划建设实验设备、图书资料与实习条件。赫教授非常重视为学校建设一支高水平的德才兼备的师资队伍。他一方面想方设法在全国范围内罗致人才，有不少名教授都是他由别的专业中邀请来的；另一方面大力培养本校毕业的中青年教师，极力为他们创造打基础、开展科研工作和提高教学能力的条件。赫教授曾经花费大量精力帮助中、青年教师制订科研计划，修改论文报告，但却从不挂上自己的名字，科研道德成为海洋界有口皆碑的典范。赫教授也非常重视培养学生既有较好理论基础，又有较强的实践能力。为此，在国家教育经费十分紧张的条件下，他主张必须建造一艘教学实习用的远洋综合调查船，否则学校只能培养仅有书本知识的"陆地海洋学家"，那样对国家将是一个很大的损失。为了建造这条船，赫教授曾经据理力争，亲自联系审批，亲自参与方案设计与论证，亲自参加试航和验收，经过5年的努力奋斗。1964年我国自行设计建造的第一艘远洋科学实习船"东方红"号终于建成投入使用。20多年来，这条船对培养我国海洋科技人才和进行海洋调查工作起了很大的作用。

赫教授对制定我国海洋科学发展规划煞费苦心。新中国成立初期，赫教授兼任中国科学院青岛海洋生物研究室（即现在的海洋研究所前身)研究员，我是他的助手，知其心意。当时他经常思考的主要问题是：怎样把"一穷二白"的新中国的海洋科学尽快发展起来？他时常对周围同志讲：要尽快发展我国的海洋科学，除了必须抓紧培养人才外，还必须针对国家建设需要开展一些调查研究，通过实际工作逐步提高水平。在他的倡导与支持下，不久我国便开展了一些渔场海洋学调查，为在我国变化复杂的浅海进行综合调查取得了初步经验。

1956年10月，赫教授荣任国务院科学规划委员会气象海洋组副组长，参加制定"1956～1967年我国重要科技任务规划与基础科学规划"（简称"十二年科学发展远景规划"），从而使赫教授得到了"用武之地"。在与会专家的共同努力下，终于将"中国海洋的综合调查及其开发方案"列为重要科技任务之一纳入了国家规划。从名称上就能看出，这一项目充分体现了赫教授素日念念不忘的"针对需要、开展调查、逐步提高"的基本思想。为了实现这项规划，1958年开展的规模浩大的全国海洋综合调查(简称"海洋普查"），赫教授又担任了领导小组的副组长。在调查前他参加领导了调查计划与工作规范的制定，在调查中他不断到"综合调查办公室"和各个海区检查指导工作，在调查后又参加领导了资料分析研究和报告编写工作，他为"普查"能够早日实现和取得如此重大的成果起了关键性的作用。

"十二年科学发展远景规划"以后的历次科学发展规划赫教授都参加了，并积极为发展我国海洋科学献计献策，1964年国务院增设海洋管理机构国家海洋局，也是根据他与20多位专家上书中央建议的。他为促使我国海洋科学的迅速发展作出了巨大贡献。

赫教授领导海洋科学调查研究成绩卓越。为了执行"十二年科学远景规划"规定的任务，国务院责成中国科学院尽快由国家现有生产船中改装一艘海洋调查船早日开展工作。当时我在毛汉礼和赫崇本两位教授的指导下承担这一任务。在我寻找到可调对象时，他们立即放下工作，亲自到上海约请交通大学、水产学院和交通部船舶研究所等单位的专家教授共七八人，乘船到东海试航，测试船舶的各种性能，经过仔细分析研究之后，才将船确定下来，改名为"金星"号。万事开头难。在全无经验可循的条件下，设计改装和装备一艘海洋调查船确非易事，幸得赫教授提供资料和予以指导才获成功。此船共服役23年，为发展我国海洋科学取得了大量的宝贵资料和经验，这其中赫教授也有一份功劳。

赫教授非常重视变化复杂的中国近海的调查方法问题。在鲐鱼场调查时，在他的建议下，就做过两船同时按相反顺序逐站观测的对比试验，并将发现的问题及其解决途径撰文发表于《海洋与湖沼》第2卷第1期，提醒同行注意。在全国海洋普查之前，他又和毛汉礼教授建议国务院科学规划委员会气象海洋组进行了四次多船(10艘左右)同步观测，借以验证"全国海洋普查"即将采用的调查方法是否可行。每次同步观测赫教授都不辞辛劳、亲自到烟台参加领导小组，为我们具体执行这一任务提供指导，直到最后得到结论他才放了心。

全国海洋普查期间，赫教授除了参加制订计划、规范和全面领导工作之外，还具体领导了水团专题研究工作，并主编了《全国海洋普查研究报告》中的一个分册——《中国近海水团》。此书运用辩证唯物主义观点，对于划分复杂的浅海水团提出了一些具有创造性的原则，并依之首次划分了中国近海的水团，成为研究中国海水团的重要文献。

赫教授的一生是全心全意为发展我国海洋科学事业献计献策并身体力行竭尽全力促其实现的一生。赫教授学识渊博，对祖国一片忠心，在发展我国海洋科学的各个方面诸如制订规划、培养人才、创造条件和领导重大海洋调查和科研项目等等都做出了不可磨灭的重大贡献。他逝世之后，他的同事和学生无不怀着沉痛与崇敬的心情怀念他，自动集资为他在青岛海洋大学院内树立雕像，将他誉为我国海洋科学的主要奠基人之一，他是当之无愧的。

赫教授德高望重，为人正直忠厚，乐于助人；治学态度严谨，反对在学术上弄虚作假，欺世盗名。他永远是科技界学习的好榜样。

良师益友
——忆赫崇本先生

中国海洋大学原科研处处长 徐瑜

  赫崇本先生是满族人，本姓为赫舍里，祖居辽东凤凰山麓，今之凤城满族自治县，生于清末长于民国。幼年聪颖，勤奋好学；就读清华，执教清华，与华罗庚、任之恭等过从甚密。抗日战争时，在西南联大，抨击黑暗，仗义敢言，素有"赫大炮"之誉。20世纪50年代，初识先生，时先生执鞭山大物理系。第一印象，温文尔雅，谈吐不俗，行动舒缓，蔼然长者，与"大炮"不相若也。

  先生申请参加中国共产党，我适在党委组织部工作，由于工作关系，时相交流，深感先生胸怀坦荡，无私无畏，拳拳之心，澈若明镜。接触日久，由生至稔，感时愤世，倾谈既久，髯眉轩张，方知"大炮"果然也。

  山大迁济，分校留青，转建海院，先生奔走，不遗余力。我则认为：建置海院，实属浪费，毕业分配，困难重重，亦属人才浪费，诸多理由，未若仍为分校。亦曾就教于先生，两意相左。我曾直接上书教育部党组。一次，与会北京，餐桌上偶晤蒋南翔同志，语及建海院实属浪费事。蒋告我：此事譬如下棋，必须先着一子，将来用处未可限量。且绝不能将眼光置于大陆，海洋，我亦有份。至于浪费，目前尚属必要云云。数语点破，茅塞顿开。归来，与先生道及，相对默然，始信先生乃着棋先手。如今，半个世纪过去，是"棋"之威力，已初现端倪。

  1959年，建院不久，先生即有造船之议。1960年1月，我有幸参加国防科委召开之会议，校方已派王化桐同志往京联系有关造船事宜。次年初，接部电，直属各校立即至京申报科研经费，领导派我急去。我至北纬饭店报到时，京津各校已开始申报。黄辛白同志（科技司司长）告我，此次系"拍脑袋会议"，因中央政治局近来拟讨论教育口投资事，故请各校来人提一粗线条框架经费。经反复考虑，去交通部九局取得部分造船资料，即

将海洋调查船一艘（3000~4000吨），对拖渔轮两艘，综合试验中心及船用仪器等项，约合人民币6000万元，填表交部。在京候批，数日未下。黄辛白同志通知回校待命，所有项目须待中央北戴河会议上定。回校汇报，先生甚嘉许。欣然曰："愿不虚此行！愿不虚此行！"不久中央决定三大件被批准：原子能反应堆；电子计算机；海洋调查船。渔轮等未提及，其余均在经常费中解决。文件下达，经费落实，调查船进入实际操作阶段。先生为建船事，殚精竭虑，事必躬亲，大至船舶性能主机设备，小至饮水壶之位置，无不细心考虑。校方成立以侯连三副院长为首之办事机构，调集精兵强将，驻沪办理。我国第一艘教学科研两用海洋调查船，不到两年，即下水服役。此亦先生着之棋也。

我出差在京，住在驸马大街88号部招待所，接先生电话，着即去香山饭店，列席国家海洋组会议。会议由袁也烈同志（水产部部长）主持。前后约四五日，与先生同住一室。会间与各单位同志交谈，始了解全国海洋普查，实发轫于先生，运转操作之首，标准规范之制定，关键问题之处理，亦多取决于先生。历时数载，此一中国海洋科技史上空前业绩，得以胜利完成。海洋普查时，我正下乡种地，至此方补课亦仅饱耳福而已。

先生与我在京相聚者三次，每次均同居一室，闲时，海阔天空，无话不谈，今日音容笑貌犹如目前。

"文革"中，先生属"反动学术权威"，虽未入"中队"，却已"靠边站"。不幸又罹脑梗死，半身不遂，后经抢救，方渐缓解。我往医院，见先生仍卧急诊室病床，师母侍侧，医护不见，终未能住院治疗。回家后，复往探视，手脚尚麻木不灵。先生知我业余素习中医，即邀我为之针灸。彼时我已离"牛队"，较闲暇，欣然从命。开始，隔日1次，15次为一疗程，后即隔2日1次。我有木哑铃一对，为辅助治疗，先生日日用之搓滚按摩，活动手脚。前后半载余，即可扶杖出户。赫师母高兴："请客！"席间客人有二，一为邢福崇同志，一为我。当时，供应紧张，蔬食清供，四人开怀畅舒，已不知外边世界之纷纷乱也。

其间，发生一事。先生一表亲系某厂工程师，因生产事故判刑，刑满出狱生活无着落，与先生言及，实为一冤狱。缘其当班生产时，生产正常；交班后，亦正常；复交一班，仍正常；待至后一班接手，出现问题，致使生产停顿，造成损失，于是上追至彼，并以严重破坏生产，判刑15年。其间隔班次均被开脱云云。先生闻之，愤然拍案，商及我，"如何翻案？"我意似此情状，须直达中央检查司法部门。然当时，司检已被打乱，当以直诉国务院为佳。先生病中，伏案整理案情资料，字斟句酌，月余完成。后该案果然平反昭雪。当是时也，正处"文革"乱世，人人自危，自顾不暇，先生锐身自任，诉此冤狱，令我复见"大炮"精神，感佩之极难以言表。

时至拨乱反正，改革开放，先生心情舒畅，精神焕发，身体亦渐渐好转，往访时，总见积稿盈案，两副眼镜，一对钢笔，满头白发，审定文稿。一日，我道："何若如此为他人作嫁衣裳！"先生翻起白眼道："白纸黑字，马虎不得，一旦出错，误人子弟……"闻之，令人既惊且省，真此其为先生者也。

先生夫人王荣菊，汉族，亦凤城人也。和蔼慈祥，吾辈无论长幼均尊称赫师母。言及往事，娓娓脉脉。中学时，为校中高材生，学业较先生尚优。为支持先生，放弃大学求学机会。抗战时，全家流亡云、贵、川、滇。先生赴美留学，师母携子女三人，颠沛流离、含辛茹苦。每言及此段经历，未尝不泪盈盈在眶也。新中国成立后，在中科院海洋所做财务工作至退休。师母早逝于先生，逝后我去探望先生，两人相对坐，一时许默默无语。

先生病逝，我正出差在外，竟未能送行。

"大炮"精神，着棋高手，半生师友，惠我良多。人生朝霭，去日苦多。我常自思：以先生学识，海洋科学中不难翘然独树一帜，然先生着眼不在个人学术成就，却在祖国海洋科技之未来，为此高尚目标，宁作默默奠基之石。是棋也，更高一着。

纪念赫崇本教授

中国海洋大学教授　李凤岐

今年是我国海洋科学和海洋教育的开拓者与奠基人之一——赫崇本教授100周年诞辰。我国海洋界的几代人都以敬仰的心情，回顾他对中国海洋科学和海洋教育的历史贡献，传颂和学习他高尚的师德和品格。

（一）赤诚忠心，一意报效祖国

赫老出身于教育世家，自幼受家庭影响，尊敬教师，热爱教育事业。1932年从清华大学物理系毕业之后，即在天津河北工学院、北京清华大学物理系、昆明西南联合大学物理系等任教。在这期间他已接受革命思想，并曾与好友谈起有意去解放区参加革命；后经好友分析形势，为将来建设新中国，可以利用有利条件先掌握科学技术，于是在1943年赴美留学。1947年获加州大学理工学院气象学博士学位。

受斯韦尔德鲁普的影响，认识到气象学研究应从全球系统考虑，必须扩充到海洋领域，于是又入加州大学斯克瑞普斯海洋研究所，师从斯韦尔德鲁普，与蒙克一起从事海浪研究，并完成了海洋学博士学位论文。由于得知国内解放战争已接近全面胜利，美国又加紧对留美博士回国的控制，为了尽早实现报效祖国的宿愿，便毅然放弃博士学位，接受山东大学海洋研究所和曾呈奎教授的邀请，购置了必要的图书仪器，于1949年春回国。一片赤诚，一意报国，怡然可见。

（二）呕心沥血，献身海洋教育

1952年全国高校进行院系调整，厦门大学海洋系的理化部北迁青岛，与山东大学海洋研究所合并成立了山东大学海洋系，赫崇本担任第一任系主任，开始了漫长的办学历程。厦门大学北迁青岛的只有三位教师和18名学生，山东大学海洋研究所当时也只有赫崇本和景振华是真正搞海洋的正式成员，确实是举步维艰。赫老对此没有抱怨，而是知难而进。他站在国家海洋事业发展的高度，把自己研究海洋科学的高昂激情转化成海洋教育管理的动力，全力以赴地投身于培养海洋科学的攻关骁将和一代又一代接班人的事业之中。他和同事们加紧研讨、制订教学计划，多方诚聘教授专家，搜集购买图书资料，选购研制教学仪器设备，并征得中国科学院青岛海洋生物研究室著名海洋生物学家童第周、曾呈奎教授的支持和参与。

1953～1954年，文圣常、王彬华、牛振义等教授相继调入海洋系；1954～1957年又聘毛汉礼、束星北教授来海洋系进行教学和科研。为了壮大教师队伍和培养后备力量，赫老也注意选留优秀毕业生，并去清华、北大、南开、复旦等国内著名高校挑选毕业生来校进行精心培养。在修好数学、物理学和打好海洋学基础的前提下，赫老还和老教授分工，对青年教师进行专攻方向的选择和指导，使海洋系在海浪、海流、潮汐、热学和海况分析等方向上都形成了相应的研究梯队。后来这些中青年教师大都成了各个方向术业有专攻的领军将才，也有的成了成就卓著的帅才和院士。

赫老对海洋系的教学实验和现场实习高度重视，他精心谋划，发动教师多方筹措，先后建成了海水化学分析实验室、海洋调查表征室、气象研究室和天气预报实习台等一系列实验室。

这些实验室的建成，不仅解决了教学实习问题，还为后来的第一次全国海洋普查准备了人才和技术，也为海洋化学系、海洋气象系、海洋地质地貌系等相关系科的成立和建设做了前期准备。海洋工程动力学专家侯国本教授的引进和相关实验室的建立，则为海洋工程系及后来的工程学院成立创造了条件。

专用海洋调查船的筹划、申批、督造和使用，更是耗费了赫老无数的时间、精力、心血和汗水。以山大海洋系和水产系为基础刚刚建成山东海洋学院不久，即于1959年8月获国家科委同意，将建造2500吨级的海洋调查船列入基建计划；在国家经济困难的1960年该计划能得到国家计委批准，其难度是可想而知的。1965年建成下水交付使用，这是我国第一所高校拥有的专用海洋调查船——"东方红"号。它在海上巡航30年，调查海域遍及渤、黄、东、南海,既完成了全校各专业的海上实习,也出访过日本及承担国际合作调查研究,直到赫老辞世10年后才退役。

赫老在担任山东海洋学院教务长之后,对整个海洋科学与水产科学教育实施了更全面的战略性谋划。在他的建议、推动下,山东海洋学院成了我国唯一的海洋和水产系科齐全的综合性大学。

在他的倡导下,学校还相继创办了海洋研究所(后改为物理海洋研究所)、河口海岸带研究所、海洋环境保护中心、海洋光学信息中心、海洋激光研究室、海洋药物与海洋食品研究所、海岸工程研究室等。这些科研机构的建立,既承担了相应的教学任务,又开拓了新的方向,陆续取得许多具有中国特色的科研成果,扩大了山东海洋学院在国内外的影响和知名度,为后来海洋大学各相应学院的建立和发展奠定了基础,创造了条件。

(三)殚精竭虑,为国建言献策

作为海洋学家赫老关注的不只是个人的科研和本校的教学,他胸怀祖国,深谋远虑,积极倡议和参加了发展中国海洋科学事业的各种类型、不同层面的工作。赫老是敬业务实的实践者,他始于足下,极尽心力办好海洋系和海洋学院;赫老又是高瞻远瞩的战略家,受任于国家层面的海洋科技组织和领导工作。他担任国家科委海洋组副组长,国家海洋局顾问,西北太平洋渔业委员会海洋组副组长,中国海洋湖沼学会副理事长等职,在1956年和1962年两次参与制订中国海洋科学的长远规划,为国建言献策。他也时常放下案头的科研工作和论文的撰写,参加多种会议,参与有关规划、方案、实施计划的编写,为我国海洋科学的迅速发展,贡献自己的才智和心血。

针对我国岸线漫长海域广阔,涉海行业部门众多,利益相关者之间免不了摩擦,部门之间也多有掣肘或脱节的现实,为使我国有限的财力、物力和人力发挥最大效益,应该设立一个统一的海洋管理机构,使我国的海洋调查等工作能够有计划统一实施,既避免重复、分散、无效的周折,又能更迅速集中优势重点突破,赫老和曾昊奎等24名地学界专家1963年上书中央，建议成立国家海洋局。这一建议旋即获准，1964年正式成立了国家海洋局，从而促成全国海洋调查统一归口，进而实现了跨越三大洋、登上南极洲，参加众多国际合作海洋调查，完成国际洋底多金属结核矿区勘察，大洋一号环球海洋调查以及北极科考等。这一系列壮我国威的大规模现代化海洋行动，都赖于这种举国一致的协调和实施。

赫老对国家海洋事业的关注，既有宏观的规划和机构，也有从一个专家特有的视角所关注的海洋调查的技术手段。从早期对气象学和海洋学的研究到后来国际海洋科学的发展，他已充分认识到每一种新型海洋仪器的诞生，不仅仅是提高了海洋调查的效率和精度，更重要的是新仪器的使用常常伴随新的海洋现象的发现，促使海洋学家对已有理论和学说的反思和鉴证，而这本身又是对海洋科学的一种推动，甚至是一种震撼和挑战，从而催生新理论的诞生和形成。鉴于此，赫老立足长远，提出必须重视提高我国海洋调查技术和手段，倡议我国海洋调查技术及装备应尽快实现系列化、标准化、现代化与自动化。

此后经相关部门的支持，国家海洋局成立了海洋仪器研究所（后改为海洋技术研究所，现为国家海洋技术中心），天津气象海洋仪器厂也得以扩展，山东省适时建立了海洋仪器研究所，有关大学亦先后设置了海洋仪器研制机构。这一倡议还促成国家海洋局在全国先后两次组织大规模的海洋仪器联合研制（时称仪器"会战"），很快提高了我国海洋调查仪器装备的国产化水平，大大推进了我国海洋调查的现代化进程。

（四）铺路擎炬，人梯精神楷模

赫老在教书育人方面身体力行，堪为楷模，有口皆碑。作为海洋学家，他编著并亲自讲授海洋通论和物理海洋学，也跨专业为气象系讲授动力学，在本科生教育上下了很大的工夫。在兼任中国科学院青岛海洋生物研究室（现中国科学院海洋研究所前身）物理组组长、研究员时，对有关研究人员倾力赐教，受其教诲指导的研究人员中，已有不少人成了重点课题负责人和博士生导师，有的已荣升院士。后来国家海洋局的几个研究所和其他研究机构，也备受赫老关怀和支持，至今人们仍传送这位仁慈宽厚的长者和无私奉献谆谆施教的导师。

赫老组织并亲自带领海洋系师生，参加了1959～1960年全国第一次海洋综合调查。对载入中国海洋科学史册的这一壮举，赫老事先做了周密的准备，对浅海水文调查的有关技术和科学问题，有相当深入的研究和论证，对调查队员（主要是海洋系学生）的组织、教育和培训既严格又关爱。通过这些细致的工作，既保证了海洋调查的质量，又培养了人才和技术骨干；这些初入海洋门槛的稚嫩青年，后来都成了海洋调查的行家里手，有不少人后来成了博导，也有的成了院士。

在从事繁忙组织领导工作的同时，赫老也见缝插针地进行了卓有成效的科研，特别在浅海水文调查有关问题探讨和海洋水团分析方面作出了突出的贡献。针对我国浅水海域的特点，赫老对调查方法、资料处理等发表了一系列论文，为当时海洋普查奠定了坚实基础，也为后来的海洋调查研究提出了指导性的意见。对于海洋学的基本问题之一——水团的研究，赫老的贡献更为卓著。他亲自指导带领青年教师对黄海冷水团进行研究，发表了《黄海冷水团的形成及其性质的初步探讨》一文，否定了日本学者的观点——黄海冷水来自日本海朝鲜东岸的里门寒流，严谨地从大气与海洋相互作用的观点论述了黄海冷水团的形成、性质、范围及季节变化，肯定它是冬季而且是在黄海本地形成的。

这一正确论断，现已成了渤黄东海水团和环流分析的基石而被奉为圭臬。关于南海热盐结构的论文，则开拓和推动了我国深海水团的研究。由他主编的《全国海洋综合调查报告》第四分册的《中国近海水系》，对复杂的浅海水团的划分，创造性地提出一系列原则，并首次全面论述了渤黄东南海近海水团分布、形成机制和季节变化特征，已经成为我国海洋学的重要经典文献。

赫老本可以在上述科研与著述的基础上，进行更深入的研究，发表更多高水平的论文。然而，为了培养青年教师与学者，他宁可放下手头即将出结果的科研，毫不吝惜自己宝贵的时间和精力，默默而严谨地为他们修改、润色论文。有的论文作者觉得赫老在自己论文中的贡献太大，请求加署赫老为作者，但赫老虚怀若谷，极端尊重原作者的劳动，执意谢绝署名；甚至由他推荐、修改并由他在国际会议上宣读的论文，在正式刊印出版时也只保留原作者名字，而将自己的名字删去。这是多么令人钦佩的精神，这就是赫老的品格——对待名利绝不伸手，对待工作绝不松手，对待青年总是伸出热情提携之手。

我本人1958年才入学，没有赶得上听赫老授课，但聆听过他端正态度、坚定理想、热爱海洋、报效祖国的报告而受益终生。当国家海洋局提出欲调整海洋调查断面时，赫老曾亲笔写信给我（当时我仅仅是一名小讲师）征询意见，真是令我既感动又惶恐。当我在苏育嵩老师指导下对浅海水团划分做出点滴成绩时，又得到赫老及时肯定和热情鼓励。在赫老的鼓励、激发下，我参与编著出版了《物理海洋学》、《海洋水团分析》、《海洋科学导论》等论著，也算是对赫老的一点告慰吧。

赫老一生真正做到了：乐当沙石铺坦径，毅擎烛炬照征程；喜作圊土滋桃红，甘为人梯助攀峰。赫老是我永远学习的楷模。

先生自言的"愧对后生"，作为我的座右铭将时时鞭策着我自励、自警、自省。

怀念慈父

赫羽

在爸爸100周年诞辰之际，爸爸对我们子女成长的关爱历历在目，记忆犹新。我是老大，有一个弟弟和一个妹妹。爸、妈与我们子女之间是平等的关系。1943年，爸爸在昆明西南联合大学物理系任教（讲师）时，清华大学决定从老助教和讲师中选派7名赴美留学生。经考试等选拔，爸爸被选派赴美留学。爸爸走后，坚决支持爸爸到美国留学的妈妈挑起了养育我们三个子女的重担。妈妈是师范学校毕业，但在抗日战争时期的后方昆明，找到一份固定的工作是不可能的。妈妈从店家领些在缎子被面上绣上中国龙图案的刺绣活,又到学校争取些刻写讲义的活……靠妈妈打零工赚钱,维持我们的生活。

爸爸在美国留学第一年的费用是有保障的,以后就由留学生自己解决留学经费。爸爸攻读博士学位,还要工作,以支付留学经费和尽力购买回国工作所需的图书资料,再就是托付回国的中国同胞捎点钱给妈妈。爸爸并不认识捎钱的人,只因都是同胞。大多数捎钱的人,设法找到我们,把装有钱的信封交给妈妈。我们永远不能忘怀的是一名中国飞行员,他在返航回国途中遭到日寇炮击,跳伞下来,又千方百计地找到我们。当妈妈从他手中接过已烧掉一个角的信封时,热泪夺眶而出。他对妈妈说,这封信一直放在他的胸袋中。也有这种时候,妈妈千方百计地联系捎钱人,却收不到爸爸托人捎来的信封。

在我6岁多时,爸爸去美国留学。1949年春爸爸回国,任山东大学物理系教授。新中国成立后,爸爸为创建与发展山东大学海洋系、山东海洋学院(现中国海洋大学)物理海洋与海洋气象系以及山东海洋学院耗尽了心血。他为发展中国海洋科学事业,特别是开拓与发展中国物理海洋科学竭尽心力。他和我们子女单独相聚的时间很少,但他对我们子女成长的关爱却很多。

新中国成立前,由于生活艰难,我既要帮妈妈做家务,又要照看弟弟和妹妹,所以有时候能到小学读书,有时候只能在家由妈妈辅导学习小学课本。新中国成立后,我才能上初中、高中、大学念书,接受正规的教育。我正在为自己的汉字很"烂"而苦恼时,爸爸从北京旧书市场寻觅到一本如何写好汉字的书《百日见功》送给我。按照书中提供的写字方法,我每天写一定时间的汉字,坚持100天,果然有了进步。考大学时,爸爸提了建议,我没有采纳。我自己选择了一所五年制大学的电机系。爸爸就尊重我的选择。刚入学时,我写信给爸妈,述说了课时数最多的高等数学课。不久,我就收到爸爸寄来的一篇文章《如何学好高等数学》。这是爸爸请执教高等数学的教授写给我的一封信。这篇文章对我学好高等数学课起到很积极的作用。

弟弟赫竞从小喜欢动手制作。每当完成一个"作品",爸爸都能和弟弟一块分享成功的喜悦。每天,弟弟都从妈妈发给他买午饭的钱中留下一点。积攒到一定数量的钱后,他就到旧货市场,选购他想要的零件。他用这些选购来的零件组装、调试成收音机等器物。在读高中时,由于学的知识多了,他的有些想法难以实现。爸爸总是让弟弟把他的想法画成图,由爸爸带在身上,请教有关专家。弟弟大学毕业后在工厂工作,他的动手能力、他的创新能力、他的实干精神有了施展空间,这真是如鱼得水。他独自设计原理模型和工艺流程,并亲自参与制造了一台转子发动机,获得了1986年全国发明展览会银牌奖。

弟弟回忆说:记得爸爸从美国回来,给我买了两个并不值钱但很有意义的玩具。一是陀螺仪,用线绳拉动后,高速旋转,拿在手中摆动它,有稳定方面的作用,放在支架顶尖上能稳定的站立而不倒。另一个是小汽艇,放在水盆里,点着船舱里的小油灯,便能听见"嘣嘣、嘣嘣"清脆的"汽缸"声,小艇在盆里跑个不停。原来,它的"锅炉"受热面铁皮很薄,火一烧就胀起来,吸进水滴又瘪回去,吸进的水滴受热后变成蒸汽又原路从后面喷出。就这样,"锅炉"一胀一瘪地推动小艇巡游。这可能是世界上最简单的发动机。小艇跑起来活像早期电影上(大概是英国)的汽艇,给我的童年带来愉快的遐想……而今,我是一名发动机专业的退休工程师,已经从微观层面解决发动机的二冲程换气问题。汽车的大幅度节能,不应代价高昂、结构复杂。我正在总结多年来的发动机实验研究结果,为节能环保作出自己的奉献。

爸爸对我们的教育是多方面的,既有深入浅出的知识启蒙,也有认真严谨的作风感染。在爸爸100周年诞辰之际,我们深切怀念爸爸。

四、可敬的女性、无私的母爱

赫崇本的夫人——王荣菊

王荣菊出生在辽宁省丹东市一个富商大家庭。这个大家庭的家长是王荣菊的大伯父。王荣菊的大伯父与当时张学良的父亲张作霖是好朋友。王荣菊就读于丹东市女子师范学校。王荣菊不仅人长得漂亮,她的学习成绩也名列前茅,写得一手好字(汉字的各种字体);王荣菊还是运动场上的佼佼者,在各项比赛中经常是冠军的获得者。

赫崇本叔叔的女儿赫郁楠与王荣菊同在丹东市女子师范念书。千里姻缘一线牵,是赫郁楠将王荣菊介绍给了赫崇本。

王荣菊与赫崇本是在东北结的婚,他们结婚时的嫁妆很丰厚,不少衣物和首饰成了他们后来生活的一大财源。赫崇本留学美国时的赴美飞机票,以及他刚到美国时的费用,都是王荣菊陪嫁时的首饰换来的钱。当时,在昆明与赫崇本租住在同一家农民庭院里的有薛廷耀、郑柏林夫妇(山东大学生物系任教),薛廷耀赴美的机票也是借的王荣菊的钱。

赫崇本到美国后,妻子决定带着三个孩子去贵州桐梓某兵工厂投奔在上海交通大学机械系毕业、在该厂任总工程师的哥哥,结果,到了桐梓后才知道哥哥已经病逝。王荣菊只好带着三个孩子拖着沉重的步子又上了路。后来辗转到了四川乐山,那里有赫崇本一个堂兄赫崇学,在中央技艺专科学校给王荣菊安排了一个场地的保管员工作,她和孩子们才有了较为安定的生活。

赫崇本在美国留学期间只要听说有回国的中国人,不管他们认不认识他都会毫不犹豫地把手上所有的美元交给他(们),请他(们)带回祖国转交给自己的妻子王荣菊。在受赫崇本委托的人中，有的人总是想方设法地找到王荣菊，把美元交到王荣菊的手中，也有的人最终也没能把美元送到王荣菊的手上。在这些受赫崇本之托带美元回国的中国人中，有一位中国军人，他是一名飞机驾驶员，他是其中最令人难忘的一位。

当赫崇本听说有一位中国军人（飞机驾驶员）要驾机回国后，立刻就找到了他，并委托他将自己省下来的美元带回祖国，转交给自己的妻子王荣菊。飞机在飞回中国的途中，不幸被日本的炮弹击中，飞行员受伤跳伞并成功逃生。几经波折最后他终于找到了赫崇本的夫人，亲自把赫崇本托带的美元交到了王荣菊手中。

当王荣菊接过已经烧掉一个角的美元和信封时，顿时热泪盈眶。后来，将美元和信封作为珍贵纪念，一直到"文革"被抄家时才因害怕而主动烧毁。多年以后，王荣菊才把此事告诉了子女，她要让自己的孩子们永远记住这位不知名的、勇敢而诚信的中国飞行员，记住他的高尚行为。

回忆母亲

儿子　赫竞

幼小童年的记忆是片段的影像，但却是终生难忘的。昆明的一个上午，妈妈拉着我的手，指着天上一架飞机对我说："你爸爸就在那飞机上，他要去很远很远的美国。"一对恩爱夫妻已经离别。为了祖国不再落后挨打，他走上了科学报国之路，要去选择一副最重的担子，而把妻子儿女默默地托付给祖国。祖国的父老乡亲会保佑他们求生路上一路平安……后来，听妈妈说爸爸是带着病上的飞机，不时地还要服用心脏药。他到了印度改乘轮船到的美国洛杉矶。

一辆破旧满载的货车吃力地走在漫漫无尽的盘山公路上，唯有漫山遍野的风景让人无厌。天已完全黑了下来，车子突然停了。在那兵荒马乱的年月，带着三个孩子长途搭车的妈妈，警觉地对司机说："你要干什

么？""车子抛锚了，需要修理。"司机说道，"你放心，我也是有妻子儿女的人，他们在日寇占领区，也没有音信。"后来妈妈常说"常州人好"，其实是中国人好、日寇坏。

灯光照在夜幕下漆黑的水面上，时间不长，船就渡过江面，我们住到一间女生宿舍里，上下铺排得满满当当。后来才知道，和我们同姓的赫郁楠在这里读书，这里就成了我们落脚的地方。那时，我患急性黄疸肝炎已是后期，贵阳当地的一位中医江公铁先生看了对妈妈说吃了他的药后小便是什么颜色就可再来找他，否则就不要来了。结果，得到了这位神医治疗，命竟然保住了。我能有今天，和妈妈的辛劳分不开。我刚出生就左腿短、脚向外撇，是妈妈锲而不舍，天天给按摩，然后用布包裹起来，发育一段时间竟然正常了。在四川成都期间，我染上了癞痢头，妈妈领我四处求医，最后打听到用酒精泡两味药的方子涂抹，结果完全好了，竟然没落下秃头。方子一直保留到地域有别的青岛。

那时候远不像现在交通方便，为了节省路费，我记不清妈妈是怎么找到江边拉纤的货运小木船。离开贵阳，我们娘儿四人逆水上行，结果，路上遇到土匪，船抛了锚，船老板娘在后船舱用破麻袋把我们盖起来，我从麻袋缝看到头戴礼帽、身着长袍的土匪。果然，土匪也同样发现了我们。老板娘说"这是些病人"，也不知是因为她常年走这条水路，和土匪熟悉的缘故，还是因为现场具有令人厌恶的效果，土匪竟然没有追查，就放行了。在拉纤船上的一个月，天天吃的都是糙米饭，就胡萝卜块煮辣椒面加点盐巴。我们三个小孩都胖了，而且我这一辈子也忘不了，时常要模仿当时船工那种吃法。

日寇把东北的大学生叫作"思想犯"而到处抓捕，妈妈的大哥因此逃到广州，继而辗转到了贵州桐梓，在一家兵工厂机枪车间任车间主任，并已结婚成家。妈妈离开昆明，长途跋涉的目的地就是桐梓，但未曾想到，她最敬重的大哥王长颖已经因病离世。我只记得大舅妈是广东人。结果，妈妈就拖着沉重的步子，领着我们重又上了路。妈妈出生在那样优越的家庭，为了支持爸爸的报国理想，身负沉重的担子，在求生路上继续着走不完的路。

我的印象有四川成都炎热的夏天,妈妈给我洗澡的影像;有成都冬天城郊萝卜地里丰收的景象。至今我还能用成都方言诵出农民的民谣:"青苔萝卜抿抿甜,看到看到就过年……"

在乐山我有一年四季的美好记忆,竹篱笆的院子很大,院子里排放着许多大酱缸。这里是做酱油、做肥皂的地方。爸爸一个堂兄赫崇学在乐山中央技艺专科学校,给妈妈在这里安排了保管员的工作。我们住在大院里一间不怎么遮风的竹篱笆墙房子里,每当晚上我们三个孩子安睡了,妈妈还要在油灯下纳鞋底,常常是嘴里低声唱着渔光曲抒发自己的感情,盼望着有一天把三个孩子健健康康地带到爸爸身边。妈妈是个很阳光的人,她曾多次带我们坐小船到江对岸的乐山大佛寺。寺庙的一段围墙环绕大佛的后脑勺,相距不远,隔空相望。大佛与身后的山体不连,虽然巨大却很成比例,仅在它的大脚趾盖上就能容下打扑克的人。大佛脚下就是湍急的江水,是急转弯的地方,旋涡很多,是行船最危险的航道。古人修建大佛,起到了安定船工、减少事故发生的作用。妈妈带我们亲近大自然,对我们的成长很有好处。

抗战胜利后,国内局势逐渐安定下来,妈妈打算带我们回东北老家。在重庆上了轮船,妈妈买了一块竹床板放在船舷甲板上,这是我们的"特等舱",我两脚垂在舷外,手把着栏杆,看着长江风景,晚上躺着,月光下高高的三峡至今还有印象。到了上海,妈妈找到爸爸的同学郑一善借了钱,买了北上去天津的船票。海上的船要正规多了,幸好没遇到大风浪,过了叫作"黑水洋"的海区,难熬的旅途终于快要结束。天津有我的八叔赫崇敏,他是位医生。在天津住了一段时间,得知爸爸要回国的消息,并约定在青岛会合。1948年7月妈妈就领着我们到了青岛,由山东大学安排我们住在合江路宿舍,从此我们小孩开始了稳定的学生生活,等待着爸爸的归来。妈妈也没干等着,而是在夜校学会计,准备和爸爸共同承担家庭负担和长期以来欠下的债务。这期间妈妈收到来自美国的一个大包裹,爸爸在美国的房东老太太,长期以来收集的小孩旧衣物,终于打包从美国寄来了，虽然能用的不多，但心意很重。这其中，有一条背带裤我穿了很久也不肯换；有一件毛衣，因不合身，妈妈想拆了重新另打，结果发现毛线一段段的，根本拆不成个儿，但可见老太太织毛衣花费了非常大的心血。

爸爸回国后，妈妈因脊椎骨结核睡了一年石膏床，不能起来；接着又戴了一年的钢背心，才完全康复。想当年，妈妈背着行李、抱着妹妹，历尽艰辛把三个孩子健健康康地带来与爸爸会合，而她却累坏了腰，妈妈的担子我们怎么能说得清呢，有形的，无形的……从此，爸爸将要挑起他一生报效祖国的重担。

我的婆婆

儿媳　杨洪贤

婆婆王荣菊在世时，常听她讲那过去的事情，根据不完全的回忆，记录如下。

王荣菊生于1916年10月20日，于1983年3月5日去世。祖籍山东招远县，高中文化。

光绪初年，山东闹饥荒，出身农民的祖父母带领三个幼儿逃到东北谋生，经历千辛万苦种田、养蚕、缫丝等行当。

其祖辈兄弟三人逐渐长大成人后，吃苦耐劳、俭朴努力打拼创业，尤其是大伯王建极精明强干，具有经营才能，注重诚信，终于赢得了商界有识人士的信赖和拥戴。1911年王建极被选举为安东（现丹东）商会会长，连任13年。1918年兼任"东边实业银行"——安东最大的民营金融机构的董事长，当时王家的家业兴旺发达。

因其父辈出身贫苦，对劳动人民有深厚的感情，虽然家庭富有，但大伯主张家人布衣素食，而对于举办慈善事业则不遗余力，王家以恤贫怜苦、乐善好施而闻名。由于大伯从日本明治维新受到启发，认为中国的贫困衰弱是由于文化落后人才缺乏造成的，所以他倡导振兴教育兴办学校。在他的带头捐资下，得到了绅商各界的襄助投资兴建了"林科中学"、"商科中学"和"女子学堂"（后来的丹东师范学校），培养了大批人才。

婆婆就是出生在这样一个家产丰富而生活朴素又有崇尚文化的家庭中，所以她享受到了那个时代一般女孩受不到的教育。由于从小就聪明、漂亮、性格开朗、好动、乐于助人，深受老师的喜欢和同学的爱戴。在作文课上，她能在完成自己的作文后，用同一个作文题目帮助同学写出构思不同的两篇作文。

在高中阶段，婆婆与同桌赫郁楠（赫崇本的堂妹）相处得很亲密，之间无话不谈。赫郁南给牵线、介绍在北京清华大学任教的赫崇本，希望他们能够认识、相互了解并建立恋爱关系。王荣菊回家跟父母说了。因当时有安东一个富户来提亲，父亲对此事有所犹豫，母亲则认为富家纨绔子弟只知道享乐，怕女儿将来吃苦受罪。而赫郁楠介绍的赫崇本是个读书人，又在北京清华教书，因而认为对女儿比较合适，便说服了父亲，同意赫崇本回安东相亲。

1936年公公与婆婆在安东结婚。婚后婆婆随公公到北京清华大学居住，第二年在清华生下大女儿赫羽。

"九一八"事变后，清华大学迁到了云南昆明，与北大、南开三所大学组建了"西南联大"。随后，婆婆也去了昆明，在那里相继生下了儿子赫竞和小女儿赫喆。生赫喆时，因接生条件差，婆婆患了产褥热，持续高烧昏迷，生命垂危。幸亏得到学校的资助，注射了很难买到、价格不菲的进口药盘尼西林（青霉素），治疗一个多月，才转危为安。婆婆得救，赫喆的乳名就取为盘尼西林的译音——珀珑。

在昆明那几年，婆婆就挺辛苦。公公因工作忙碌顾不上家，婆婆一个人拉扯三个小孩，每天要背一个、抱一个、领一个去买菜、做饭。生活也不富裕，婆婆经常变卖结婚时娘家陪送的嫁妆和首饰补贴家用。婆婆是一个富家小姐，以她的话说，从没干过家务活。结婚后要跟公公背井离乡过着那苦日子，但她从没在公公面前说这些抱怨的话，而在背后默默地支持着公公。她毫不犹豫地鼓励公公安心地去美国留学深造。这对于一个只有

20多岁带着三个幼小的孩子，在无依无靠的异乡谋生的年轻女子来说，需要多么大的勇气啊！

1944年公公为了科学救国的理想，毅然告别了爱妻和孩子离开昆明去了美国。公公走后婆婆带着三个小孩（大的6岁，小的2岁）开始了历时五年多的漂泊生活，一路上搭货车乘小货船，经历了千辛万苦去投靠亲友。

从昆明到贵州桐梓为的是投靠其大哥，到了目的地才知道大哥已经病逝。无奈，只好辗转去了四川投靠公公的堂兄。在那里婆婆找到了一份工作，总算有了一个落脚地。婆婆可以挣点钱，公公有时托人捎点美金，就这样维持着四口人的生活。晚上等孩子们都睡着了，婆婆在灯下给孩子纳鞋底、做鞋子。为解心头的压抑，她常常嘴里轻轻地哼着《渔光曲》，眼里含着泪水，心里惦记着远在美国的丈夫。但这贫苦、忧心、动荡的生活并没有压垮婆婆，每天早晨按时起床给孩子们做饭，而后上班，一切都是为了明天更好……

后来婆婆在南方实在待不下去了，就领着三个孩子北上，想回东北老家去。走到天津后，接到公公要回国的信，婆婆就带着三个孩子于1949年7月来到了青岛等待与公公团聚。

思念妈妈

女儿　赫羽

1937年7月7日夜，驻扎在北平（北京）西南宛平附近的日本侵略军借口一名士兵失踪，要进宛平城搜查，并要求中国撤出当地驻军。这些无理要求遭到中国军队拒绝，日军即炮轰宛平城和卢沟桥，开始向我国华北地区大举进犯。当地中国驻军在中国共产党领导的抗日救亡运动影响下，出于爱国义愤，不顾国民党政府的不抵抗命令，奋起反击。7月8日，中国共产党通电全国，号召全面抗战，伟大的抗日民族革命战争由此开始。

第十八章 · 永远的怀念

1937年7月27日，妈妈在北京协和医院妇产科生下了我。同时，还有一位黄包车夫的妇人在该院该科生下一个男婴。为我们接生的医生，就是后来的名医林巧稚。

爸爸、妈妈抱着我跟随清华大学南迁到云南省昆明市。在昆明，我家租住的房子是在猪圈上搭了些木板做地板的房间。我开始在农村小学读书。学校离家很远，有一天下午放学后，我独自一人走在一条小河的堤岸上，想玩水，于是就把书包放下，把妈妈给做的布鞋脱下，放在河岸上，独自一人淌水到河中央。突然水没过了我的头，我没有惊慌喊叫，而是立即转身往回走，走上了河堤。我的衣服都湿透了，我不敢回家，怕挨妈妈骂。我把湿透了的衣服脱下，放在灌木丛上晾晒，直到衣服晾干才回家。

1942年，在昆明西南联大，爸爸获得了庚子赔款赴美国留学的机会。爸爸考虑到，妈妈没有工作，赚不到钱，怎么能养活三个孩子？爸爸想放弃赴美留学的机会。妈妈则坚持要爸爸赴美国留学。她把结婚的嫁妆（金首饰）兑换成美金。爸爸带着这些美金，启程赴美国留学。妈妈准备带着我们三个孩子回东北老家去。1942年从昆明出发，历尽千辛万苦，于1948年冬到了沈阳。当时的沈阳，中国人民解放军兵临城下，有钱人外逃房子腾空。妈妈带着三个孩子住进一间空房子里，晚上睡在壁柜里避寒。妈妈自荐在沈阳中山中学教务处刻讲义，教师不足时还代课，深受师生欢迎。这样就有了一份比较稳定的收入，生活也有了保障。

1949年，山东大学给我妈妈送来了从沈阳飞往青岛的飞机票，妈妈带着我们姐弟妹三人来到沈阳飞机场候机。通知我们登机，却总也登不上机。我带着弟弟妹妹守着一支装有全部家当的箱子，妈妈去找人联系登机事宜。在机场等了好几天，我们终于乘上了飞机，很快就到了青岛。山东大学安排我们住在合江路一号山东大学职工宿舍。1949年4月，爸爸从美国回到了祖国上海，5月下旬到了青岛，正式受聘于山东大学物理系教授。

为了回国开展祖国的海洋科学教育和科研工作，爸爸回国前，用他在美国工作赚到的钱，又借了同学的钱，买了大量美国出版的海洋科技方面

的专著带回祖国。

  还有一件事，让我难以忘怀。受爸爸之托，有人从美国带美钞给妈妈。有的人千方百计找到妈妈，将美钞交到妈妈手中，也有的人无音无信，无影无踪。爸爸所托的中国人中，有一位中国空军飞行员，令人难忘。爸爸听说有位中国空军飞行员要驾机回国，便立刻找到他，请他将美钞带回祖国给妈妈。该飞行员在驾飞机回国的途中，遭遇日本袭击，飞行员受伤，跳伞获生。他伤愈后，设法找到我妈妈，亲自把爸爸托带的美钞交到妈妈手中。当妈妈接过边角烧焦的美钞，百感交集，不胜感激。舍不得花掉，就把这些边角烧焦的美钞珍藏起来。在"文化大革命"中，迫于无奈，忍痛将边角烧焦的美钞烧掉。妈妈经常教育我们要铭记这位中国飞行员的高尚行为，向他学习，向他致敬。

  1960年，由于自然灾害造成的粮食短缺，我妈妈经常不吃饭，省下粮票给我们。我妈妈因此而浮肿严重。

后　记

撰写《一代宗师——赫崇本》一书，与其说是写赫老，倒不如说是诚敬师焉，重温教诲，得以教化。

初稿毕，让我不由感慨良多，正如子曰："弟子入则孝，出则悌，谨而信，泛爱众，而亲仁，行有余力，则以学文。"

本书的第一作者侍茂崇老师是山东海洋学院海洋系的第四届学生，是赫老的麾下弟子。自1985年赫老仙逝后，侍老师便萌生了要为赫老写传的想法。但由于当时他教学、科研工作繁忙，难以挤出时间而未能付笔。期间曾委托姚汝金先生帮助搜集素材，为日后写作做准备，同时也曾对我谈过想为赫老写传记一事。

在此先言，我不敢妄称赫老为恩师，称之为恩公才是。因为我称侍茂崇老师为恩师，敬他传承赫老大师之风范，直接教诲于我尚德励志，脱俗超凡而戎笔一生。

我与侍老师置腹是偶然的机遇。

1974年，我从山东海洋学院物理系毕业后，回到部队被分配到国家海洋局第一海洋调查船大队"曙光09"船任实验室主任。次年夏，侍老师作为海洋系实习学生的领队，带队到我船出海实习。虽然我是物理系毕业的学生，但已闻海洋系侍茂崇老师"拼命三郎"的绰号，让我对侍茂崇老师倍加尊敬。实习期间，由于仅他一人而没有其他老师出海，侍老师谦商我协助他照顾学生海上实习。期间空闲时，他见我在船上无从专业且无更多事可做，便直言于我不可虚度时光、荒废学业。他知我喜文弄墨，便嘱我

可根据船上的实际工作情况,利用在校所学知识写作科普文章,以不至于虚度年华。这便是我日后从事秘书、记者和文者生涯的起点,也是我称侍老师为恩师的原因所在。

赫老仙逝后,侍老师曾对我说过为赫老写传一事,后来又因我到《中国海洋报》作了记者工作,便几次前去采访了赫老的儿子赫竞,通过搜集和积累素材,觅到赫老人生之崇高精神所在,震撼了我心灵,让我一个无名晚辈感动至深,之后草就了几篇初稿。

2012年6月12日上午,我同国家海洋局北海分局大洋技术中心主任吉国,相约来到了中国海洋大学老校(鱼山路校区)的"文苑"楼三楼的一间办公室,找到了早已退休多年而仍在工作的侍茂崇教授,向他请教有关海洋调查的一些问题。

侍茂崇教授是赫老的学生,是我们尊敬的老师。侍老师的学识和精神教育了一代人,也成就了一代人。他对自己的学生从来都是有求必应,谦逊有嘉。正是这一次的交谈过后准备告别前,再一次请教他还有什么教诲时,侍老师面有难色地思考了一下,但他并没有马上说话,这让我俩有些诧异。一向热情、坦诚的他为什么现在会是如此?

这时我俩才注意到,侍老师面色有些苍白,讲话时也无早日的底气。在我俩的追问下,侍老师倚靠在椅子上轻声对我们说:"今天是我心脏病手术的第30天。我真的老了,但有一事一直放不下,就是那本写赫老的书一直没有完成……"

说这话时,侍老师的脸上布满了遗憾,而眼中似乎闪动着泪花。

我和吉国一时都无语了。过了一会,侍老师又接着说:"赫老不仅教了我们科学知识,还给我们留下了一笔十分难得的精神财富。如果不把这些写下来、传下去,我们对不起前者,也对不起后人。今天你俩来了,我想拜托你们协助我完善书稿,可是我不能奢望你们能够接受……"

看着眼前心力交瘁的老师,听着他不弃不舍的话语,我们都从心底生出了一阵酸楚,进而被震撼了。"侍老师",我俩不由自主地同声称呼道,"我们怕",怕是担当不起这一重任,会辜负了您的信任,会让您老失望。

"你们不接受,我就难以找到更适合的人了,我想你们是不会拒绝我,特别是小李你不会推诿。如果你们能接手,我会尽我最大的努力再收集些资料提供给你们,让你们更深入地了解赫老,让你们真正地知道赫老为什么是一个让他的学生们终身不忘的恩师。但我事先要告诉你们的是,我没有一分钱的稿费给你们,只是想让你们承担起一代学生的责任!"

面对上天的赫老,面对眼前的恩师,我们只能怀着一颗忐忑的心,默默而郑重地接受下这一托付。

之后,便有了今天的《一代宗师赫崇本》一书。感谢姚汝金、王景明先生提供的写作提纲,感谢赫竞、赫羽为我们提供的大量资料,感谢所有为此书作出贡献的人。

跪拜赫老,感谢您再一次地教育了我们,感谢所有的老师,感谢恩师们给我们的教诲。

侍老师一再对我俩说:"我们水平和能力有限,实在不敢说能把赫老完美的一生展现给读者,我们只是尽了学生的一点微薄之力。"

在此,敬请诸君、各位老师和同学们批评指正。

李明春
2012年12月22日 于青岛

附录

附录1 赫崇本年谱

1908年9月30日　生于辽宁省凤城县西杨木村赫家堡子。

1914~1920年　西杨木小学。

1920~1923年　凤城县立中学读初中。

1925年春　考入北京师大附中高中文科班。

1926年　休学。

1927年　复学，转到北京师大附中高中理科班。

1928~1932年　考入清华大学物理系。

1932~1933年　天津河北工学院教师。

1933~1935年　山东烟台益文中学教师，天津南开中学教师。

1935~1937年　清华大学物理系助教。

1936年　与王荣菊女士结婚。

1937年秋~1937年寒假　北大清华南开三校组成的长沙临时大学物理系助教。

1938年春~1943年冬　北大清华南开三校组成昆明西南联合大学物理系讲师。

1943年8月　西南联合大学金属研究所讲师。

1944~1947年　美国加州理工学院气象系读气象学，获哲学博士学位。

1947~1949年　美国斯克里普斯海洋研究所读海洋学，研究海浪，完成博士论文。

1949年春~1952年9月　回国，受聘山东大学（青岛）教授，山东大学物理海洋研究所所长，并聘为中国科学院海洋生物研究室研究员。

1951年　中国海洋湖沼学会成立，任副理事长、常务理事。

1952年9月　山东大学（青岛）建立海洋学系，首任海洋学系系主任。

1953年　加入九三学社，任顾问及青岛委员会副主任委员。

1954年　青岛政协委员。

1955年　聘为中国科学院海洋生物研究室学术委员会委员。

1956年4月　加入中国共产党。

1956年6月　参加拟制全国长期科学规划，担任海洋学组副组长，受到中共中央领导人毛泽东等的接见并合影。

1956年　中、朝、苏、越四国渔业委员会，海洋学专家。

1957年4月　中国科学院海洋生物研究室兼任研究员。

1957年7月　国务院科学规划委员会海洋气象组组员。

1957年　中国海洋湖沼学会创刊《海洋与湖沼》学报，任学报副主编。《中国海洋与湖沼学报》（英文版）任编委。

1958年　山东大学迁校济南，参加筹建山东海洋学院工作。

1958—1960年　参与领导全国海洋综合调查，任调查领导小组副组长。

1959—1964年　筹建"东方红"号海洋调查船，于1964年竣工下水。

1959年7月　受命山东海洋学院教务长。

1959年　发表《黄海冷水团的形成及其性质的初步探讨》，成为海洋科学中的经典发现。

1962年　参加拟制国家十年科学规划。

1962年3月　任中共山东海洋学院党委委员。

1962年8月　聘为中华人民共和国科学技术委员会海洋组副组长。

1963年　山东省党代会代表。

1964年　第三届全国人民代表大会代表。

1964年　国家海洋局成立，任顾问。

1964年　主编《全国海洋综合调查报告》第四分册《中国近海的水系》，成为重要的经典文献。

1966—1976年　"文革"发生，受审查和劳动改造。

1977年　山东省第五届人民代表大会代表。

1978年　出席全国科学大会，主席台就坐。

1978年　《中国大百科全书》海洋科学编委会副主任委员。

1978年　青岛市革委会委员。

1978年8月　成立山东海洋学院海洋研究所，任所长。

1978年10月　成立山东海洋学院学术委员会，任主任。

1979年9月　中共教育部党组通知：经党中央批准，任命赫崇本为山东海洋学院副院长。

1979年12月　受聘《中国大百科全书·海洋卷》副主编。

1979年　山东省五届人大常委。

1979年　国家科学技术委员会海洋专业组副组长。

1979年　中国海洋湖沼学会副理事长。

1979年6月　中国科学出版社《海洋湖沼科学丛书》编委会副主编。

1979年　参加全国科学规划会议，担任《中国科学》编委。

1980年　中国科学院海洋研究所学术委员会委员。

1980年　中国科学院南海海洋研究所学术委员会顾问。

1981年　国务院首届学位委员会理学学科评议组成员。

1982年　中国共产党第十二次代表大会代表。

1983年3月5日　夫人王荣菊病逝。

1983年　教育部批建，山东海洋学院河口海岸带研究所任所长（兼）。

1984年　任山东海洋学院海洋环境保护研究中心名誉主任。

1985年7月14日　逝世。

1989年4月　中国海洋大学鱼山校区，赫崇本雕像塑成并揭幕；赫崇本优秀学生奖学金成立。

1990年7月　赫崇本纪念与展览会在青岛举行。

1995年9月　青岛市百花苑（文化名人雕像园），赫崇本雕像塑成并揭幕。

2003年　赫崇本名人故居挂牌（青岛市鱼山路9号甲）。

2008年10月　中国海洋大学举行"赫崇本先生诞辰一百周年纪念大会"暨中国海洋大学崂山校区赫崇本雕像塑成并揭幕。

2009年7月　新中国成立60年十大海洋事件、十大海洋人物揭晓并颁奖。赫崇本十大海洋人物第一人（2009年世界海洋日暨全国海洋宣传日开幕式）。

附录2 赫崇本主要著作

1. Prof. G. P. Ho. Statistical Study of Temprature Variation in Chicago[J]. June 1946.

2. Prof. C. P. Ho. Forecasting Mean Week Temperature by Statistical Synoptic Considerations[J]. June 1948.

3. 赫崇本.浅海调查中一个基本问题[J].山东大学学报,1955,2(1):194.

4. 赫崇本,郑重,毛汉礼,刘瑞玉,尤芳湖,郑执中.十年来的中国科学:综合调查·海洋调查[J].北京:科学出版社,1959:176-204。

5. 赫崇本,任允武.浅海水文调查的一些问题[J].海洋与湖沼.1959,2(1)1-10.

6. 赫崇本,汪园祥,雷宗友,徐斯.黄海冷水团的形成及其性质的初步探讨[J].海洋与湖沼.1959,2(1):11-15.

7. 赫崇本(主编).全国海洋综合调查报告·第四册·中国近海水系[M].中华人民共和国科学技术委员会海洋组海洋综合调查办公室,1964.

8. 毛汉礼,赫崇本.十年来海洋水文调查与研究的进展[J].海洋普查通讯.国家科委海洋组——学科组海洋普查办公室,1959(8),8-15

9. 赫崇本.关于浅海海洋调查与分析的几点意见[M].太平洋西部渔业委员会第六次会议论文集.北京:科学出版社,1965,45-48.

10. 赫崇本,任允武.关于海洋水文气象调查的精度要求问题[J].海洋仪器,1977(1),37-43.

11. 赫崇本.我国渤黄东海海流系统生成机制初步探讨[M].中国海洋湖沼学会第三次代表大会暨学术年会论文报告集,1979.

12. 赫崇本.对发展我国海洋科学的几点意见[J].海洋科学,1980(2),1-3.

13. 赫崇本.在北海海洋环境调查技术研究会成立大会上的讲话[J].海洋调查.1982(2),1-2.

14. 赫崇本,管秉贤.南海中部NE-SW向断面海水热盐结构以及海盆冷水来源的分析[J].海洋与湖沼,1984,15(5):411-418.

15. 宋文祥，陈荣贵，赫崇本. 水下拖曳体有关问题的初步探讨[J]. 海洋与湖沼，1982，13（2）：154-164.

16. 宋文洋，冯德顺，贾兰芳，赫崇本. 海洋测温系统动态特性的探讨[M]. 中国仪器仪表学会第二届学术年会论文集，493-499，1970.

17. 赫崇本. 在全国风暴潮数值研究及预报学术交流会议上的讲话摘要[J]. 风暴潮，1983（2）.

18. 赫崇本（副主编）. 海洋湖沼科学理论丛书[M]. 北京：科学出版社，1979.

19. 赫崇本. 中国大百科全书·大气科学海洋科学水文科学卷[M]. 北京：中国大百科全书出版社，1978~1993年.

20. 赫崇本. 现代科学技术词典（上、下册）海洋学[M]. 上海：上海科学技术出版社，1980.

21. 赫崇本（编委）. 辞海[M]. 上海：上海辞书出版社，1979.

22. 赫崇本主编. 海洋学词典[M]. 上海：上海辞书出版社，1984.

23. 赫崇本（主编）. 海洋仪器名词术语标准词目[M]. 北京：海洋出版社，1983.

参考文献

1. 刘国生.从清华走出的教育家[M].呼和浩特：内蒙古文化出版社，2008.

2. 上海交通大学.民族之魂——人民科学家钱学森的精神风采[M].上海：上海交通大学出版社，2009.

3. 王正行.严谨与简洁之美——王竹溪一生的物理追求[M].北京：北京大学出版社，2008.

4. 顾迈南.华罗庚[M].复旦大学出版社，1997再版.

5. 刘道玉.一个大学校长的自白[M].武汉：长江文艺出版社，2005.

6. 林与丹.梁思成的山河岁月[M].北京：东方出版社，2005.

7. 青岛市科学技术协会.蔚蓝色的辉煌[M].合肥：中国科学技术出版社，1998.

8. 骆祖英.一代宗师—钝叟陈建功[M].北京：科学出版社，2007.

9. 吴德星.中国海洋大学海洋实习调查船大事记[M].青岛：中国海洋大学出版社，2004.